Data Enabled SMEs Innovation

Theoretical Mechanism and Effect Measurement

数据赋能中小企业创新

理论机理与效应测度

刘德胜　李拯非◎著

中国经济出版社
CHINA ECONOMIC PUBLISHING HOUSE
·北京·

图书在版编目（CIP）数据

数据赋能中小企业创新 ：理论机理与效应测度 / 刘德胜，李拯非著 . -- 北京 ：中国经济出版社，2024. 6.

ISBN 978-7-5136-7841-4

Ⅰ. F279. 243

中国国家版本馆 CIP 数据核字第 2024XG9024 号

组稿编辑　崔姜薇
责任编辑　张　博
责任印制　马小宾
封面设计　任燕飞

出版发行　中国经济出版社
印 刷 者　北京艾普海德印刷有限公司
经 销 者　各地新华书店
开　　本　710mm×1000mm　1/16
印　　张　17
字　　数　270 千字
版　　次　2024 年 6 月第 1 版
印　　次　2024 年 6 月第 1 次
定　　价　98. 00 元
广告经营许可证　京西工商广字第 8179 号

中国经济出版社　**网址** http://epc. sinopec. com/epc/　**社址** 北京市东城区安定门外大街 58 号　**邮编** 100011

前言

党的十九届四中全会首次提出数据作为生产要素参与收益分配，数据成为继劳动力、资本、土地、技术之后的第五生产要素，与其他生产要素具有同等重要的地位，标志着我国实体经济开始步入数据赋能时期，最鲜明的特点是资源广泛连通，改变了创新资源的联结关系、使用方式与组合机制，为量大面广、市场作用增强，却受困于成本上升、资源短缺的中小企业创新提供了新机遇。数据赋能的本质是通过创新数据应用实现价值创造，中小企业能否将数据转化为创新要素是参与竞争和实现成长的关键。因此，在数字经济背景下，揭示中小企业唤醒沉睡的内部数据、整合多维度外部数据的作用机理，测度数据要素在其创新过程中的效应，成为当下理论和实践关注的重要课题。本研究不仅可为探索数据赋能驱动中小企业创新实践提供理论指导，还对我国实体产业抓住数字经济发展的重大历史机遇、重塑国际竞争力有重要意义。因此，本书以我国中小企业为研究对象，内容围绕数据赋能中小企业创新这一核心问题，按照“是什么”“为什么”“怎么样”“如何做”的逻辑顺序与内容递进原则，依次从以下四个方面展开探讨：

（1）数据赋能中小企业创新的理论概述。本部分通过梳理数字经济背景下中小企业创新发展的现实需求，指出数据赋能与中小企业创新发展之间具有天然的“契合性”，重点解决数据赋能中小企业创新“是什么”的问题，这也是研究的逻辑起点。主要内容包括：第1章，数据赋能中小企业创新概况。揭示数据赋能与中小企业创新的内在逻辑，诠释数据赋能如何推动中小企业创新，以及数据赋能中小企业创新的理论内涵及其基本特征，从而构建数据赋能中小企业创新的理论框架，为本研究奠定整体理论框架。第2章，数据赋能中小企业创新研究动态及理论基础。利用 CiteSpace 文献计量工具，从研究内容、研究方法和实践应用等方面对数据赋能、中小企业创新的文献进行计量分析，为研究数据赋能中小企业创新机理问题提供理论和方法基础。

（2）数据赋能中小企业创新的机制研究。本部分从资源角度回答数据赋能中小企业创新的机制，探讨数据赋能如何作用于中小企业创新的过程，旨在解决数据赋能与中小企业创新之间“为什么”的问题。按照“数据资源—数据要素—数据资产”过程逻辑，分别探讨：中小企业如何利用数字技术将原始数据转换为数据资源以化解创新资源约束的缓释机制、数据资源如何成为中小企业创新过程中生产要素的实现机制，以及中小企业如何打通数据使用“孤岛”，即通过数据资源联网化拓展数据资源使用机制。通过对上述问题的回答，本书能为数据赋能中小企业创新的影响机理研究提供理论参考。

（3）数据赋能中小企业创新的效应研究。本部分涉及如何通过数字化转型促进专精特新中小企业创新质量提升、数字化政策对中小企业创新的影响，从内外两方面探讨数据赋能中小企业创新产生的价值效应：一方面，国家政策层面多次强调中小企业专精特新发展，本研究以专精特新中小企业为研究对象，揭示数据赋能如何影响专精特新中小企业创新，以及数据赋能驱动专精特新中小企业创新产生的经济效应；另一方面，国家发布了多项支持中小企业数字化转型的政策，本研究聚焦于数字化政策是否能够促进中小企业创新，并揭示数字化政策对中小企业创新的激励或选择效应，为促进中小企业数字化政策制定提供借鉴。

（4）数据赋能中小企业创新的对策研究。本部分通过探讨中小企业创新政策发展演变及特征、政策工具视角的中小企业数字化政策文本分析，深入分析政策的形成背景、政策出台的目的、政策之间如何实现协同，即通过政策文本解读政策意图和形成政策落实建议，在前述理论分析和实证检验基础上，提出数据赋能中小企业创新的策略体系，以期为我国政府出台相关政策提供理论依据和参考借鉴。

以上理论和实证研究的创新点主要体现在三个方面：

（1）构建数据赋能中小企业创新的理论机制研究框架。本研究从资源理论角度揭示数据赋能中小企业创新的资源获取、资源转换、资源使用三大作用机制，丰富了数据驱动中小企业创新的理论研究，为中小企业数字化转型研究提供了新视角。在已有研究基础上，基于Teece的创新资源获取机制理论框架，探讨中小企业如何利用数字技术获取资源、中小企业如何将数据转化为创新要素、数据如何与其他创新要素融会贯通的作用机理，并利用PLS-SEM等方法进行实证检验，揭示了数据赋能中小企业创新的资源获取机制、资源转换机制和资源使用机制，构建形成了数据赋能中小企业创新机制研究的理论框架，在一定程度上有助于拓展企业创新资源获取机制，丰富数字经济背景下数据驱动中小企业创新的理论研究。

（2）评估数据赋能影响中小企业创新的效应。已有文献对数字化转型影响中小企业创新方面的效应如何、数字化政策在支持中小企业数字化转型进而推动中小企业创新中发挥的效应又如何，在理论和实证方面还不够完善。为此，本研究从内因和外因两方面分别探讨数据赋能中小企业创新产生的价值效应。其中，从内因的角度，以制造业中小企业、专精特新中小企业为研究对象，揭示数据赋能中小企业创新产生的经济效果，为探索中小企业数字化转型微观实践提供理论指导。从外因的角度，聚焦于数字化政策是否能够促进中小企业创新，揭示数字化政策对中小企业创新的“激励”或“选择”效应，为我国制定出台促进中小企业数字化的政策提供借鉴。

（3）提出数据赋能中小企业创新发展的策略体系分析框架并形成具体对策措施。在对策研究方面，本研究是在理论研究、实证研究、政策文本分析，以及借鉴国内外中小企业数字化发展实践基础上，基于政策工具和政策网络等分析方法，将数据赋能中小企业创新策略体系的构建看成是通过数据连接的多元化共同体，从对策设计主体与工具相结合角度，在政策工具使用和执行主体之间建立合理关联，构建数据赋能中小企业创新的二维分析框架，依托该二维分析框架提出数据赋能中小企业创新的策略体系。这不仅可为贯彻落实以数字化转型推动中小企业增强综合实力、促进数字经济和实体经济深度融合战略部署，实现经济高质量发展提供参考借鉴，还可以为中小企业数字化转型对策的理论研究提供新思路。

目录

第1篇

数据赋能中小企业创新的理论概述

第3篇

数据赋能中小企业创新的效应研究

第4篇

数据赋能中小企业创新的对策研究

表目录

图目录

第1篇
数据赋能中小企业创新的理论概述

1

本部分通过梳理数字经济背景下中小企业创新发展的现实需求，指出数据赋能与中小企业创新发展之间具有天然的“契合性”，重点解决数据赋能中小企业创新“是什么”的问题，这也是研究的逻辑起点。 主要的研究内容包括：第 1 章，数据赋能中小企业创新概况。 在对我国中小企业创新现状进行梳理的基础上，提出了中小企业在数字时代实现创新发展面临的挑战，并通过分析数据成为生产要素的内在逻辑，揭示了数据赋能与中小企业创新的内在逻辑“契合”。 随后，进一步结合数据赋能中小企业创新的典型事实，诠释数据赋能如何推动中小企业创新、数据赋能中小企业创新的理论内涵及其基本特征，从而构建数据赋能中小企业创新的理论框架，奠定了本研究的基础。 第 2 章，数据赋能中小企业创新研究动态及理论基础。 主要是根据界定的研究主题，利用 CiteSpace 文献计量工具，从研究内容、研究方法和实践应用等方面对数据赋能、中小企业创新等理论文献进行计量分析，进而为研究数据赋能对中小企业创新的影响机理问题，在方法选取、内容设计和对策建议方面提供理论基础。

第1章 数据赋能中小企业创新概况

中小企业是国民经济的基本组成部分和生力军，也是有效提升产业链供应链稳定性和竞争力的关键。截至2021年底，我国企业数量已达4842万户，超过99%都是中小企业①。中小企业量大面广且是经济中最有活力和创造力的部分，已成为创新主体（李扬，2022）[1]。当前一个共性的认识就是中小企业具有“56789”特征，其中“7”表示70%以上技术创新是由中小企业贡献的。近年来，伴随着数字经济的快速发展，数据成为继劳动力、资本、土地、技术之后的又一重要生产要素。数字经济为中小企业创新创造了前所未有的新机遇，如何全面推进数字化已是关乎中小企业创新和长远发展的重要课题。2022年11月，工信部印发《中小企业数字化转型指南》，强调以数字化转型推动中小企业综合实力和竞争力提升，数字化俨然成为中小企业创新发展的必选项。数字化转型背景下，数据要素与中小企业创新发展必将深度融合，也将是中小企业创新的新引擎。因此，中小企业循序渐进地实现数据赋能，向数据驱动的创新转型，才能更好地实现高质量发展。基于此，本章重点对我国中小企业创新的现实价值、基本特征以及创新问题的表现和根源进行阐述，并系统梳理数据赋能的时代特征、数据成为新生产要素的理论逻辑，以及数字时代中小企业创新呈现出的变化。在此基础上，进一步诠释数据赋能如何推动中小企业创新、数据赋能中小企业创新的理论内涵及基本特征，最终构建形成数据赋能中小企业创新的理论框架。

① 数说中国这十年［EB/OL］. https：//www. ccdi. gov. cn/toutiaon/202206/t20220616_199532. html.

1.1 我国中小企业创新的实践

我国中小企业创新整体呈现出技术创新偶然性、侧重产品创新、对人力资本依赖度高及创新模式多元等特征。相较于成熟的大型企业，中小企业基础弱、融资难、融资贵，以及创新协同能力不强等问题凸显。本节通过对我国中小企业创新概况进行分析研究，对我国中小企业的现实价值、基本特征、问题表现及根源进行归纳总结，为探寻数据赋能与中小企业创新之间的天然“契合”逻辑提供现实依据。

1.1.1 我国中小企业创新发展的现状

创新是一个国家、一个民族发展进步的不竭动力，党的二十大报告强调：创新是第一动力。坚持创新是第一动力，坚持深入实施创新驱动发展战略，才能推动我国经济高质量发展。创新驱动发展战略的基础是激发广大微观市场主体的技术创新活力。中小企业作为我国经济的重要力量和市场主体的主要组成部分，已成为技术创新和模式创新的生力军，也是我国经济韧性、就业韧性的重要支撑，推动中小企业创新发展，可以为解决关键核心技术“卡脖子”问题、开辟发展新领域新赛道、促进我国经济高质量发展注入新动能。我国在推动中小企业发展方面，制定出台了一系列政策，强调推动完善中小企业创新服务体系，激发中小企业创新内生动力，也体现了推动中小企业创新的重要价值。《“十四五”促进中小企业发展规划》指出，中小企业是建设现代化经济体系、推动经济高质量发展的重要基础。可以看出，中小企业创新发展具有重要的现实价值，不仅为保持产业链供应链稳定性和竞争力注入活力，还是中小企业成长为创新型企业、“专精特新”中小企业、专精特新“小巨人”企业的重要动力和解决核心技术“卡脖子”问题的关键环节，为扩大就业、改善民生和实现共同富裕提供重要支撑。

1.1.1.1　中小企业数量持续增长，实力不断增强，贡献稳步提升

（1）中小企业数量保持增长趋势[①]。根据国家市场监督管理总局公布的《全国市场主体发展基本情况》及相关统计数据（见图 1-1）[②]，2016—2021 年，我国市场主体总数保持了两位数的增长，但增速有放缓趋势，2021 年末达到 15400 万户，同比增速为 11.3%，比 2016 年增长 6694.6 万户。根据图 1-1 的统计数据，我国市场主体中的企业数量和新增企业数量均保持了较稳定的增长趋势；2021 年末，企业数量为 4842.3 万户，同比增速为 11.8%，相比 2016 年增长 2246.2 万户；2021 年末，新增企业数量为 904 万户，同比增速为 12.5%，相比 2016 年增长 1235.9 万户。根据国家统计局和工信部公布的数据，2021 年我国规模以上工业企业中的中小企业为 40.1 万家[③]，营业收入超过 75 万亿元，利润总额达到 4.7 万亿元，平均营业收入利润率为 6.2%，利润总额年均增长 2.7%。尽管受新冠疫情的影响，我国中小企业仍然展现出较强大的增长韧性和发展活力，2022 年前 11 个月，我国规模以上中小工业企业营业收入同比增长 6%，利润总额同比增长 0.3%[④]。从以上数据可以看出，无论是市场主体总数，还是市场主体中的企业数量，多年来都保持增长的态势，一定程度上反映出我国中小企业数量保持增长的同时，实力也不断增强。

（2）中小企业就业吸纳能力相对稳定。根据国家统计局发布的 2010—2019 年统计数据（见图 1-2）[⑤]，我国个体和私营企业[⑥]就业人数保持平稳

---

① 由于中小企业数量尚未有官方统一披露渠道，本研究根据工信部副部长徐晓兰在新闻发布会中提到的我国企业 99%以上都是中小企业，以市场主体数据作为本小节的分析口径。具体数据来源：提升中小企业核心竞争力，培育更多“小巨人”企业［EB/OL］. 光明网，https：//m. gmw. cn/baijia/2022-03/08/35571859. html.

② 国家市场监督管理总局综合规划司披露了 2016—2020 年关于《全国市场主体发展基本情况》的报告，http：//www. samr. gov. cn/zhghs/tjsj/；2021 年数据来源：2021 年我国新设市场主体 2887.2 万户　日均新设企业 2.48 万户［EB/OL］. 光明网，https：//m. gmw. cn/baijia/2022-01/27/1302782026. html.

③ 规模以上工业企业是指年主营业务收入 2000 万元及以上的工业企业法人单位，如果规模以上工业企业的就业人数小于 300 人，则可将其归入中小企业的范畴。

④ 数据来源为工信部 2023 年 1 月 18 日关于《2022 年工业和信息化发展总体呈现稳中有进态势》的新闻发布会，https：//www. miit. gov. cn/gzcy/zbft/art/2023/art_d08e8b350372457c9abc769b92e419b1. html.

⑤ 2010—2019 年数据来源为国家统计局披露的私营、个体企业就业年度数据，数据最新统计日期截至 2019 年。

⑥ 个体和私营企业主要是中小微企业。

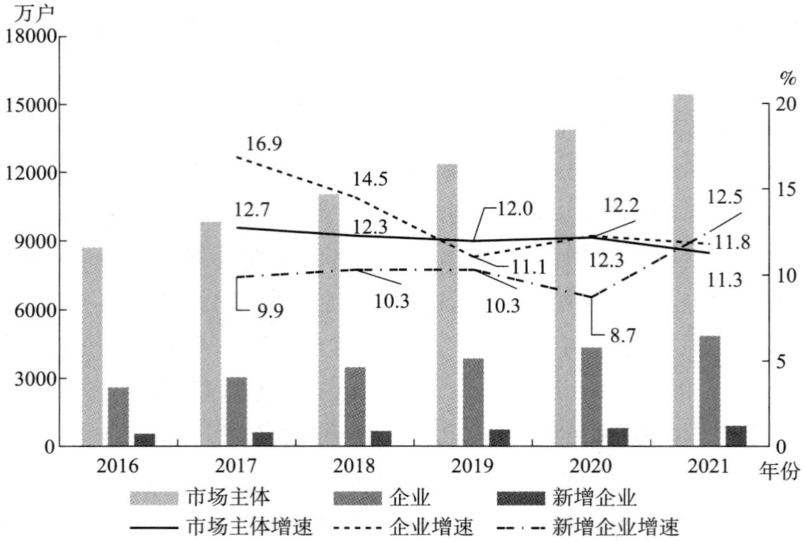

图 1-1　2016—2021 年我国市场主体变化情况

增长，尽管个体企业就业人数增速和私营企业就业人数增速在 2019 年末有所降低，但个体和私营企业吸纳劳动力就业的比重已经达到 50%。2021 年，我国私营和个体企业就业总人数达到 4 亿人，相较于 2012 年增加了 2 亿多人①。

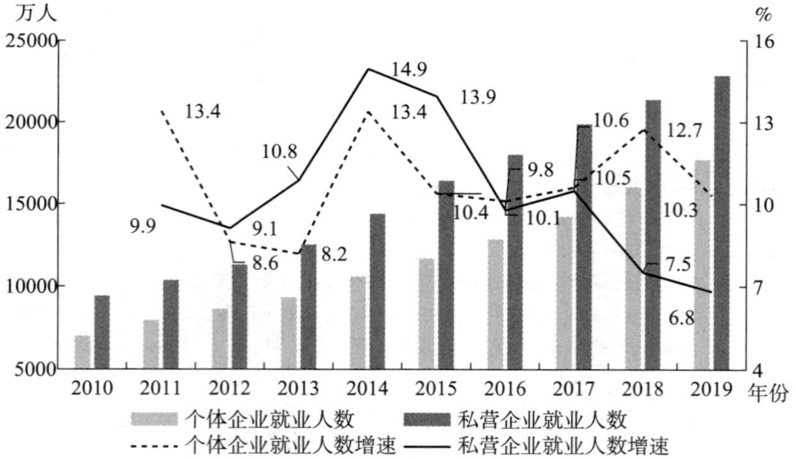

图 1-2　2010—2019 年我国个体和私营企业就业人数情况

① 中小企业综合实力、核心竞争力不断增强［EB/OL］. https：//m. gmw. cn/baijia/2022-06/14/1302996032. html.

根据国家统计局的数据，2021 年，规模以上私营工业企业吸纳就业 3582 万人，比 2012 年增长 14.7%，吸纳就业人数占到规模以上工业企业的 48.1%①，进一步体现出中小企业在吸纳就业方面的重要作用。

1.1.1.2　中小企业创新活力迸发，创新地位不断提升

（1）中小企业创新活力不断迸发。为提升中小企业创新能力和促进中小企业高质量发展，2022 年工信部印发了《优质中小企业梯度培育管理暂行办法》（工信部企业〔2022〕63 号），将优质中小企业分为三个层次，即创新型中小企业、专精特新中小企业、专精特新“小巨人”企业。其中，专精特新“小巨人”企业是优质中小企业的排头兵，也是优质中小企业的核心力量。可以看出，创新型中小企业、专精特新中小企业、专精特新“小巨人”企业都是中小企业中的优质个体。近年来，三个层次中小企业整体数量快速增长，2022 年全国中小企业数字化转型大会相关数据表明，我国专精特新企业的总量已累计达到 6 万多家。图 1-3 为 2019—2022 年我国专精特新“小巨人”企业情况，由此可知，我国专精特新“小巨人”企业数量 2019—2022 年保持增长，2022 年累计达到 9279 家，占全国企业比重由 2019 年的 0.001%增长到 2022 年的 0.019%。我国的专精特新“小巨人”企业中超过六成属于工业基础领域，超九成为国内外企业提供配套服务。一定程度上，创新是中小企业成长为创新型企业、专精特新企业、专精特新“小巨人”企业的重要动力。

（2）中小企业创新地位不断提升。中小企业已成为技术创新和模式创新的重要力量，根据《“十四五”促进中小企业发展规划》数据统计：2020 年有研发活动的小企业占全部有研发活动规模以上工业企业的比重就已经超过了 80%，研发经费相比 2015 年增长超过了 1 倍，而有效发明专利数比 2015 年增长了 2.3 倍多。依据国家工信安全中心发布的报告《我国专精特新中小企业创新水平研究》，我国已经公示的专精特新中小企业累计专利数约 238 万件，有效专利占全国有效专利的 9.3%；专精特新“小巨人”企业累计专利数约 44.9 万件，每家企业高价值发明专利平均为 9.9 件，是一般的创新型中小企业高价值发明专利均值的 11 倍。

① 工业实力持续增强　转型升级成效明显——党的十八大以来经济社会发展成就系列报告之三［EB/OL］. http：//www.stats.gov.cn/xxgk/jd/sjjd2020/202209/t20220915_1888243.html.

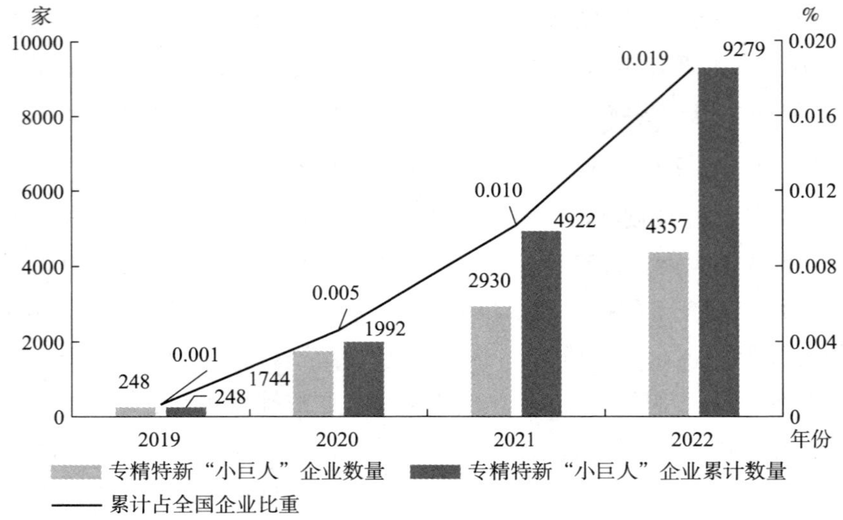

图 1-3　2019—2022 年我国专精特新“小巨人”企业情况

资料来源：根据工信部 2019—2022 年分四批公示的全国专精特新中小企业数据整理得到。

以 Wind 数据库披露的企业是否为专精特新企业为基础，目前 A 股上市专精特新企业 2019—2021 年的研发支出均值分别为 15075.1 万元、17161.3 万元、21285.6 万元，研发人员均值分别为 498 人、554 人和 602 人。图 1-4 为 2019—2021 年 A 股上市专精特新企业研发强度和研发人员占比情况，由此可知，2019—2021 年，专精特新企业平均研发强度分别为 7.29%、7.11%、7.40%，而同期其他上市企业的平均研发强度分别为 5.24%、5.31%、5.51%；专精特新企业平均研发人员占比分别为 20.12%、20.45%、20.55%，而同期其他上市企业平均研发人员占比分别为 16.69%、16.81%、16.83%。可以看出，专精特新中小企业更加注重创新，创新投入和创新产出能力不断提升。

专精特新中小企业在稳链强链补链中将起到更加有力的支撑作用，而中小企业作为专精特新企业的重要来源，必将在推动我国经济高质量发展中发挥不可或缺的作用。

1.1.2　我国中小企业创新的基本特征

为更好地了解我国中小企业创新的基本特征，通过问卷调查方式获取数据资料（调查问卷见附录）。本次问卷调查按照时间抽样实施，时间段分别

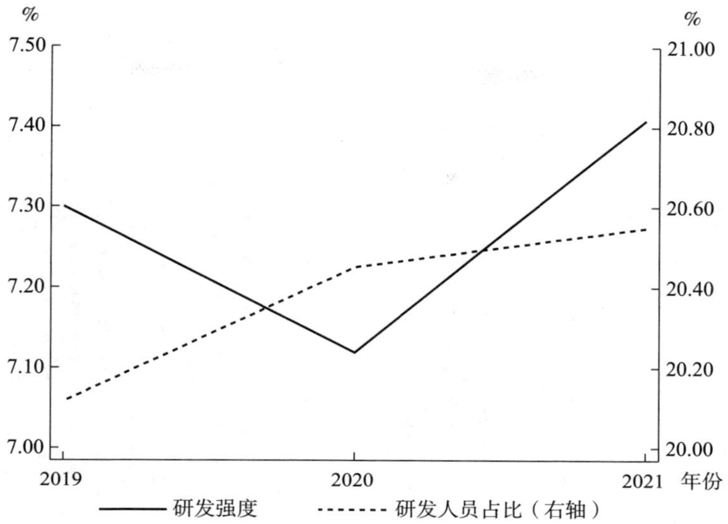

图 1-4　2019—2021 年 A 股上市专精特新企业研发强度和研发人员占比情况

资料来源：根据 Wind 数据库披露的信息整理得到。

为 2021 年 11 月和 2022 年 3 月。中小企业的划分标准为国家统计局等制定的《关于印发中小企业划型标准规定的通知》《统计上大中小微型企业划分办法（2017）》，以及工信部 2021 年《中小企业划型标准规定》。样本地区分布见图 1-5，涉及 964 家企业，覆盖了 30 个省（区、市）（不包括西藏和港澳台地区）；样本行业分布主要集中在制造业（28. 33%）、批发零售（16. 17%），行业划分依据为《国民经济行业分类》（GB/T 4754—2017）；样本发展阶段主要分布在成长期和成熟期，其中成长期为 50. 41%、成熟期为 30. 38%。

在此基础上，从六个维度对调查样本总体情况展开统计分析。

1. 1. 2. 1　中小企业群体的创新投入呈类“金字塔”形结构

图 1-6 为样本中小企业研发强度的分布情况。由图 1-6 可知，83. 2%的受访中小企业研发强度（研发费用占营业收入比重）小于等于 5%，22. 73%的受访中小企业研发强度小于等于 1%。对标《优质中小企业梯度培育管理暂行办法》关于专精特新中小企业研发费用占营业收入比重的认定标准，55. 70%的受访中小企业研发强度小于等于 3%的最低认定标准，4. 85%的受访中小企业研发强度达到或超过 10%的最高认定标准。以上调查结果表明，我国中小企业研发强度总体还处于较低的水平，基本上呈现“金字塔”形结构，中小企业创新还存在资金投入不足现象。

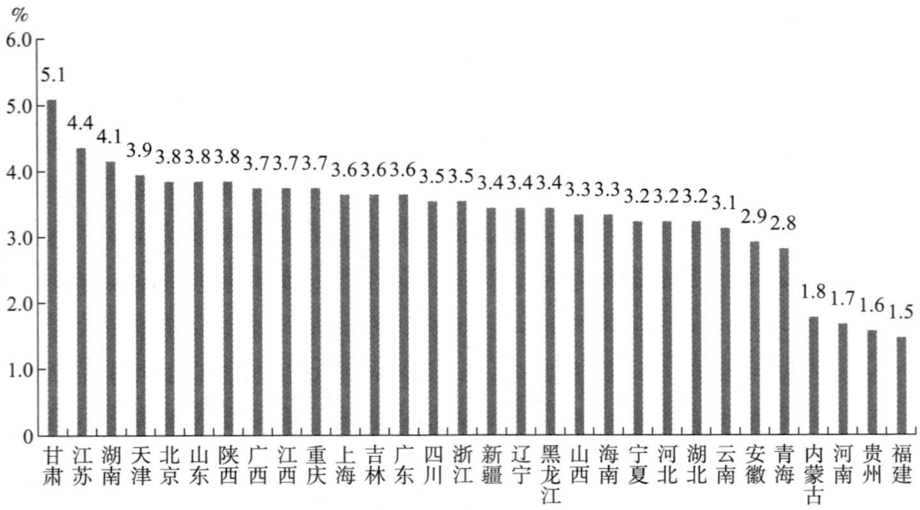

图 1-5　分地区的中小企业样本的分布情况

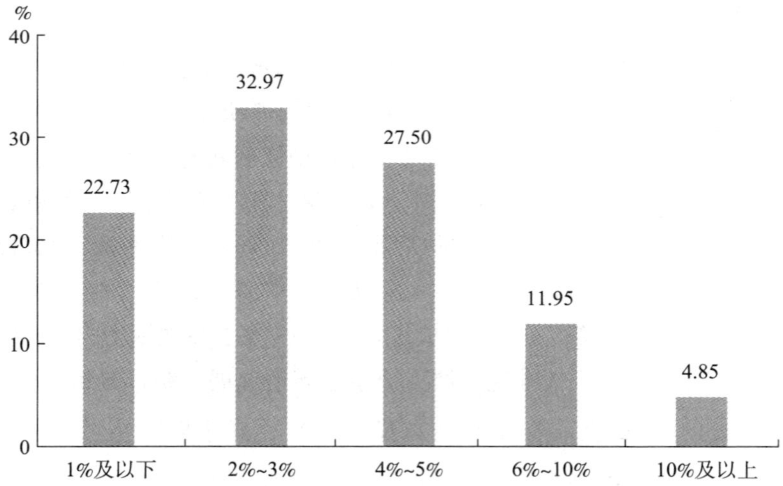

图 1-6　中小企业研发强度的分布情况

图 1-7 为样本中小企业研发人员占比的分布情况。由图 1-7 可知近半数受访中小企业研发人员占比在 5%及以下，反映出研发人员占比较低。进一步对标《优质中小企业梯度培育管理暂行办法》关于专精特新中小企业研发人员占比的认定标准，71.94%的受访中小企业研发人员占比小于等于最低认定标准（10%），9.05%的受访中小企业研发人员占比超过最高认定标

准（20%）。可以看出，我国中小企业研发人员占比还比较低，也呈现出类似“金字塔”形的结构，中小企业创新可能仍然存在较明显的人才约束。

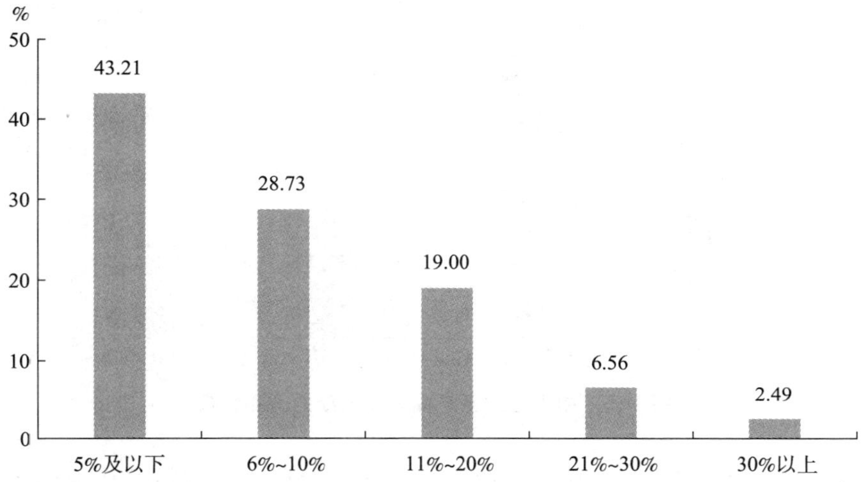

图 1-7　中小企业研发人员占比的分布情况

1.1.2.2　新产品开发周期长，专利存在“极化”现象

图 1-8 为样本中小企业新产品开发周期的分布情况。由图 1-8 可知，受访中小企业的新产品开发周期主要为 1～3（含）年，占受访企业的 38.69%；27.14%的受访中小企业新产品开发周期不到 1 年；34.18%的受访中小企业新产品开发周期超过 3 年。新产品开发是一个不断寻求正确解决方案以满足市场需求的过程，往往受到多方面因素的影响，如组织能力（单标安等，2022）[2]、数字技术（Wei et al.，2021）[3]等。如何有效缩短新产品开发周期对企业来说非常重要（翟丽，2001）[4]，尤其是对企业构建动态竞争优势有重要作用。对于中小企业，如何在数字经济时代，利用数字技术工具缩短产品开发周期，加速产品迭代创新，以获取时间上的竞争优势，进而促进快速成长，十分关键。

图 1-9 为样本中小企业拥有专利分布情况①。专利数量是衡量企业创新产出水平的重要指标（罗勇根等，2019）[5]，尤其是有效专利的数量对中小企业创新发展具有重要作用。由图 1-9 可知，71.5%的受访中小企业

① 考虑到问卷方式采集数据的实际难度，关于专利问题的设计没有区分专利类型。

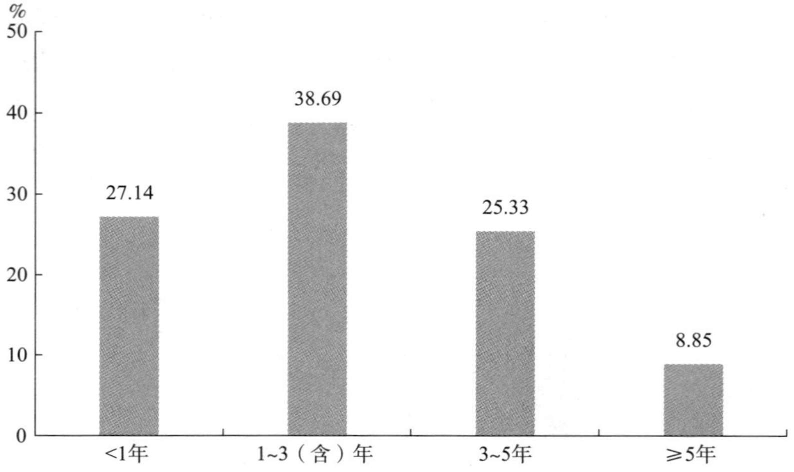

图 1-8　中小企业新产品开发周期的分布情况

没有专利，18.8%的受访中小企业拥有 1~5 项专利，9.7%的受访中小企业拥有5 项以上的专利。对标《优质中小企业梯度培育管理暂行办法》关于创新型中小企业、专精特新中小企业认定中知识产权数量最低标准，约有 28.5%的受访中小企业可以满足该最低评价标准。根据对部分受访企业管理层的访谈，主要是由于被宣告无效的专利占比较高，且中小企业知识产权保护意识不强。可以看出，我国中小企业专利水平还很不均衡，需要提高知识产权保护意识和进一步提升有效专利数量。

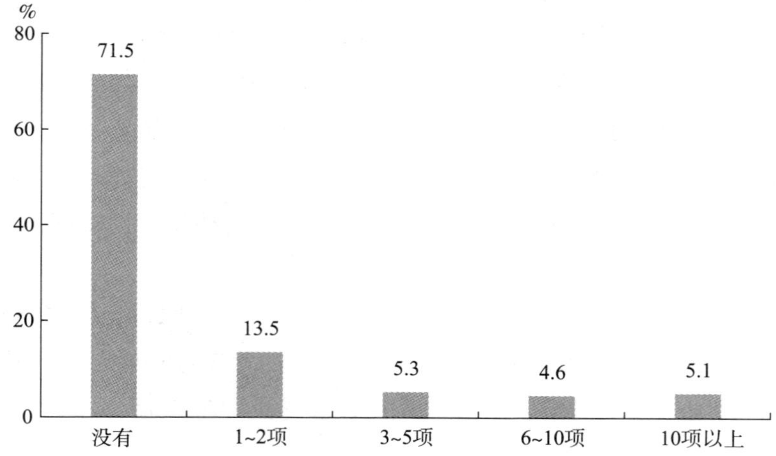

图 1-9　中小企业拥有专利分布情况

1.1.2.3　中小企业注重研发合作，与高校、科研院所合作程度不断加深

图1-10为样本中小企业与高校、科研院所合作程度的分布情况。根据问卷调查的结果，针对受访的中小企业样本，与高校、科研院所存在合作关系的占比为31.67%。其中，与1~2家高校、科研院所存在合作关系的中小企业占比为20.45%，与3家高校、科研院所有合作关系的中小企业占比为11.22%。由图1-10可知，已与高校、科研院所建立合作关系的样本中小企业中，60.65%与其存在"较高"程度及以上合作。对于已建立合作关系的企业，中小企业与高校、科研院所的合作关系比较紧密，一定程度上反映高校、科研院所在中小企业创新中发挥了更加重要的作用。

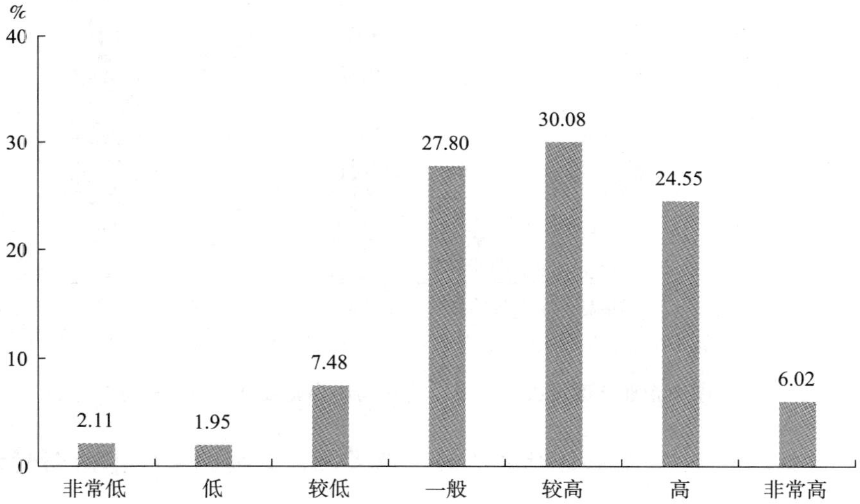

图1-10　中小企业与高校、科研院所合作程度的分布情况

1.1.2.4　中小企业与客户主要共享产品和技术信息，客户共创越来越受到重视

图1-11为中小企业与客户共享信息、客户与中小企业共享信息的分布情况。该调查结果表明，46.06%的受访中小企业与客户在创新过程中分享信息，包括：产品信息（17.53%）、技术信息（17.32%）、管理信息（7.37%）、市场信息（1.56%）、服务信息（2.28%）；45.44%的受访中小企业表示客户与其在创新过程中分享信息，包括：产品信息（18.26%）、

技术信息（15.46%）、管理信息（7.78%）、市场信息（1.97%）、服务信息（1.97%）。可以看出，中小企业在创新过程中与客户之间存在较多的信息交互，“关系”成为中小企业获取创新资源的重要渠道（刘德胜等，2022）[6]。在中小企业与客户的信息交互过程中，无论是中小企业与客户共享信息，还是客户与中小企业共享信息，主要聚焦于产品信息和技术信息两方面，信息共享范围更加多元化，且客户与中小企业共享信息的占比要低于中小企业与客户共享信息的占比。

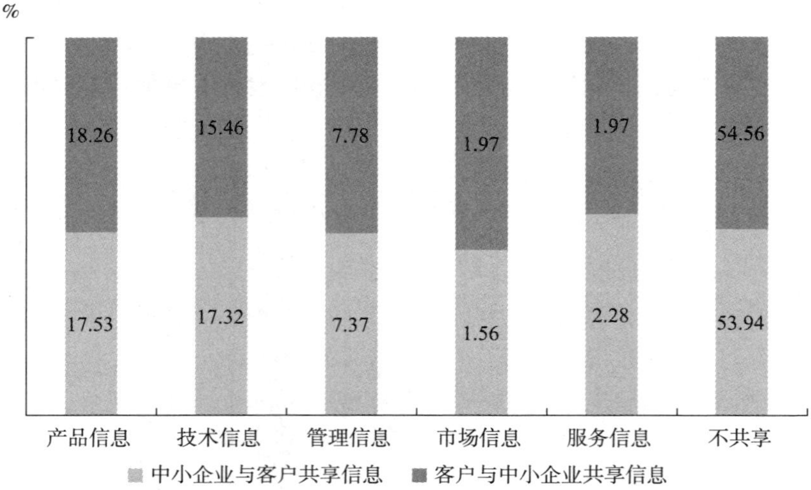

图 1-11　中小企业与客户共享信息、客户与中小企业共享信息的分布情况

1.1.2.5　中小企业创新资源的来源多元，直接购买技术的创新方式占比高

图 1-12 为样本中小企业获取创新资源的渠道分布情况。从调研结果看，供应商、客户、竞争对手、大学/科研机构、行业协会、众创、众包、众筹都是中小企业创新资源来源途径，但仍然有 11.65%的样本中小企业表示以上都不是其获取创新资源的渠道。具体来看，分别有 30.15%、24.19%和 20.55%的受访中小企业表示通过客户、供应商、竞争对手渠道获取创新资源，这三种方式也是中小企业获取创新资源的主要渠道。以上调研结果表明，中小企业创新资源的获取渠道更加多元化，同时还存在较明显的“极化”现象。

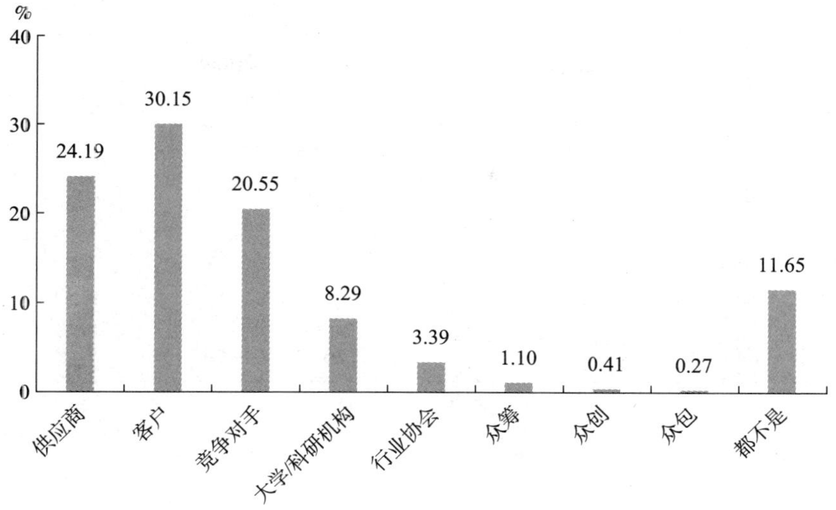

图 1-12　中小企业获取创新资源的渠道分布情况

图 1-13 为样本中小企业主要技术来源的分布情况。从调研结果来看，样本中小企业的技术来源涉及了直接购买、联合开发、委托开发、自主研发、第三方开发平台多种方式。其中，71.91%的样本中小企业主要技术来源为直接购买，通过联合开发、委托开发的方式作为主要技术来源的样本中小企业占比分别为 11.13%、2.57%，以自主研发和第三方开发平台为主要技术来源的样本中小企业占比较低，分别为 0.58%、0.17%。从调研结果可以看出，中小企业创新方式也呈现出多元化，但对直接购买的主要技术引进方式依赖度高。

1.1.2.6　中小企业日益注重共享平台使用，产能和设备共享是主要参与方式

图 1-14 为样本中小企业共享平台使用程度的分布情况。信息技术发展推动了共享平台发展，共享平台在实践中已得到越来越多的关注，如海尔 COSMOPlat 平台，为缓解中小企业创新资源约束提供了新的可能（刘德胜、李光红，2021）[7]。根据受访中小企业的问卷调查结果，48.78%的受访中小企业对共享平台使用程度在“较高”及以上，仅有 11.79%的受访中小企业对共享平台使用程度为“低”和“非常低”，一定程度上体现出中小企业对共享平台的使用越来越重视。

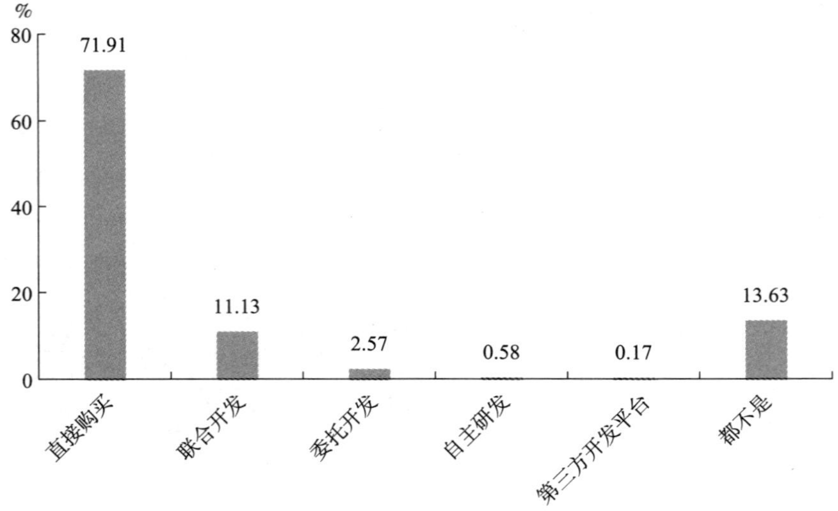

图 1-13　中小企业主要技术来源的分布情况

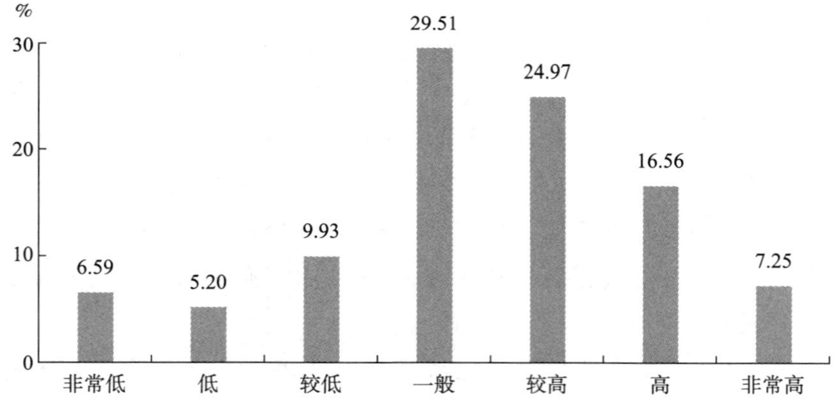

图 1-14　中小企业共享平台使用程度的分布情况

图 1-15 为样本中小企业参与产能共享、设备共享的情况。共享是依托信息技术手段，强调资源使用权而非所有权的资源配置方式（李光红等，2018）[8]，通过对闲置资源的再配置达到提升资源配置效率的目的，有助于推动大中小型企业的融通发展。对于中小企业来说，通过产能共享、设备共享等共享模式，积极开放闲置的能力和资源，不仅可以降低资源约束，还可以释放资源的价值和催生新的增长动能。根据对部分受访中小企业管理层访谈，产能共享、设备共享是当前中小企业参与共享的主要

方式。从调研结果看，21.88%的受访中小企业参与设备共享，20.77%的样本中小企业参与产能共享，一定程度上反映了中小企业参与共享的范围和参与共享的程度还有进一步的提升空间。

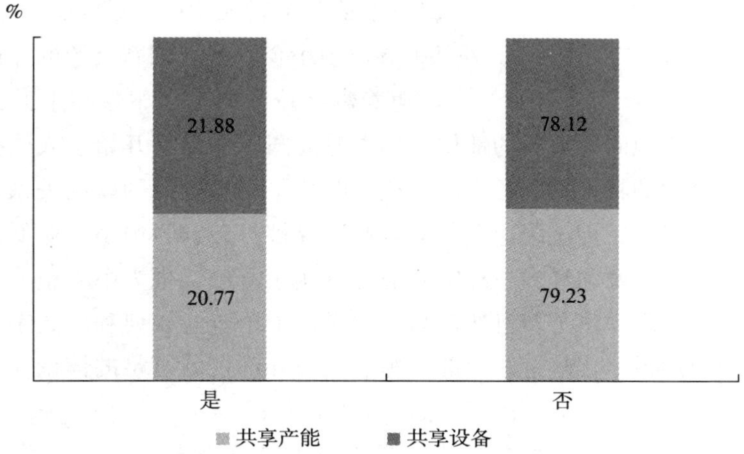

图 1-15　中小企业参与产能共享、设备共享的情况

1.1.3　数字时代中小企业创新面临的挑战

中小企业是经济社会发展的生力军，中小企业成长得好，国家经济发展才更有活力。习近平总书记在给“2022 全国专精特新中小企业发展大会”的贺信中指出：加大对中小企业支持力度，着力在推动企业创新上下功夫，激发涌现更多专精特新中小企业。支持和推动中小企业成长为创新型中小企业、专精特新中小企业、专精特新“小巨人”企业，离不开中小企业创新，这也在理论界和实践界达成共识。尽管中小企业在创新方面取得了较快发展，但数字经济时代中小企业创新面临诸多挑战，这也是当下中小企业不得不解决的问题。本小节在前述中小企业创新发展的现状和基本特征分析的基础上，结合问卷调查和企业访谈的结果，全面梳理总结数字时代中小企业创新面临的五大挑战。

1.1.3.1　中小企业创新存在资源约束，需要通过数字化构建创新资源获取机制

根据问卷调查结果及对部分中小企业管理层的访谈，资源约束是企业创新投入不足的主因。对中小企业来说，“天生弱势”往往使其陷入“创新困境”，主要表现为：一方面，存在缺资金、缺人才、缺技术的资源约

束，信息不透明又使得中小企业难以获取外部资源（Pellegrina et al.，2017）[9]；另一方面，中小企业在创新实践中缺乏经验，缺少使用资源的能力和释放资源价值的途径，资源使用效率较低（张玉明等，2018）[10]。面对内部资源匮乏困境，除了优化现有资源使用方式实现价值掘潜（Senyard et al.，2014）[11]，外部搜寻对中小企业获取创新资源的作用越来越明显（West et al.，2013）[12]。随着数字技术的发展，数据上升到与人才、资本、土地同等重要的地位，标志着我国实体经济开始步入数据赋能时期，最鲜明的特点是资源广泛连通，改变了创新资源的联结关系、使用方式与组合机制，传统理论定义的企业边界被打破，为中小企业低成本高效率搜寻外部资源和释放内部资源潜力夯实了基础，也为中小企业突破资源约束推动创新提供了新机遇。与此同时，中小企业如何利用数字技术拓展资源获取途径，化解企业内部资源短缺与外部资源富足的悖论，是数字时代中小企业突破创新资源瓶颈面临的严峻挑战。

1.1.3.2　中小企业产品开发周期长、产出质量不高，亟待通过数据赋能实现高质量创新

根据问卷调查结果，受访样本中小企业产品开发周期长，超过34%的样本中小企业新产品开发周期在3年以上，产品开发周期在1~3年的样本中小企业也占到了近40%。已有的文献研究表明，推动新产品快速迭代是企业赢得竞争优势的关键因素。Rogers（1994）[13]的研究发现，45%的电子行业公司认为，只有新产品上市时间不超过1年，其产品才会具有竞争力。所以较长产品开发周期，不利于中小企业在市场中获得竞争优势和实现更高的收益。尤其是随着新一代信息技术的发展，市场环境变化的速度越来越快，更需要加速推动产品更新迭代，才能更好地适应需求变化。此外，中小企业创新产出质量不高，在受访的中小企业中有超过2/3的企业没有专利，且根据对部分受访企业管理层的访谈，被宣告无效的专利占比高，高价值发明专利数量少，知识产权的总体质量还不高。对中小企业来说，面临产品开发周期长、产出质量不高方面的约束，向专精特新中小企业迈进面临的压力大。在数字经济时代，数据已成为一种重要的要素资源，中小企业如何将数据资源转化为现实的生产要素，对中小企业降本、提质、增效，实现高质量创新有十分重要的作用，这也是中小企业创新过程中不得不面对的新挑战。

1.1.3.3　中小企业信息共享水平不高，亟须数据联网化提升信息效率以深挖数据价值

基于问卷调研结果，中小企业信息共享水平不高，与利益相关者之间的双向互动水平低，仅不超过50%的受访中小企业与客户之间存在信息共享。此外，中小企业与利益相关者之间的信息共享范围主要是产品信息和技术信息，有关市场信息、服务信息、管理信息的共享比例很低，市场信息的共享比例不到2%，管理信息和服务信息的共享比例也不超过8%。根据已有理论研究，信息在创新中的作用越来越重要，信息资源的沟通与协作共享是信息发挥作用的重要基础，也有利于商业实践的重塑（Croom et al.，2005）[14]。此外，信息技术发展降低交易成本，引发商业环境的巨大变化（李光红等，2018），重构以信息不对称方式存在的传统层级生产方式上下游关系的“合理性结构和流程”（罗珉、李亮宇，2015）[15]，使得企业边界日益模糊。利用信息技术对信息进行有效整合，高效利用内外部资源，实现与利益相关者的信息共享，成为中小企业创新发展的可行途径。数字经济时代，信息共享依赖中小企业的数据搜集、分析处理和转换能力，如何通过数据联网化提高数据传递、数据共享、数据转换的效率，给中小企业释放数据潜能和实现价值创造带来挑战。

1.1.3.4　中小企业协同创新水平低，依托数字化转型驱动开放式创新的能力提升面临挑战

从问卷调查结果来看，近70%的受访中小企业没有与高校、科研院所等研究机构建立合作关系，且与两家以上高校、科研院所建立合作关系的样本中小企业占比仅为11.22%。同时，样本中小企业与客户之间的信息共享水平也不高。这在一定程度上反映出中小企业协同创新能力还比较弱。尽管中小企业在经济社会发展中的作用越来越重要，但由于缺乏高素质人才，很大程度上限制了原创性创新成果产出能力。促进中小企业创新质量提升，离不开与高校、科研院所，以及客户、供应商、竞争者等利益相关者之间的合作与协同。根据已有的文献，开放式创新可以带来速度更快、成本更低、收益更高的技术革新（陈强远，2022）[16]，助力企业协同创新水平提升。尤其是数字经济为中小企业创新带来新机遇，数字技术广泛应用也为客户、员工及供应链上下游企业更便捷地建立连接和参与创新提供新可能，中小企业如何通过推动数字化转型加入开放式创新网络生

态，进而实现专精特新成长是其不得不面对的挑战。

1.1.3.5 中小企业共享参与度低，需要嵌入大中小企业融通创新生态实现高质量成长

根据问卷调查，中小企业参与共享的方式主要是产能共享和设备共享，但通过两种途径参与共享程度较低。其中，参与产能共享的样本中小企业占比为20.77%，参与设备共享的样本中小企业占比为21.88%。然而，随着互联网、大数据和人工智能快速发展，资源全面融入经济社会系统运行的全过程，推动线上线下资源深度融合与重构，积极融入和参与共享发展进程已成为企业的必然选择。共享带来了资源配置机制的变革（何大安，2018）[17]，成为新的资源配置方式（张新红、于凤霞，2019）[18]。对于中小企业来说，信息化基础弱、数据连通性低，都成为阻碍其参与共享的因素。而大型企业基于满足中小企业共性需求的共享平台建设，通过设备共享、产能共享等多元共享方式，为中小企业资源与能力开放提供平台基础，可促进大中小企业融通创新。面对环境的新变化，中小企业如何通过嵌入大中小企业融通创新生态，促进资源与能力开放，是化解创新资源约束和实现高质量成长亟待解决的又一问题。

1.2 数据赋能的时代特征

互联网、大数据、云计算、人工智能等数字技术广泛应用加速了数字经济发展，企业作为实体经济的微观主体，也是实施数字化变革的主体，企业数字化变革直接关系到数字经济与实体经济的融合与未来发展。数据是数字经济时代的新生产要素，厘清数据要素在中小企业创新中“被使用”的过程，对提升企业创新效率和增强竞争优势具有重要意义。

1.2.1 数字经济成为新经济形态

党的十八大以来，党中央高度重视发展数字经济，做强做大数字经济上升为国家战略。党的十九大报告明确提出要建设“数字中国”，“推动互联网、大数据、人工智能与实体经济深度融合”，数字产业被纳入“新兴产业”范畴。2020年4月《中共中央 国务院关于构建更加完善的要素市场化配置体制机制的意见》首次将数据纳入生产要素的范畴，提出加快培

育要素市场的要求。培育数据要素市场是激发数据要素价值、发挥数据作用的关键。2020 年 7 月，《中华人民共和国国民经济和社会发展第十四个五年规划和 2035 年远景目标纲要》（简称“十四五”规划）强调发展数字经济，继续坚持推进数字产业化和产业数字化转型。2020 年底的中央经济工作会议提出，要“大力发展数字经济”。对数字经济的要求从“壮大”转变为“大力发展”。2021 年 10 月，习近平总书记在主持十九届中央政治局第 34 次集体学习时强调，需推动我国数字经济健康发展。2022 年 10 月，党的二十大报告再次提出“加快发展数字经济，促进数字经济和实体经济深度融合”。这一系列政策和重要论述，为我国数字经济发展明确了方向，也标志着我国迈入了数字经济新时代。

《数字中国发展报告（2021 年）》指出，数字中国建设已取得显著成就，我国数据产量 2021 年达到 6. 6ZB，产业规模位居世界第二，数字经济成为实体经济高质量发展的重要支撑。最新统计数据显示（见图 1-16），2012 年至 2021 年我国数字经济规模从 11. 0 万亿元增长到 45. 5 万亿元，数字经济占 GDP 比重由 21. 6%提升至 39. 8%①。新冠疫情以来，经济活动非聚集性需求加速数字技术的广泛应用，人工智能、区块链、云计算、物联网等信息技术更迭速度加快，以数据为关键要素的数字经济正成为推动经济发展的新动能。《“十四五”数字经济发展规划》提出，数字经济以数据资源为关键生产要素，以数字化基础设施和现代信息网络作为重要的载体，以信息通信技术融合应用、全要素数字化转型为重要推动力，成为提升效率、促进公平和优化经济结构的新经济形态。数字经济是一种新经济、新动能、新业态，正在对经济社会发展领域全过程造成颠覆性冲击，引发整体性变革。数字经济的内涵比较宽泛，技术层面上包括互联网、大数据、云计算、人工智能等新一代信息技术；在应用层面上主要是指数字技术融入生产制造、研发设计及销售服务等企业运营管理的各个环节，丰富了商业实践。对于企业而言，平台企业是数字经济的微观基础，数字经济作为实施供给侧结构性改革、实体经济发展和创新驱动发展战略重要内容，为我国实体企业转型升级提供动力和支持。从要素构成看，数字经济包括数据和数字技术两个关键要素，数据要素属性可以低边际成本、非消

---

① 中国政府网，http：//www. gov. cn/xinwen/2022-10/02/content_5715622. htm.

耗性、强外部性、易复制等特性来描述，是推动数字经济快速发展的引擎；而数字技术具有迭代快、扩散快、渗透性强的属性。数据和数字技术通过加快创新的供给和扩散，优化生产函数中的要素组合方式、降低交易成本、提高生产效率，最终实现了企业价值创造。从发展路径上看，涉及企业的主要是数字产业化和产业数字化两方面。数字产业化是指数字化关键技术的产业化应用，如电子信息制造业、软件和信息技术服务业。产业数字化是指传统企业、重点产业的数字化转型，如农业数字化、制造业智能化以及服务业网络化等。总体而言，数字经济作为新经济形态，已成为推动经济增长的新引擎。政策驱动、数字经济发展以及与实体经济深度融合的背景下，企业数字化转型成为企业创新发展的必由之路。数字经济发展为中小企业实施数字化转型，推动企业创新发展提供了新契机。

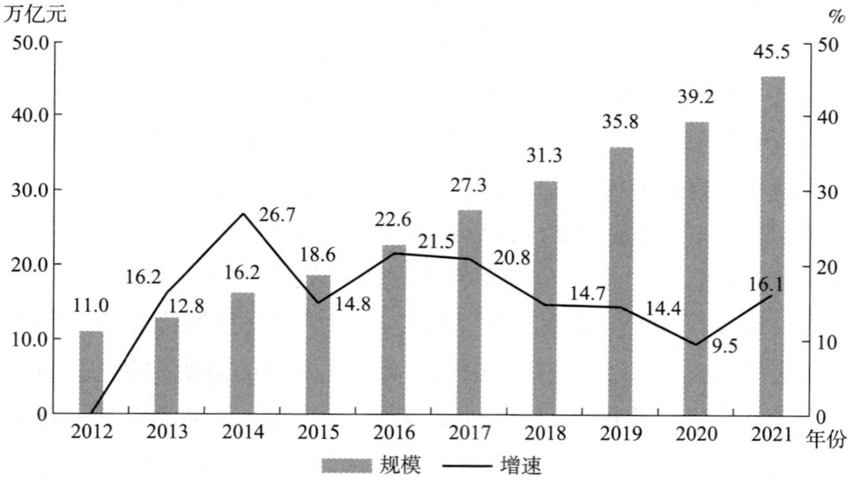

图 1-16　2012—2021 年我国数字经济发展规模及增速

资料来源：根据《中国数字经济发展报告（2022 年）》及中国政府网发布的新闻整理。

1.2.2　数据成为新生产要素

信息技术的飞速发展，促进了各行各业的信息化进步。新一轮科技革命和产业的变革增强了各领域之间的连接，驱动各领域的数字化转型，数字技术在经济社会发展中的应用广度和应用深度都空前增大。尤其第四次工业革命以来，以大数据、物联网、云计算、区块链、人工智能等为表征的新一代信息技术加速推进，促进了我国 4G 和 5G 网络的大规模部署、移动互联网应用普及化、各种类型终端设备大量接入，以及数字技术基础设施跨越式发展，使得来自企业内部、企业与企业、企业与客户、企业与政府之间的数据，还包括用户与用户之间的各种生产数据、消费数据、交互数据等，都可以便捷地被采集、存储和整合，海量的用户数据、生产数据、政务数据等各类型数据随之产生。与此同时，各种新技术的深化应用还带动了数据产量持续增长，全社会数据产量已从 TB 时代迈入了 ZB 时代。中央网信办以及《国家数据资源调查报告》的数据资料显示，我国数据产量已经从 2017 年的 2.3ZB 提高到 2021 年的 6.6ZB（见图 1-17），年均复合增长率达到 23.5%，2021 年增幅更是达到 37.5%。我国数据产量在 2021 年已居于世界第二的位置，约占到全球数据总产量的 9.9%。海量的数据储备以及持续的数据产量增长，为不断地开发利用和深挖数据价值提供了新可能，同时为发挥和释放数据的生产要素作用创造了基础条件。

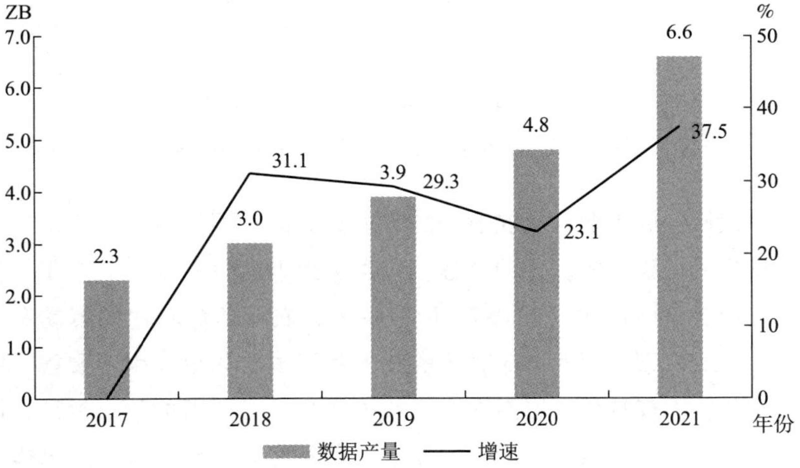

图 1-17　2017—2021 年我国数据产量情况

资料来源：根据《国家数据资源调查报告》以及中央网信办发布的新闻报道等资料整理而成。

当下，数据在企业发展中发挥着越来越重要的作用，谁掌握了数据，谁就能在竞争中占据有利位置，不断获得新的竞争优势。数据有多种不同类型的定义。总体而言，数据是行为主体在生产、分配、流通和消费过程中产生的原始记录，是对客观事物的主观反映，表现形式主要为数字、图像、声音和视频等符号。确切地说，数据是原始资料和客观存在。有学者在 Ackoff（1989）思想基础上构建了数据金字塔（DIKW）模型[19]，即数据、信息、知识、智慧的逻辑演进（见图 1-18），反映了我们对客观世界的认知过程。在数据金字塔模型构成逻辑中，数据是形成信息、知识和智慧的底层，也是原始素材，具有关键的基础性作用。更重要的是，数字经济时代的商业经营正逐步搭建在以数字基础设施作为底座的数字化平台上，这不仅催生海量数据的产生，数据重要性随之也越来越大。与其他无形资料相比，数据具有数量无限性、可重复使用、非竞争性和可共享性，这为数据成为生产要素提供了可能。

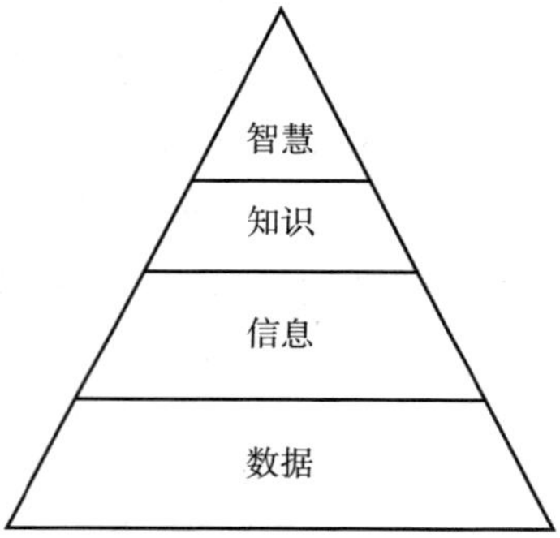

图 1-18　数据金字塔（DIKW）的层级结构

历史发展经验表明，从农业经济、工业经济，再到数字经济，反映了我们对世界的认识不断深化的过程。人类历史上的每一次重大变革，都伴随着新生产要素的产生（见表 1-1）。例如，农业革命时代的劳动和土地成为重要生产要素，工业革命时代的技术和资本成为重要生产要素。在数字经济时代，不仅从国家层面提出了数据作为生产要素的顶层设计，同时数据爆发式增长也为数据成为生产要素提供了客观基础。数据成为生产要素是时代的必然趋势，也具备了必要条件：一是数据可获取性。数据必须能与数字技术及其他要素进行协同，通过数据提取与处理分析，将有用的信息用来从事生产或提升生产效率。所以，个人、企业、政府等可以便利地获取数据资源，并可利用数字技术工具对数据进行加工进而创造出价值。二是数据可传递性。数据要产生价值必须能进行交易，而数据交易离不开数据之间的有效连接。当前我国 5G、云计算等方面的数字基础设施建设取得了较快进步，为数据的可传递奠定了良好的基础。三是数据可信性。数据必须是可信的，即数据是完全、准确和一致的，否则数据真实价值难以有效体现。数字技术发展为保障数据可靠性奠定了基础，也为数据要素化提供了有效保障。

表 1–1　不同社会阶段的生产要素

社会阶段	生产要素	技术重点
农业经济	包括土地、劳动、技术，重点关注土地和劳动要素的作用	农业技术为主
工业经济	包括土地、劳动、技术、资本，重点关注资本和技术要素的作用，企业家才能的作用也得到关注	工业技术为主
数字经济	包括土地、劳动、技术、资本、数据，重点关注数据要素的作用	数字技术为主

资料来源：根据相关文献资料整理而成。

1.2.3　数字化转型成为中小企业必选项

数据作为数字经济时代的关键生产要素，全面向生产、分配、流通、消费等环节渗透，成为推动各行各业变革的重要技术手段和基础，对生产、生活、社会治理等都产生了深远影响，也是驱动经济社会高质量发展的关键力量。2023 年，中共中央、国务院印发《关于构建数据基础制度更好发挥数据要素作用的意见》，为数据在数字经济时代发挥生产要素作用提供了重要制度基础。对于中小企业，充分激发数据要素潜能，不仅要激活内部数据，还要利用好外部数据，实现“用数赋能”。加速推进数字化转型是落实“用数赋能”的基础，也是驱动中小企业创新的关键，二者具有契合性（见图 1–19）。

具体来说，数字化转型成为中小企业创新发展的必选项主要体现在以下三个方面：

一是顺应世界发展大势。以大数据、物联网、云计算、人工智能等为代表的数字技术成为了新一轮工业革命和科技革命的技术重心，驱动数字经济快速发展，使得数字经济成为继农业经济、工业经济之后的新经济形态，推动数字经济发展是世界经济的大趋势。当下，推动数字化转型成为拉动全球经济增长的新引擎，是百年未有之大变局中我国企业重塑竞争力的变革性力量。中小企业量大面广，对经济社会发展的重要性不言而喻，推动其数字化转型既是顺应大趋势，也是促进经济高质量发展的基础。

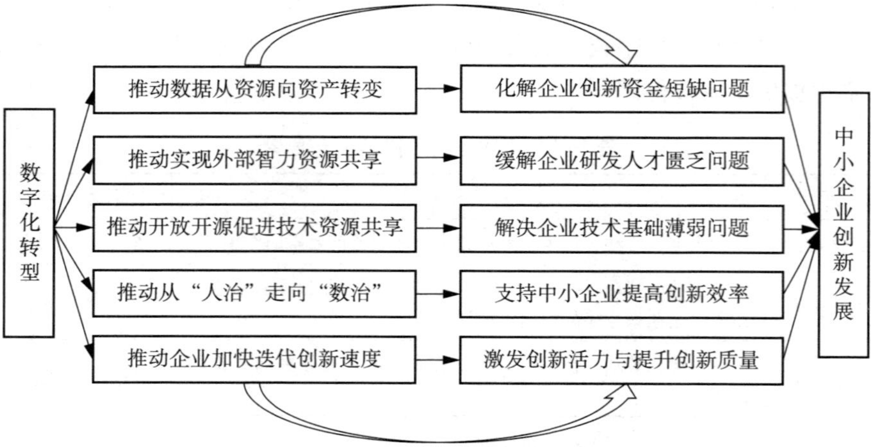

图 1-19　数字化转型与中小企业创新之间的契合逻辑

二是政策层面大力推进。我国在近十年来，一直强调和大力推进企业数字化建设，早期的“数字中国”“数字经济与实体经济融合”“中国制造 2025”等一系列政策，为我国企业从信息化、数字化、智能化等方面达成降本、增效、提质的目标提供了重要的制度基础。近期出台了《“十四五”数字经济发展规划》《中小企业数字化转型指南》，进一步为我国中小企业数字化转型发展指明了方向，明确了产业数字化和数字产业化的任务，也将推动中小企业数字化转型上升到国家战略层面，为中小企业数字化转型创造了制度基础。

三是中小企业创新需要。中小企业创新发展既要摆脱资源约束的困境，也要不断应对环境变化的严峻挑战。当前，中小企业不仅面临劳动用工成本增加、资源利用效率低以及资金不足的内部约束，而且面临贸易保护主义、市场预期持续走弱和全球经济增长乏力等不利因素。为应对新的挑战，提升创新能力成为中小企业的“必选项”，而不是“可选项”。从当前我国企业发展实践看，企业所能获得或使用的数据的“量”和“质”对创新的决定性作用越来越大。因此，中小企业推动数字化转型，增加数字技术在创新全流程中的应用，不仅是数据在创新过程中发挥作用的基础，也是中小企业提高创新质量的关键所在。

1.3　数据赋能中小企业创新发展的典型事实

国家多次强调中小企业能办大事，中小企业好了，经济就好。已经出台的《“十四五”促进中小企业发展规划》《中小企业数字化转型指南》《中小企业赋能专项行动方案》等明确指出，要推动中小企业数字化转型和支持中小企业创新发展。根据工信部公布的中小企业数字化转型案例，并结合调研获取的部分信息，选取 HOPE、金蝶信科、浙江野马电池三个案例，围绕如何让数据从资源转化为资产、如何通过数字技术连接创新资源与用户需求来驱动创新、如何通过数据联网贯通企业内外信息链赋能企业创新，梳理数据发挥要素作用和赋能中小企业创新的典型实践。

1.3.1　HOPE：数据链接创新资源与用户需求赋能中小企业创新

（1）案例概况。

数字经济时代，数据就是核心。企业只有在高效利用数据的前提下才能跟随时代发展，进而创造自身价值，实现更好的发展。而在众多企业之中，中小企业又占据了绝大多数，因此，数字时代的蓬勃不是一家独大的寡头垄断，而是与众多中小企业在数据领域共同精进。海尔开放创新平台（Haier Open Partnership Ecosystem，HOPE）就是一个优秀的案例，其利用物联网技术实现数据与中小企业的紧密连接，在自身发展的同时促进众多中小企业实现了数字化转型。

物联网（Internet of Things，IoT），指通过各种信息传感器实时采集数据，通过网络接入，实现物与数据、人与数据、物与人与数据的泛在连接，实现对事物的数据化、智能化感知、识别、管理和应用。海尔开放创新平台在转型过程中发挥自身优势，在物联网技术的加持下，创造了“微洞察—专家咨询—技术情报—技术寻源”工作流程①，实现流畅标准化定制的同时，帮助中小企业在数据时代找到自身的定位，在开放创新过程中建立独特的生态圈，共同在以数据为背景的企业数字化转型挑战中取得竞

① HOPE 官网，https：//hope. haier. com/hope_web/.

争优势。

（2）标准化定制流程——数据赋能中小企业创新。

HOPE 由海尔开放式创新中心研发并运营，致力于打造全球最大的创新生态系统和全流程创新交互社区，并于 2015 年成立创新社群，覆盖 100+技术领域的活跃专家，积累了超 10000 优选技术供应商，累计注册专家 30000+，拥有 350 万+创新网络节点。在创新社区的支持下，HOPE 的数据赋能流程如下（见图 1-20）：

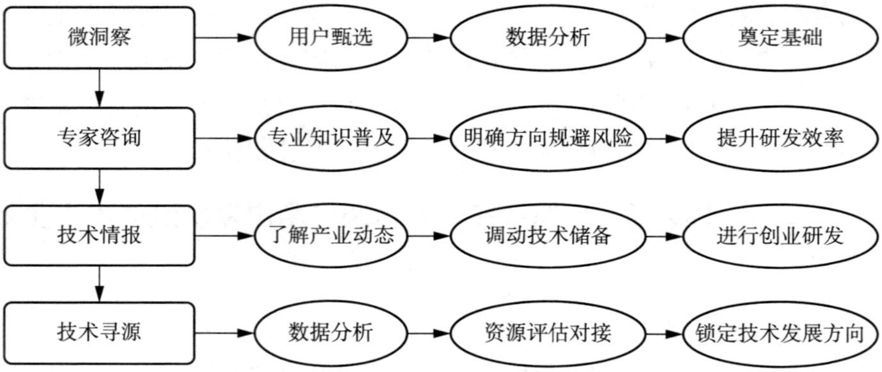

图 1-20 HOPE 标准化定制流程①

首先，HOPE 通过微洞察窗口，创建了一系列收集中小企业工作场景、分析中小企业行为、挖掘中小企业痛点的用户研究体系。HOPE 微洞察利用完整真实的中小企业数据库，记录用户素材，进行分类，建立定制微场景，并且针对指定的目标建立讨论群组，对所获取的数据进行智能运算、智慧分析等一系列数据处理，再利用处理后的数据进行用户群画像和需求分析，为后续匹配打下基础。其次，在微洞察处理数据之后，HOPE 通过专家咨询窗口，汇聚各个领域的专家资源，专家凭借多年的技术背景和实践经验，为中小企业解答产品创新过程中遇到的技术难题并帮助其找到创新方向，同时规避风险，实现互利共赢。再次，HOPE 立足于开放创新平台成立技术情报团队，为内外部客户提供技术信息动态跟踪、信息简报、专题报告等专业服务，借助广泛优质的信息源网络、先进的数据采集技术以及专业的数据库资源，实时洞察相关行业最新技术进展、竞争态势，并

① 笔者根据 HOPE 公开资料自行整理而成。

做出专业分析与解读，支撑客户技术创新与战略决策。最后，HOPE 利用系统化的全球科技“蛙眼监控系统”，为企业提供定制化场景解决方案，在技术创新、人才创新加持下对用户进行扫描、识别、机会挖掘和对接，帮助中小企业实现技术应用转化，锁定技术发展领域的同时定期进行技术应用互动，根据实际发展进行数据、企业、资源和平台的对接。

对于中小企业，如何“看见”市场及如何被市场“看见”才是真正的痛点，HOPE 与深圳百欧森环保科技股份有限公司（以下简称百欧森）的合作完美展现了 HOPE 数据赋能解决问题的实力。HOPE 一方面通过洞察了解百欧森需求①，对所需技术进行拆解与细分；另一方面发挥“桥梁”作用，将来自千行百业的技术与百欧森进行完美衔接。百欧森是轨道交通领域的空气净化服务商，其消杀设备广泛应用于地铁、高铁和大型场馆等，但由于客单价高、销量低，影响企业长远发展。在开放创新平台上，HOPE 与百欧森相遇，并且 HOPE 敏锐地觉察到在民用消毒柜领域，传统的高温、臭氧消毒方式存在耗时长、有异味等问题。因此，在数据运算、数据赋能、数据运用的同时，HOPE 科研团队与百欧森进行了长期的探索与打磨，最终轨道交通领域的光等离子空气消杀技术第一次被应用于家用消毒柜行业。这不是简单的“复制粘贴”，而是技术的深度跨界与融合。在光等离子空气消杀技术的加持下，百欧森家用消毒柜可确保 360°无死角杀菌，只需 15 分钟就能达到二星消毒标准，40 分钟可实现医用级的高效灭菌，安全性高且更加省时节能。在家用消毒柜之后，洗衣机、空调、干衣机等产品也陆续跟进了光等离子空气消杀技术，守护用户的健康生活，同时也为百欧森开辟了新增长点。HOPE 根据百欧森生产的产品的特点进行分析、定位，在帮助百欧森洞察市场形势的同时，通过光等离子空气消杀技术让市场看见其优势，最终实现互利共赢。

（3）主要启示。

第一，HOPE 以需求为导向，将技术能力的逐步提升转化为自身的核心竞争力。HOPE 技术能力的形成，主要基于用户需求，不断进行技术研发，典型的如在消毒领域，为了尽可能满足用户在安全性与实用性方面的要求，倒逼中小企业进行技术升级和转型。

① 百欧森官网，https：//www. baiousen. com/.

第二，创新技术平台，有效整合内外部技术创新资源。这主要表现在HOPE创新平台有效整合技术资源，并建立广泛的技术合作关系，基于有限的资源、空间、时间尽可能地凝聚力量、创造出独特的新技术，在洞察市场的同时也让市场“看见”企业。

第三，HOPE通过“微洞察—专家咨询—技术情报—技术寻源”工作流程，使定制化与标准化实现有效结合，在第一时间抓住中小企业发展痛点，并且利用所具备的所有相关数据、技术等资源进行匹配，在时间、空间有限的前提下实现最具效率和效益的策略定制和提供场景解决方案。

1.3.2 金蝶信科：赋能中小企业打造数据信用资产缓解融资约束

（1）案例概况。

中小企业由于“天生弱势”，缺少抵押物，往往存在融资难、融资贵等问题，通常会对创新造成不利影响。2021年12月，工信部等19部门联合印发《“十四五”促进中小企业发展规划》，提出“创新金融服务模式”，如通过“金融科技+供应链场景”，使得交易信息产生的“数据信用”在解决中小企业融资中发挥作用。同时鼓励创新金融产品或服务，以满足中小企业融资需求。在政策支持与科技发展的背景下，供应链金融模式迅速崛起，但在真实服务场景中，上下游中小企业在融资过程中仍需要核心企业做融资担保。

金蝶信用科技（深圳）有限公司（以下简称金蝶信科）是一家致力于“让每个企业拥有数字信用”的公司，2022年推出了数字供应链金融SaaS服务平台——金蝶效融，即通过将供应链上的交易数据转化为中小企业的数据信用资产，使上下游中小企业成为授信主体，构建真正无担保、纯信用的数字供应链金融服务，形成集企业征信、评信、用信于一身的全链条创新，打造“数字化信用+数字化信贷”业务模式。

（2）数据赋能让数据从资源转化为资产。

金蝶效融平台连接资产端和资金端。资产端以核心企业为枢纽，获取交易场景中的数据资产，企业将历史交易及经营数据授权到系统的白名单中，系统就可以将其转化为可用于融资的数字信用报告，从而实现信用数据化、资产化；资金端代表金融机构，通过供应链金融服务平台实现中小微企业融资需求与信贷产品的准确匹配，避免为适应不同金融机构的信贷产品和业务流程而产生的融资成本。整体来看，金蝶效融平台可基于数据中台、风控中台和运营中心等先进技术方案做数据分析，整合中小企业融资需求和金融机构获客需求。金蝶效融平台通过以下三个步骤提供数字金融供应链服务（见图 1-21）：

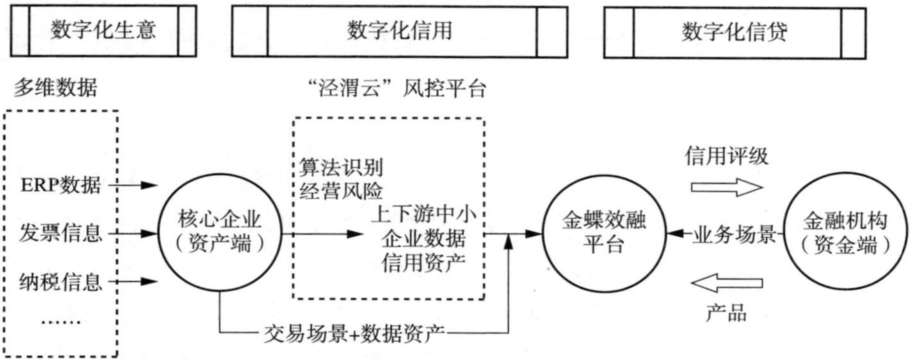

图 1-21　金蝶效融平台赋能信用的流程①

第一步，征信——数字化生意"获客易"。金蝶信科服务的企业用户数量达 743 万，长期深耕大型龙头企业，服务超过一半的中国 500 强企业和专精特新企业②。金蝶效融平台依托集团用户的云服务场景优势及大数据资源，与核心企业 ERP 系统深度绑定，帮助金融机构直达核心企业场景端，批量获得上下游中小企业交易信息数据，如 ERP 数据、发票信息、纳税信息等。

第二步，评信——数字化信用"风控易"。金蝶信科将数字信用评分模型植入企业应用场景中，通过企业大数据风控服务平台"泾渭云"，利用供应链场景中的 ERP 数据、纳税数据等企业多维数据进行算法训练，提升模型对客户违约概率的预测能力，深度还原企业经营情况，全面识别企业经营风险，进而将其转化为供应链核心企业上下游中小企业数据信用资产，使中小企业成为授信主体，不受核心企业担保限制。同时，通过数字化风控手段，金融机构实现对中小企业的实时风险预估，

① 笔者根据金蝶效融的公开资料编制而成。

② 数据来源为《普惠小微科技力：银行普惠小微金融战略与科技解决方案研究报告（2022）》。

降低了获客成本。

第三步，用信——数字化信贷“转化易”。当前，金融机构服务中小企业有三大困境：获客难、风控难、产品难。金蝶效融平台将金融机构信贷产品的审批标签植入应用场景，在获得企业数字信用报告的基础上，实现金融机构有效、准确地匹配客户。金蝶效融平台基于云计算、NLP、知识图谱、RPA 等数字技术，让供应链上分散沉淀的企业数据形成可见、可信、可用的规模化信用资产，让中小企业成为授信主体，解决中小企业信用融资问题，提升核心企业资金周转率和竞争力，加强对供应链上下游企业的掌握。

（3）主要启示。

首先，重视数字信用资产。根据国家统计局数据统计，2021 年我国大型企业 8490 家、中型企业 38937 家、小型企业 394090 家，中小企业占统计企业数量的 98. 08%，是我国经济高速发展的重要支柱。在数字经济背景下，信用数据是有效评估企业经营风险、刻画企业信用画像、解决中小企业与金融机构之间信息不对称问题的重要依据，中小企业具有轻资产、抗风险能力弱等特点，要重视信用数据，化解融资约束。

其次，加强信用数据管理。企业的信用数据归根结底来源于经营管理数据，目前许多中小企业在内部制度建设方面仍存在不足，例如财务制度不健全、财务信息披露不及时等问题，都会影响企业信用。企业一方面要加强数字化建设，充分利用大数据、区块链等技术规范数据管理，为数据发挥作用创造制度基础；另一方面要积极做好信用数字化转型，通过数字化在交易场景和经营数据与金融机构之间建立信用连接，将企业信用转化为可量化的数字信用资产，提高融资可得性，降低融资成本。

最后，完善信用评价体系。客观评价企业信用状况并得出准确的数字信用报告是数字化供应链金融服务平台为中小企业和金融机构提供良好服务的重要依据，信用数据的全面共享为企业信用评价提供了数据支撑。中小企业应结合市场条件，不断完善企业信用数据，为信用评价提供客观和真实的数据，实现企业信用数据向数据信用资产的有效转化，从而使其可以通过数据信用建设获得更多的融资权益和拓展融资通路。

1.3.3　野马电池：数据联网贯通信息链赋能中小企业高质量发展

（1）案例概况。

浙江野马电池股份有限公司（以下简称野马电池）创立于 1996 年，是一家专业研发、生产、销售各种规格型号干电池的民营企业，专注于碱性、碳性电池研发生产。经过 20 多年的发展，公司凭借优异的产品质量、较强的生产能力，借助国内完善的基础设施、完整的行业配套，在互联网的助推下，以企业自主创新、质量效益提升、融合发展和协同发展为导向，在强基固本的同时革新求变，实现了三大重要变革（见图 1-22），2022 年 4 月 12 日在上交所上市。

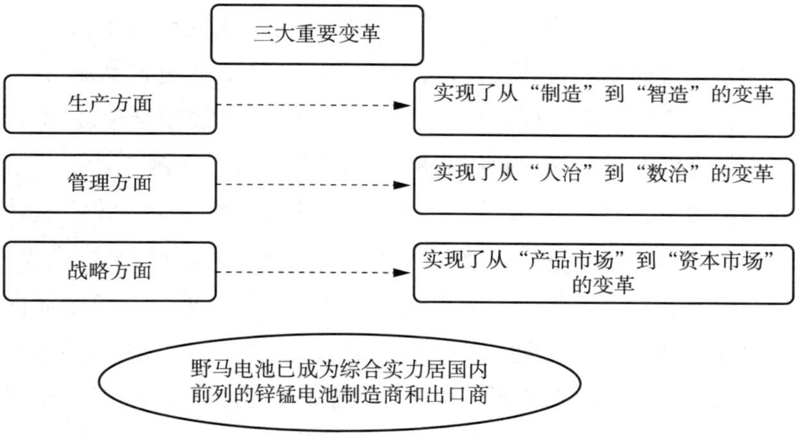

图 1-22　野马电池三大重要变革

近年来，数字化转型成为诸多企业推动高质量发展的重要手段。野马电池也大力实施信息化和工业化融合，促进公司从“传统制造”向“智能制造”转型，实现了研发、生产、销售等各环节的数字化、透明化，涵盖人、机、料、法、环的产品全生命周期过程，通过数据联网贯通了信息链、生产链、供应链，为公司创新发展赋能。

（2）数据联网贯通赋能的过程。

首先，打造野马全流程数字化模块，导入信息系统并优化完善。数字化是当今世界数字经济发展的重要内容，是企业快速成长和获得竞争优势的关键一步。在新一代数字技术发展背景下，野马电池开始构建企业生产、计划、仓储以及销售的数字化系统。野马电池数字化系统信息采集能力卓越并坚持长效优化开发。数字化系统赋能仓储、生产、计划以及销售四个环节，打造野马电池信息系统集成中心。仓储方面，基于 WMS 系统和 Andon 系统形成野马电池库存信息、出入库信息的数字化仓储模块，提升制造质量和生产效率，有效控制并跟踪仓库业务的物流和成本管理全过程。生产方面，基于 SCADA 系统、MES 系统以及 QMS 系统打造野马电池设备信息、生产过程信息以及品质信息的数字化生产模块，实时采集现场数据，本地或远程自动控制工业现场，全面、实时地监控生产工艺执行情况，为生产和管理提供必要的数据支撑。计划方面，基于 ERP 系统打造数字化业务流程，实现各业务流程之间的数据流动。销售方面，基于 PLM 系统建设数字化产品生命周期管理模块，帮助企业建立统一的产品研发设计、工艺协同及研发项目管控平台，提高研发效率，提升产品质量。

其次，将全部数字化模块接入系统集中平台，搭建野马数据中台并建立数据仓，全面开发可视化数据应用。2020 年，野马电池在新一代信息技术优势的助力下，打造“5G+”企业数字化中台，将仓储、生产、计划以及销售四个环节中的制造系统模块通过 5G 技术全连接到野马大数据平台，实现企业内各要素、各环节、各系统、各平台互联互通，支撑企业内业务数据、管理数据、运营数据、生产数据动态交互和融合应用。通过对数据的持续提炼，开展大数据分析，挖掘数据价值，为公司的经营决策提供支持，提高核心竞争力①。野马电池同时建立数据仓库，建设数据池为大数据分析服务，打通顾客需求、订单跟踪、过程追溯、设备监控、品质分析、供应商管理、人事行政管理等全流程信息系统，实现数字工厂整个生产过程透明化②。通过构建可视化数据平台将非标准化的数据按照规则集成到统一标准、统一追溯以及统一可视环境下的数据仓库中，为通过大数据分析形成科学的部门决策提供数据基础。

---

① 省级数字化车间！野马电池入选［EB/OL］. https：//mp. weixin. qq. com/s/Ntri6xTVcXsx-1KWHY5EHQ.

② 野马电池开展协同集成制造　提高企业盈利水平和竞争力［EB/OL］. 国家工业信息安全发展研究中心，https：//www. cics-cert. org. cn/web_root/webpage/articlecontent_104005_1508684569392451586. html.

最后，发挥系统集成平台的作用，实现企业内部协同、供应商协同、顾客协同。野马电池的数字化系统集成平台将企业、供应商及顾客与企业仓储、生产、计划以及销售四个环节关联起来。企业通过系统集成平台提取关键数据进行可视化分析、平台数据溯源的关联匹配，目前野马企业数据中台已经涵盖销售、设备、品质、人事、财务、安全、环保等多个方面，通过数据提炼分析为部门决策提供依据，提高部门之间的协同工作效率；供应商可以在ERP系统下采购订单，基于系统集成平台获取MES系统和QMS系统中产品的生产信息和品质信息，根据系统中的数据信息获取车间情况进行送货、检验以及确认合格等流程；顾客通过系统集成平台连接各种数字化服务模块开发客户档案APP。ERP系统内的清单数据、MES系统内的生产数据、QMS系统内的产品质量数据以及SCADA系统内的设备信息等构成顾客的档案内容，基于顾客需求的客户产品质量计划自动展示顾客产品的生产和检验信息。野马电池的系统集成平台以及可视化数据分析平台通过数据互联互通来优化资源配置，实现智能化、互联化和绿色化。

上述通过数据联网贯通为企业发展赋能的过程如图1-23所示。

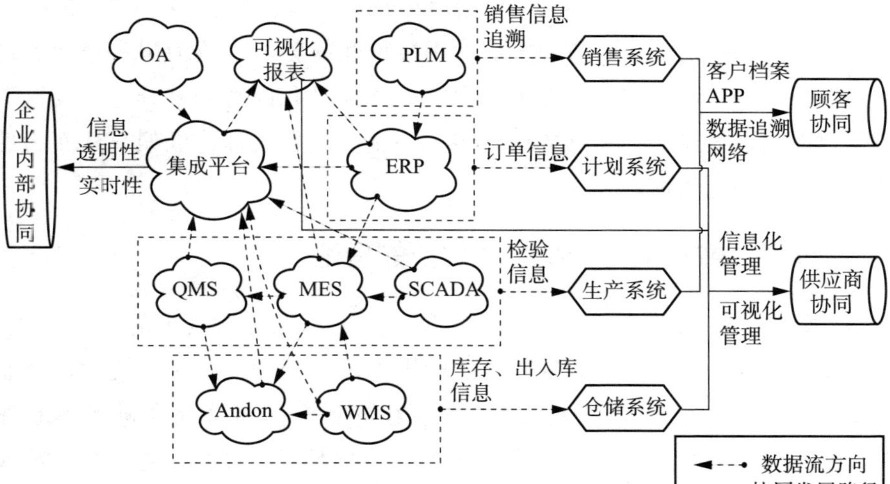

图1-23　数据联网贯通野马电池系统集成平台信息链

资料来源：根据野马电池公司的相关资料编制而成。

（3）主要启示。

野马电池以全面开展智能工厂建设，搭建企业信息集成化、数据可视化管理平台为基准方向开展中小企业数字化转型，提高企业盈利水平和竞争力。数据联网贯通信息链赋能野马电池高质量发展过程中，野马电池首先在工业制造的仓储、生产、计划以及销售环节引入基于数字技术应用的数字化系统，将业务流程信息化并优化完善；其次基于5G通信技术，将企业全部数字化模块接入系统集成平台，搭建野马数据中台和数据仓，全面开发可视化数据应用；最后基于系统集成平台以及可视化数据分析平台，实现全价值链、全流程、全生命周期的融合，形成完整的数据链，实现企业内部协同、供应商协同以及顾客协同。

1.4 数据赋能中小企业创新的理论研究框架

数据赋能中小企业创新首先是一个数据化过程，侧重数字技术和工具的运用。在数据赋能过程中，数据是一种核心要素。数据化使企业能够连通需求预测、研发设计、生产过程、销售过程、服务过程等，实现数据驱动的全过程管理，达到提升创新能力和降本增效的目的。数字经济时代，数据成为企业价值创造的重要资源，用数据赋能创新也成为中小企业实现高质量发展的关键。本部分在阐释数据赋能定义和内涵的基础上，探讨了数据赋能的过程逻辑，勾画数据赋能中小企业创新的理论框架，从而为后续研究提供理论依据。

1.4.1 数据赋能中小企业创新的理论内涵

大数据、物联网、区块链、云计算、人工智能等新技术的快速发展，无论在广度还是深度上都对企业发展产生了深刻影响，这些新技术在企业实践中的应用也越来越广泛，使得数字经济和实体经济融合进程不断加快。数字技术层面的一系列变革，让连接无处不在、数据无处不在，数据已成为中小企业获取竞争优势的重要战略资源。数据发挥作用的过程是数据向生产要素转化的过程，这一过程也就是为数据赋能中小企业价值创造的过程。接下来通过对有关赋能理论研究和实践应用的梳理，阐释数据赋能中小企业创新的理论内涵。

1.4.1.1　赋能内涵的演进

"赋能"一词源自组织与人力资源管理研究的"授权赋能"（Empowerment），"授权赋能"主要是指授予员工额外的权力（Eylon，2013）[20]，旨在鼓励员工更加主动地开展创新性活动（Honold，1997）[21]。Kanter（2010）[22]认为"授权赋能"是把权力分配给处于组织中不利位置的员工，通过给予资源、信息等方面支持以提升员工能力。Srivastava 等（2006）[23]将"授权赋能"分为"授权"和"赋能"两个不同的概念。在此之后，"赋能"的概念被越来越多的学者使用和认可，后续研究逐渐用"赋能"替代了"授权赋能"的概念，并形成了赋能对象研究和赋能方式及手段研究两个研究方向（孙新波等，2020）[24]。从赋能对象来看，主要探讨利用信息技术等为被赋能对象赋能的过程，关注点在赋能对象本身，而非利用信息技术等对被赋能对象赋能的过程。这方面的研究主要涵盖员工赋能、顾客赋能（周文辉等，2017）[25]。其中，员工赋能强调应给予员工更多的自主权，包括结构赋能、心理赋能和领导赋能（Leong et al.，2015）[26]；顾客赋能则强调利用信息技术等手段让顾客拥有更多主动权，如让顾客参与到企业研发活动过程中，数字技术发展也为企业与顾客对话创造了条件（Acar et al.，2016）[27]。从赋能方式及手段来看，主要是分析赋能的实现过程及这一过程中使用的赋能手段或工具，涉及平台赋能、大数据赋能、数字化赋能、数据赋能等多种提法。其中，平台赋能是利用第三方平台的强大资源整合能力为中小企业成长赋能（朱勤等，2019）[28]，有助于化解其资源约束和提高创新能力；大数据赋能是指通过大数据分析应对风险和实现目标的过程（Fahmideh et al.，2019）[29]；数字化赋能是以数字技术为基础来驱动创新与增长的过程（王永贵、汪琳琳，2021）[30]，强调数字技术应用对提升企业效率的关键作用；数据赋能是指通过大数据工具挖掘、分析、利用数据资源创造价值的过程（Leong et al.，2016），强调通过利用数字技术手段创新数据使用进而实现数据价值的过程。

1.4.1.2　数据赋能的理论内涵

近年来，随着数据的重要性不断提升，数字技术在商业实践中的应用也越来越广泛，中小企业加大了对数字化工具的使用。例如，杉数科技利用腾讯的企业微信，实现了上下游的数据统一，解决了产业链中企业之间的有序连接问题。而浙江凌迪科技利用数字化打通了覆盖研发、生产、销售的服装领域产业链，为产业链上的中小企业赋能，大幅度提升了研发效率，降低了生产制造成本。数据赋能不仅在实践领域应用广泛，在理论研究领域也得到了大量关注。从前述研究文献看，数字化赋能、大数据赋能和数据赋能的定义有差异，但具有较多的交叉或共同之处，都强调了数据的要素作用，所以从数据的要素作用角度可以认为数据赋能包括了大数据赋能、数字化赋能。由于不同的研究背景和目的，理论层面对数据赋能的界定存在一定的区分，据此可以将数据赋能的研究分为现象观、能力观、过程观。Lerch 等（2015）[31]将数据赋能概括为一种通过数字化智能连接机器的现象；Lenka 等（2017）[32]主要从连接能力、智能能力和分析能力三个维度定义数据赋能；孙新波、苏钟海（2018）[33]认为数据赋能是通过创新数据使用的场景、技能和方法实现价值创造的过程；赵慧娟等（2022）[34]认为数据赋能是通过创新数据运用场景并赋能提升能力和绩效的过程。结合有关数据赋能的研究可以看出，数据成为新生产要素是实现数据赋能的核心驱动力，数据赋能是基于整体观视角创新数据运用场景、技术和方法，以价值创造为导向赋能主体和赋能对象的协同过程。数据赋能的关键属性特征是“关联+因果”，在数据层面体现为数据连接，在决策层面体现为因果对应，在数据赋能的过程或终点实现赋能价值。因此，本书在已有数据赋能内涵定义基础上揭示了数据赋能中小企业创新的内涵，即通过对中小企业创新过程中数据获取、数据分析、数据运用的场景挖掘、技术融合和方法应用，推动从原始数据到数据资源再到数据资产的数据要素价值释放，最终实现创新能力提升和创新价值增长的过程。

1.4.2 数据赋能中小企业创新的要素化过程

数据作为中小企业发展过程中各类活动的客观记录或真实反映，需要经过一系列转化才能对中小企业创新活动产生影响。根据前述数据赋能理论内涵的分析，在中小企业创新中数据赋能过程使得数据沿着“原始数据—数据资源—数据资产—数据价值”的路径转化，包括数据资源化、数据资产化和数据价值化三个阶段（见图 1-24）。在这一过程中，首先要将资料记录等全面数字化，这也是最终实现数据价值的重要前提。

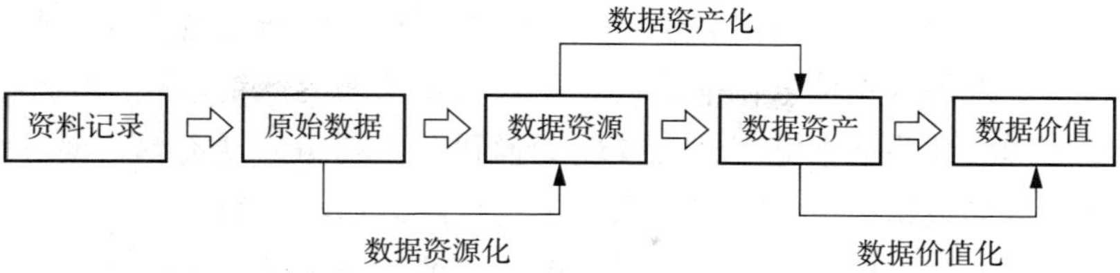

图 1-24　数据赋能中小企业创新的要素化过程

（1）数据资源化。对于中小企业而言，数据资源化是指从原始数据逐渐向数据资源的过程转变，是数据赋能中小企业创新、实现数据基本价值的基础。原始数据或数据原料，通常是指没有经过加工的原始材料，主要散落分布在中小企业内部各系统或企业外部主体。一般而言，原始数据属于基础性生产资料，往往无法直接在分析和决策过程中应用。原始数据要实现价值生成首先要经过清洗、整理、存储等环节被加工处理成为具有一定规模的数据集，即转化成为具有潜在使用价值的数据资源。所以，数据资源是以数据形式存在、参与到中小企业经营活动过程中作为生产要素的重要资源。中小企业通过将原始数据转变为数据资源，可实现全局层面的数据资源整合与标准化。数据资源化可为中小企业数据应用提供跨部门、跨企业、跨行业、多领域的标准化接口，实现数据有效接入与输出，有助于提升数据传递效率、信息沟通效率以及数据分析能力。简言之，数据资源化的结果是形成了经过规整的数据集，为后续数据应用开发奠定了基础，这也是实现数据价值的基础，即中小企业创新过程中可以通过直接、间接方式与场景建立链接获取原始数据，然后经过筛查、提炼、整合和存储，形成来自多元化数据源的具有可重用、可整合、可获取特征的数据集，为数据赋能创新和数据价值开发提供结构化基础。

（2）数据资产化。数据资产化是指从数据资源到数据资产的过程转变，是数据赋能中小企业创新、实现数据使用价值的关键。根据已有文献资料（许宪春等，2022；徐涛等，2022）[35,36]，数据资产本质上是企业拥有或控制的可以直接或间接为企业带来经济收益，或者是具有价值创造潜力、以数字方式存在的数据资源。数据资产可以分为资源型和交易型两类（黄丽华等，2022）[37]，前者是指可以带来经济利益，但还没有进入要素市场的数据资产；后者是指可以作为商品进入流通环节交易或提供服务的各项数据产品或服务。无论是资源型数据资产，还是交易型数据资产，都强调可以为企业带来价值。另外，从实践看，数据资产化也成为企业挖掘数据价值、发挥数据价值，推动企业实现创新发展的重要途径。中小企业将数据资源转变为数据资产，为合理配置和有效利用数据资源，促进跨部门、跨企业的数据共享和数据利用提供端口。具体地，数据资产化是数据资源形成价值和数据赋能价值实现的重要环节，中小企业可以基于数据资产与特定场景的结合，通过内部连通、对外共享和开放数据的方式连接部门、用户以及企业，从而盘活企业内外部资源，为中小企业新产品开发、新业务开展等创新活动赋能。

（3）数据价值化。数据价值化是指从数据资产到数据价值的过程转变，是数据赋能中小企业创新、实现数据交换价值的环节，也是从原始数据转化实现数据价值的最终环节。从数据资产到数据价值的转变过程主要体现在三个方面：一是中小企业可以基于数据资产管理平台不断挖掘创新问题和利用数据解决问题，提升创新过程中数据资产的使用效率；二是中小企业可通过使用智能分析工具，融合前沿的数据运营技术和数据资产管理方法，用数据来驱动创新活动开展；三是数据价值实现不仅与数据资产相关，还依赖于现实中的需求场景，所以促进数据资产在创新过程中的流动，可以更好地服务于中小企业创新，实现数据赋能的乘数效应。通过以上三个方面，完成从数据资产到数据价值的转变，实现数据赋能中小企业创新活动的价值。

总体来看，数据赋能中小企业创新的要素化过程，拆分成三个递进阶段：数据资源化、数据资产化和数据价值化。从原始数据到数据资源的数据资源化阶段，即原始数据经采集、清洗、整合和存储，形成数据资源，这是实现数据基本价值的基础，即要素化过程的第一阶段；从数据资源到数据资产的数据资产化阶段，是数据资源通过内部使用或开放共享，应用到中小企业创新过程的各环节，从而对创新资源获取、创新资源配置、创新效率提升等产生影响，是要素化过程的第二阶段，该阶段实现了数据使用价值；从数据资产到数据价值的数据价值化阶段，即通过创新链、产业链等与具体需求场景结合，对外共享数据以满足用户需求，实现数据在创新链上赋能价值创造的放大效应，是要素化过程的第三阶段。

1.4.3 数据赋能中小企业创新的机理逻辑

基于前述数据赋能中小企业创新的数据要素化过程分析描述，实现数据赋能的前提是资料记录等要全部转化为以电子形式存在的原始数据，实现数据赋能的核心在于数据流动。因此，从原始数据转化实现数据赋能价值的过程，首先是原始数据的数字化，即将多元化生产资料等全部数字化。数字化是指通过运用数字技术与中小企业创新过程中的各种场景建立连接，完成数据采集并以数字化形式呈现交互记录，这为实时获取数据提供了新可能，也是原始数据转化为数据资源的基础。其次是数据资源的结构化，即形成数据采集、清洗、归整和存储等环节的统一标准，使非结构化数据结构化。结构化有助于实现高效的数据接入与输出，使中小企业可更好地挖掘数据价值，为新产品、新业务开发赋能。再次是数据资产的联网化，以形成内外数据之间的链接，强化全流程数据贯通，消除数据孤岛，促进跨部门、跨企业数据共享化和资源化利用，实现数据资源向数据资产的转化，提高数据资产的利用效率，进而可化解中小企业创新资源约束和为创新资源转化赋能。最后是数据价值的智能化，即通过智能分析工具，将前沿数据运营技术与数据资产管理技术相融合，实现数据驱动的创新和促进数据向价值转化。

综上，中小企业要通过数据赋能创新发展，需构建从原始数据、数据资源、数据资产到数据价值的创新数据链，并且要分别相应地实施数据化、结构化、联网化和智能化处理，对原本分散存在于用户、企业各系统等环节的数据进行采集、分析、归整，使资源链接更有序、资源转化更有效、资源价值更多元，提高中小企业创新过程的资源配置效率，充分释放数据在中小企业创新过程中的赋能价值。基于此，本研究提出数据赋能中小企业创新的机理模型（见图 1-25），为后续实证检验数据赋能中小企业创新的作用机制以及数据赋能中小企业创新的价值效应提供理论基础。

1.4.4　数据赋能中小企业创新的内容框架

在前述对数据赋能中小企业创新理论框架分析的基础上，按照“是什么”“为什么”“怎么样”“如何做”的逻辑顺序与内容递进原则，将本研究的内容分解如下：

第一部分，数据赋能中小企业创新的理论概述，涵盖数据赋能中小企业创新概况、数据赋能中小企业创新研究动态及理论基础。其中，数据赋能中小企业创新概况部分重点阐述中小企业创新概况、数据赋能的时代特

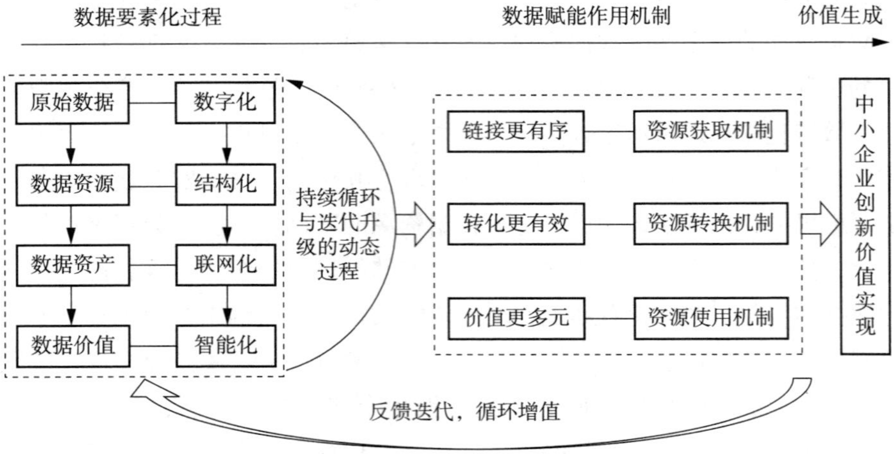

图 1-25　数据赋能中小企业创新的机理逻辑

征、数据赋能中小企业创新的典型事实，明确数字化转型是中小企业创新的必选项，界定数据赋能中小企业创新的理论内涵，随后提出数据赋能中小企业创新的要素化过程和逻辑机理，奠定本研究的理论基础；数据赋能中小企业创新研究动态及理论基础部分在利用文献计量方法对数据赋能、中小企业创新研究文献进行梳理分析的基础上，总结数据赋能对中小企业创新影响机理分析的重点理论，进而为揭示数据赋能对中小企业创新的影响机理研究提供理论铺垫。

第二部分，数据赋能中小企业创新的机制研究，涵盖数字技术对中小企业创新资源约束的缓释机制、数据资源成为中小企业创新要素的实现机制，及数据资源联网化对中小企业创新的影响机制，从资源视角回答数据赋能中小企业创新的内在机理，以探索从原始数据到创新价值实现的路径，为数据赋能中小企业创新提供理论参考。本部分主要在理论分析基础上构建研究假设，并通过问卷调查、现场访谈等方式对中小企业进行调研，基于所获取的数据和结构方程模型实证检验数据赋能对中小企业创新的作用机制，为拓展和丰富数据赋能中小企业创新的作用机理研究提供经验证据。

第三部分，数据赋能中小企业创新的效应研究，涵盖数字化驱动专精特新中小企业创新质量提升的效应、数字化政策影响中小企业创新的效应研究，从内外两方面探讨数据赋能中小企业创新产生的价值效应：一方面，国家政策层面多次强调中小企业专精特新发展，本研究以专精特新中小企业为研究对象，揭示数据赋能如何影响专精特新中小企业创新，以及数据赋能驱动专精特新中小企业创新产生的经济效果；另一方面，国家发布了多项支持中小企业数字化转型的政策，本研究聚焦于数字化政策是否能够促进中小企业创新，并揭示了数字化政策对中小企业创新的激励或选择效应，为促进中小企业数字化政策制定提供借鉴。

第四部分，数据赋能中小企业创新的对策研究，涵盖中小企业创新政策的发展演变与特征分析、政策工具视角的中小企业数字化政策文本分析，及数据赋能中小企业创新的策略体系，深入分析政策的形成背景、政策出台的目的、政策之间如何实现协同，即通过政策文本解读政策意图和形成政策落实建议，从而在前述理论分析和实证检验的基础上，提出数据赋能中小企业创新的对策体系，以期为我国政府出台相关政策提供理论依据和参考借鉴。研究内容框架见图 1-26。

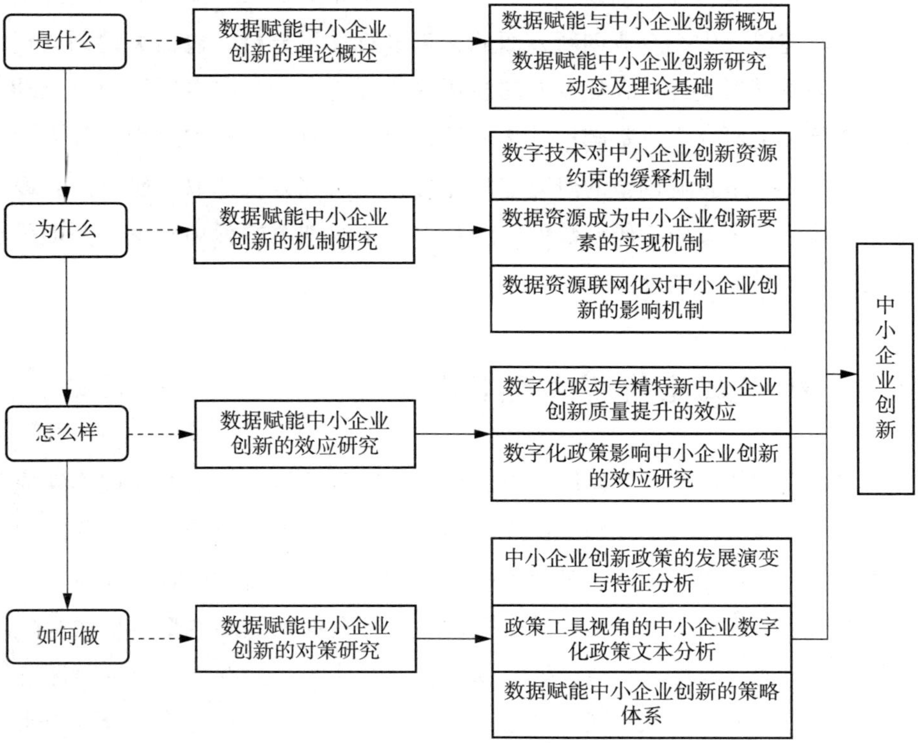

图 1-26　研究内容框架

第2章 数据赋能中小企业创新研究动态及理论基础

本章围绕数据赋能中小企业创新的机理问题，分别对数据赋能、中小企业创新，以及数据赋能中小企业创新的相关文献进行梳理，总结数据赋能中小企业创新的理论分析基础：一是梳理国内外数据赋能、中小企业创新的文献，包括研究方法、研究问题和研究结论三个方面，可以为本研究的研究方法选取等提供铺垫；二是利用文献计量软件 CiteSpace 对国内外关于数据赋能以及中小企业创新方面的文献进行计量分析，包括关键词共现分析、关键词聚类分析和热点方向演化趋势分析，为掌握本领域内研究动态，进行理论研究提供基础；三是从研究内容、研究方法和应用实践方面对数据赋能中小企业创新的研究进行梳理，在研究方法选取、研究内容设计和对策建议等方面为研究数据赋能对中小企业创新的影响机理问题提供相应的理论和方法基础。

2.1 数据赋能的研究现状与动态

数字经济的快速发展，使得数据在企业创新发展进程中的地位不断提升，数据赋能引起理论界和企业界的广泛关注。本节主要是对数据赋能的研究现状，以及在未来一段时期内的发展和动态进行梳理。具体涉及：一是对数据赋能的相关研究文献进行概述，注重数据赋能的典型，从数据赋能的内涵研究、数据赋能与价值共创、数据赋能与企业发展、数据赋能与治理四个方面展开文献梳理。二是追踪数据赋能的热点与趋势，分别采集中国知网（CNKI）的 CSSCI 数据库和 Web of Science 核心合集数据库的中英文文献作为文献计量数据来源，选择文献计量软件 CiteSpace 进行文献可视化研究。通过关键词共现分析、聚类分析，以及时间线聚类分析，总结归纳研究的焦点和研究的热点，为本研究提供文献依据和理论基础。三是对数据赋能研究情况进行总结，为后续深化数据赋能的理论研究和实证检验提供必要的分析基础。

2.1.1　数据赋能的相关研究概述

通过检索中国知网（CNKI）数据库、Web of Science 数据库，按照研究文献被引频次、被检索文献影响因子等，对相关文献进行梳理分类。与数据赋能相关的研究可简要归纳为数据赋能内涵研究、数据赋能与价值共创、数据赋能与企业发展、数据赋能与治理，各分类的代表性研究文献见表 2-1。表 2-1 从研究方法、研究问题、主要结论方面分别对典型研究进行归纳：①对于数据赋能内涵研究。孙新波等（2018）基于文献研究法，梳理数据赋能的概念基础，分析数据赋能的研究现状以及展望数据赋能未来的发展方向。Lycett（2013）[38]通过研究数据化在商业智能领域的应用，揭示了数据的特性和转化为价值的过程。②对于数据赋能与价值共创的研究。张振刚等（2021）[39]基于广东省 155 家大型制造业企业样本数据，构建数据赋能、战略柔性以及企业绩效三者之间的关系模型，揭示数据赋能对企业绩效的具体影响机制。周文辉等（2018）[40]采用单案例研究方法探讨平台企业数据赋能对价值共创过程的影响，指出平台企业可通过数据赋能有效促进价值共创。③对于数据赋能与企业发展的研究。Aimé 等（2022）[41]通过单案例研究方法，分析了数据如何通过社会物质性和可提供性理论的视角重塑营销工作。焦豪等（2021）[42]基于数据全生命周期管理的视角，探讨数字化情境下数据驱动实现数字化转型的作用机制。④对于数据赋能与治理的研究。沈费伟、诸靖文（2021）[43]通过文献研究，分析数字政府治理的运作机理与创新路径，提出数据赋能数字政府建设的治理特点、转型逻辑以及全方位深化政府数字化转型的策略。

表 2-1 数据赋能部分代表性研究文献

文献	研究方法	研究问题	主要结论
［38］	理论研究	数据赋能交付价值的条件和挑战	数据化是信息技术驱动的意义构建过程，数据赋能产生强大洞察力和创新潜力
［39］	实证研究	数据赋能对企业绩效的影响	数据赋能通过战略柔性对企业绩效产生积极的影响
［40］	案例研究	平台企业数据赋能对价值共创过程的影响	提出平台企业通过数据赋能有效地促进价值共创，并进行动态演化
［41］	案例研究	数据化如何重塑营销工作	揭示了通过数据化获得的两种实际支持：碎片化的消费者跟踪和有机营销
［42］	案例研究	数据驱动实现数字化转型的作用机制	提出数据全生命周期管理实现数字化转型的理论模型及三条实现路径
［43］	理论研究	数据赋能政府治理的机理与路径	数字政府呈现出多元的治理特点，提出四条逻辑和三条方案全方位深化政府数字化转型

资料来源：根据相关文献资料整理而成。

从以上的代表性研究文献来看，数据赋能的相关研究从研究方法来说，既有案例研究和理论研究，也有通过问卷采集数据开展的实证研究，研究方法相对多元；从研究内容来说，主要是探讨对组织的影响、对绩效的影响，以及对治理的影响，但对中小企业创新的相关研究较少，关于数据赋能的内涵界定也没有形成相对一致的结论。

2.1.2 数据赋能的研究热点与趋势

2.1.2.1 数据采集与研究方法

以中国知网（CNKI）的 CSSCI 数据库和 Web of Science 数据库作为文献数据源，选择“数据赋能”“Data Enabling”“Data Empowerment”作为文献检索主题词，按主题相关性程度高低排序，采用 Refworks 文献格式，导出的文献信息包括作者、机构、关键词、摘要、发表时间等。伴随着 2018 年印发《促进大中小企业融通发展三年行动计划》，赋能中小企业的提法在政策文件中正式出现，所以本研究从数据库获取 2019—2022 年的文献信息，文献检索日期为 2022 年 11 月。阅读文献检索记录，结合 CiteSpace 软件去重功能，并剔除在线发表、尚未正式确定刊发日期的文献，以及会议综述、书评等不相关文献条目。文献清洗和去重工作完成后，最终得到来源于 CSSCI 期刊的 468 条有效文献记录和来源于 SSCI 期刊的 394 条有效文献记录（见图 2-1），共同构成数据赋能文献计量分析数据来源。在此基础上，采用 CiteSpace 软件进行文献可视化研究，通过词频统计、关键词共现，以及时间线聚类，归纳数据赋能研究的焦点和研究的热点，为本研究提供文献基础。

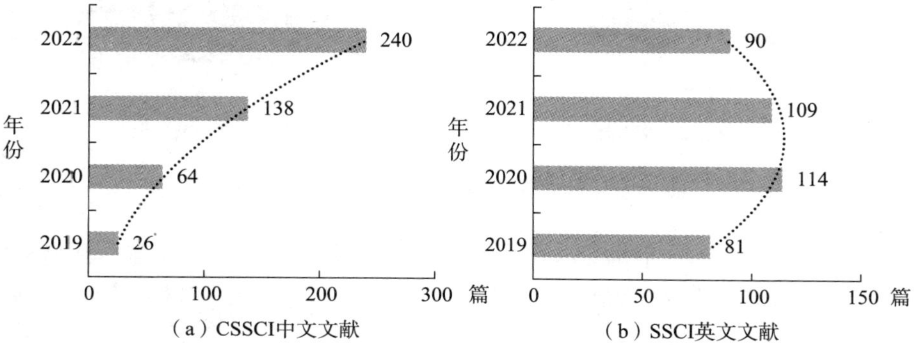

图 2-1　2019—2022 年数据赋能研究领域的发文量

2.1.2.2　数据赋能研究领域关键词共现分析

关键词共现的图谱分析是根据文献共被引与耦合理论，通过文献之间的连接强度分析某一领域的研究方向与研究趋势（Chen C.，2006）[44]。将前述通过文献清洗得到的、以“数据赋能”“Data Enabling”“Data Empowerment”为主题词的全部文献数据导入 CiteSpace 软件，设置时间切面为 1，即按照文献年份划分为四个不同的时间段，选择剪切关系中的最小生成树选项，运行软件分别生成中文关键词共现图谱和英文关键词共现图谱（见图 2-2）。在以数据赋能为主题词的关键词共现分析图谱中，文献节点的圆圈表示关键词频次，圆圈越大说明关键词频次越高；文献节点之间的连线表示关键词共现频次，连线越粗说明关键词共现频次越高；在关键词共现图谱中，连线的颜色深浅代表文献的年份信息。

根据对关键词的词频统计，中文排名靠前的高频关键词主要包括数字经济、赋能、乡村振兴、数字赋能、数字技术、数据赋能、技术赋能、人工智能、数字乡村。英文排名靠前的高频关键词为 firm performance、innovation、management、dynamic capability、information technology、big data、market、organization、behavior。结合前述中英文文献关键词共现图谱，以

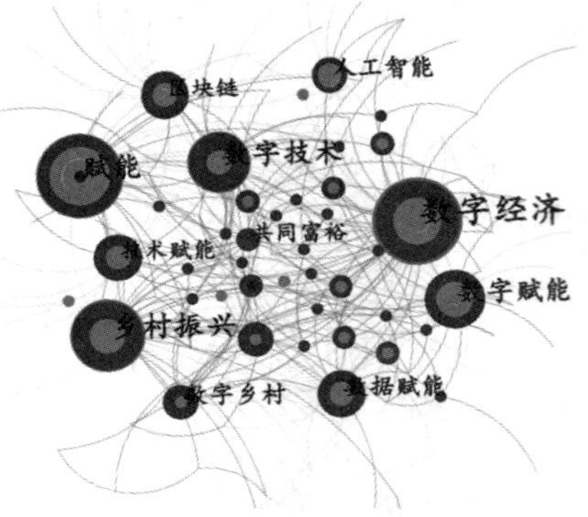

（a）CSSCI中文文献

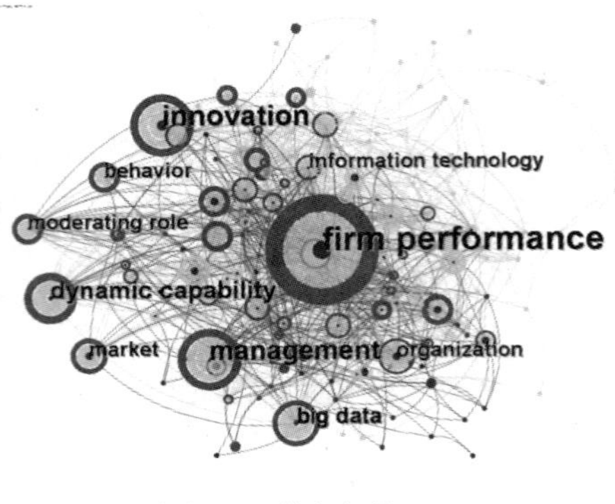

（b）SSCI英文文献

图 2-2　数据赋能研究领域关键词共现图谱

及关键词的词频统计结果，反映出有关数据赋能的研究热点主要集中在数字经济、赋能、数字赋能、数字技术、企业绩效、创新和动态能力等方面。

2.1.2.3　数据赋能研究领域关键词聚类分析

在前述关键词共现分析基础上，使用 LLR 聚类算法进行聚类分析，即采用对数极大似然率算法（Liu et al.，2019）[45] 寻找最适合的聚类标签。关键词聚类分析时对 CiteSpace 软件的设置与关键词共现图谱的基本设置保持一致，选择其中的聚类功能，CSSCI 中文文献自动识别出 8 个聚类标签［见图 2-3（a）］，即数字乡村（#0）、数字经济（#1）、赋能（#2）、数据赋能（#3）、数字技术（#4）、区块链（#5）、技术赋能（#6）、价值共创（#7）等。SSCI 英文文献自动识别出了 6 个不同的聚类标签［见图 2-3（b）］，即 artificial intelligence（#0）、environmental dynamism（#1）、resilience（#2）、satisfaction（#3）、digital technologies（#4）、organizational learning（#5）。

通过对聚类形成的主题关键词和高频关键词进行比较发现，各聚类整体呈现清晰，再对聚类内容有交集或重叠的部分进行重新归类，结合前述关于数据赋能领域的中英文文献，数据赋能领域研究主要有以下方面的关注点：

（1）数字乡村。“数字乡村”覆盖的研究主题有数字乡村、乡村振兴、共同富裕、乡村治理、智慧农业等，随着数据生产要素的确立和乡村振兴

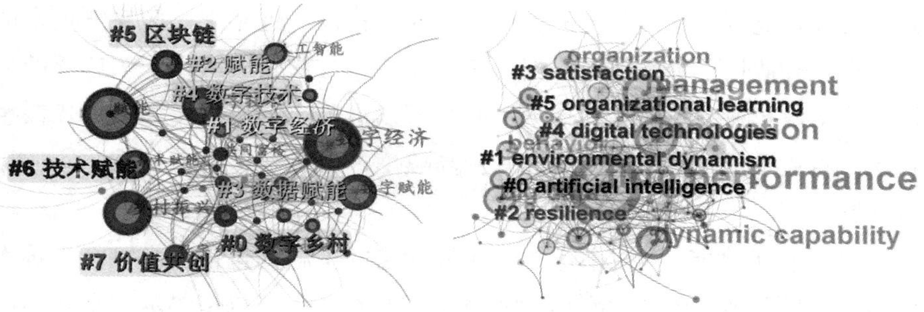

（a）CSSCI中文文献　　　　（b）SSCI英文文献

图 2-3　数据赋能研究领域关键词聚类图谱

战略的持续推进，如何推动数字乡村建设、利用数字技术更好地为乡村发展赋能是近年来的研究热点。

（2）数字经济。“数字经济”相关的主题词包括智能制造、共享经济、金融科技等，该类关键词占词频的比例较高。近几年研究表明，数字经济是被广泛关注的热点词，尤其是对数字经济背景下赋能传统行业和新经济模式的研究开展了大量分析讨论。由此可以看出，数字经济将在未来的一段时间内保持很高的热度。

（3）数字技术。“数字技术”涉及的研究主题为数字技术、人工智能、技术治理等。随着数字技术的发展与应用渗透，作为数据化过程的工具，学者们开始广泛探讨其对不同行业领域的影响，以及如何产生作用的机制问题。之后数据要素参与到社会生产中，数字技术作为数据化过程工具再次成为新的研究方向。

（4）赋能。“赋能”相关的主题词包括赋能、数字赋能、授权赋能、资源赋能等，该类关键词占词频的比例较高。近几年的研究表明，赋能是被广泛关注的热点词，尤其是数字经济背景下的资源赋能问题得到了大量分析讨论。由此可以看出，赋能将在未来的一段时间内保持很高的热度。

（5）数据赋能。“数据赋能”覆盖的主题词包括数据赋能、产业升级、数据要素、实体经济等。数据是数字技术应用后时代的核心产物，数据赋能在实体经济高质量发展中的作用将是重要问题，在未来较长的时期内会保持较高程度的研究热度。

（6）区块链。“区块链”覆盖的关键词包括大数据、区块链、协同治理、交互赋能等，该类关键词占词频的比例较高。近年来，区块链技术的安全性、开放性、独立性等特点，使其在诸多行业领域得到了较广泛的应用，以解决行业发展面临的技术障碍。可以推测，区块链作为新一代信息技术，将在未来较长的时期内保持较高热度，也是学术研究领域关注的重点问题。

（7）技术赋能。“技术赋能”主要覆盖的主题词包括技术赋能、技术传播、实现路径、创新效率等。随着信息技术发展与应用渗透，学者们广泛探讨了新兴技术对不同行业领域的影响，以及如何产生作用的机制问题。

（8）价值共创。“价值共创”涉及的主题词包括价值创造、众创空间、企业绩效、实体经济、新业态等。数字经济时代，随着信息技术的发展与应用渗透，新兴技术开始转变为企业价值创造的新模式。因此，在未来较长的时期内，价值共创将伴随着数据赋能保持较高的研究热度。

2.1.2.4　数据赋能研究领域热点研究方向的演化趋势分析

利用关键词的时间线聚类方式来探索前述数据赋能领域研究方向的演化趋势，选择 CiteSpace 软件中的 Timeline 视图，直观地展现数据赋能领域研究关键词的演变历程。使用 CiteSpace 软件分析时的基础参数设置与关键词共现分析保持一致，图 2-4 展示中文文献主要研究方向的不同关键词随时间线的动态变化过程，图 2-5 展示英文文献主要研究方向的不同关键词随时间线的动态变化过程，各聚类时间线长度代表该聚类的活跃持续时长。

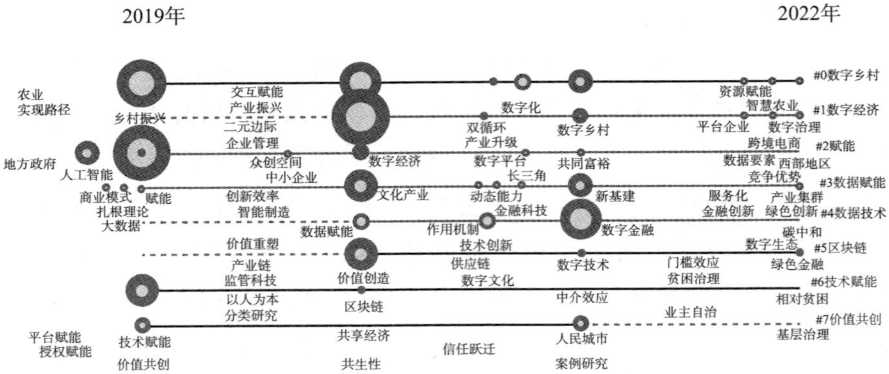

图 2-4　数据赋能研究方向主题热点的演化图（CSSCI 中文文献）

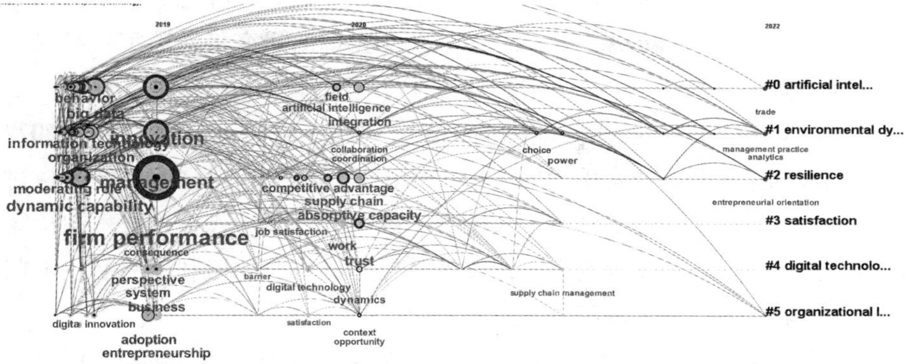

图 2-5　数据赋能研究方向主题热点的演化图（SSCI 英文文献）

结合本研究主题，主要针对中文文献中有关赋能、数据赋能、数字技术等热点方向的演化趋势展开分析，具体如下：

（1）以#1 为主的数字经济研究方向，自 2019 年开始一直持续到 2022 年。数字赋能与治理是活跃期内讨论的核心主题，随着新一代数字技术的发展，越来越多的学者对数字技术在经济发展和国家治理中发挥的作用展开研究。数字经济的理论研究已成为学术文献关注较多的领域，旨在为经济高质量发展问题的研究寻找新切入点。同时，对企业数字化解决方案、平台企业的相关研究也逐渐增多。

（2）以#2 为主的赋能和以#3 为主的数据赋能方向，该聚类研究持续时间较长。2019—2020 年的研究主题关注赋能的领域，主要包括地方政府、众创空间、中小企业等，赋能的主要内容涉及商业模式、创新效率以及动态能力。2020—2022 年研究主题注重赋能的结果，主要体现在共同富裕、新基建、产业集群和竞争优势等方面，这表明近年来数据成为生产要素后开始展现出赋能的价值。随着数据要素在政策层面和实践层面受到重视，数据要素对创新的影响将成为赋能这一研究主题的新趋势。

（3）以#4 为主的数字技术和以#5 为主的区块链方向，该方向的主题研究自 2020 年开始活跃，一直持续到 2022 年。2020 年，大数据、云计算、区块链、人工智能等新一代数字技术的应用被广泛讨论，2021 年更加重视数字技术在数字金融、供应链中的作用机制的研究，2022 年关注重点延伸到数字技术对碳达峰碳中和、数字生态、绿色金融等方面的作用的理论研究，这与近年来我国新发展理念中的碳中和、碳达峰息息相关。随着国家对“双碳”目标的重视，以数字技术为主题的研究将向数字化和绿色化融合的方向演进。

（4）以#6 为主的技术赋能方向，该方向的主题研究持续时间至 2022 年。技术赋能强调了技术手段的应用，相比其他方向，对技术赋能的探讨相对较少。当前，随着云计算、大数据、区块链等新一代信息技术的持续创新，基于各行各业发展的需要，技术赋能主题将向如何利用数字技术赋能创新、驱动高质量发展等方向演进。

（5）以#7 为主的价值共创方向，该研究方向活跃时间持续至 2021 年。2019 年主题词拓展研究相比其他年份较为丰富，如授权赋能、平台赋能，这与对共享经济、平台经济等新模式的研究紧密相关，但在 2021 年以后研究热度有较明显下降，这可能与数字经济新的研究热点形成有一定的关系。随着数字经济与实体经济融合发展，数据驱动价值共创相关研究将可能成为价值共创这一方向新的研究趋势。

2.1.3 数据赋能研究的主要结论

前文对数据赋能研究进行了系统梳理分析，采用文献计量软件 CiteSpace 对 CSSCI 和 SSCI 期刊有关数据赋能的文献进行了知识图谱分析，包括关键词共现分析、关键词聚类分析、热点研究方向的演化趋势分析，主要分析结论总结如下：

（1）学者们对数据赋能的理论研究越来越多，除数据赋能这一提法（Lenka et al.，2017），还包括多种提法，如大数据赋能（Mahdi et al.，2019）、数字化赋能（Ying et al.，2018）。尽管不同学者对数据赋能的提法存在一定的差异，但从现有研究的定义中可看出，都是强调利用数据或数字技术对企业进行赋能，从而实现价值的提升。已有文献对数据赋能及其相关概念还没有达成一致，既有使用量表方法构建的测量，也有使用文本分析构建的测量，还有的使用财务相关指标进行测量。

（2）根据对国内外文献的计量研究结果发现，国内学者研究主要聚焦在数字技术、技术赋能、价值共创等方面，而国外学者研究则主要聚焦在数字技术、动态能力、组织绩效等方面，国内外学者在研究侧重点方面既有共性，也存在一定的差异，造成差异的原因可能是研究情境不同，一定程度上使得国内外研究存在不同的关注重点。此外，现有对数据赋能作用的研究也呈现多角度和多样化，对数据这种特殊要素发挥作用的途径的认知还存在一定程度的交叉，需要进一步对数据作为生产要素起作用的机理进行阐析。

（3）数据赋能是面向企业生产过程的分析，对其进行研究具有比较明显的区域特征。基于此，针对我国中小企业这一研究对象进行数据赋能研究，需要在理论分析、具体研究内容及模型构建方面进行深化拓展。在我国数字经济发展背景下，对数据赋能影响中小企业创新、转型等的理论分析和实践研究，具有重要理论价值和实践意义。

2.2　中小企业创新的研究现状与动态

随着数字技术发展，产品更新迭代的速度越来越快，通过不断创新应对环境挑战成为中小企业生存与发展的“必需”而非“可选”，如何有效开展创新和提升创新能力是无法回避的战略性问题。本节主要系统梳理中小企业创新研究现状以及在未来一段时期内的发展和动态，具体涉及：一是对中小企业创新的相关研究文献进行概述，主要从四个方面展开文献梳理，包括政策支持与中小企业创新、科技金融与中小企业创新、网络与中小企业创新、数字化与中小企业创新。二是追踪中小企业创新的热点与趋势，采集中国知网（CNKI）的CSSCI数据库和Web of Science核心合集数据库的文献作为文献计量分析数据来源，采用文献计量软件CiteSpace进行文献可视化研究。通过对中英文关键词共现分析、关键词聚类分析，以及时间线聚类分析，归纳中小企业创新领域的研究焦点和研究热点，为本研究提供文献依据和理论基础。三是对中小企业创新文献计量结果进行总结，为后续深化中小企业创新的理论研究提供必要参考。

2.2.1　中小企业创新的相关研究概述

通过检索中国知网（CNKI）数据库、Web of Science数据库，按照研究文献被引频次、被检索文献的影响因子高低，对相关的文献进行系统梳理分类。中小企业创新的相关研究可归纳为四个方面：政策支持与中小企业创新、科技金融与中小企业创新、网络与中小企业创新、数字化与中小企业创新。各分类中的典型研究如表 2-2 所示。表 2-2 主要从研究方法、研究问题、主要结论等方面对典型研究进行归纳：①政策支持与中小企业创新。这方面研究主要关注不同类型政策对中小企业创新的影响，如政府补贴、创新基金、财税政策。Czarnitzki 等（2015）[46] 发现政府创新补贴对活跃的科技型中小企业创新的作用更显著。曹虹剑等（2022）[47] 以专精特新中小企业为研究对象，着重探讨科技型中小企业技术创新基金对其创新质量的作用，进一步发现无偿资助、贷款贴息对创新质量也有显著的影响。②科技金融与中小企业创新。这方面文献研究主要探讨金融科技手段通过缓解信息不对称（Huang et al.，2018）[48]，提高金融服务效率和降低企业融资成本（Fuster et al.，2019）[49]，进而对企业创新产生激励作用。李春涛等（2020）[50] 以新三板企业为样本，发现金融科技主要可以通过融资约束和税收返还产生创新激励作用。谢雪燕、朱晓阳（2021）[51] 发现数字金融有助于促进中小企业技术创新，数字金融的支付、货币基金、保险、信用等功能都对中小企业技术创新具有显著的促进作用。③网络与中小企业创新。这方面研究主要是分析合作网络是否影响以及如何影响中小企业创新（张玉明等，2019）[52]。例如，从合作广度和深度两个维度分析不同网络模式对中小企业创新的影响（王黎萤等，2021）[53]，探讨正式和非正式合作网络对中小企业创新绩效的作用（Domingo et al.，2019）[54]。Mei 等（2019）[55] 则从创新生态系统角度探讨企业间关联与中小企业创新的关系，发现中小企业与知名企业关联，以及与中介机构关联都有助于促进中小企业创新。④数字化与中小企业创新。主要探讨数字化转型、大中小企业融通等对企业创新的影响（李晓华，2022）[56]，重点关注数字技术的赋能作用。Cenamor 等（2019）[57] 以创业型中小企业为研究对象，探讨了数字平台通过平台能力和网络能力对创业型中小企业的影响。池毛毛等（2020）[58] 发现通过数字化转型可提高中小企业创新能力，进而促进新产品开发。

表 2-2　中小企业创新部分代表性研究文献

文献	研究方法	研究问题	主要结论
[46]	实证研究	R&D 补贴对中小企业研发的影响	创新环境越活跃，创新补贴对中小企业创新的影响程度越大
[47]	实证研究	创新基金与专精特新中小企业创新	创新政策对专精特新中小企业创新质量有显著的激励作用
[49]	实证研究	金融科技与小企业信贷服务质量	金融科技提高金融服务质量，促进创新和实体经济的发展
[50]	实证研究	数字金融与中小企业创新的关系	数字金融可以降低借贷成本，数字金融发展促进中小企业创新
[52]	实证研究	线上社会网络与中小企业创新绩效	线上社会网络促进中小企业创新绩效增长，还受 IT 能力调节作用影响
[55]	实证研究	企业间关联与企业创新的关系	中小企业建立与知名企业和中介机构的关联，会促进创新绩效提升
[57]	实证研究	数字平台与创业型中小企业	数字平台通过网络能力对中小创业企业绩效有正向的间接影响
[58]	实证研究	数字化转型与中小企业新产品开发	从数字化赋能视角揭示数字化转型促进中小企业新产品开发作用机制

资料来源：根据相关文献资料整理而成。

从表 2-2 关于中小企业创新研究的部分代表性文献的研究方法来看，对中小企业创新的研究主要采用实证方法，数据类型包括问卷调查数据和上市公司数据；从研究内容来看，重点是分析政府政策、金融科技、网络以及数字化能力是否会影响中小企业创新，以及如何影响中小企业创新，涉及中小企业创新绩效、新产品开发等方面；从研究问题与研究结论来看，现有文献有关中小企业创新的研究对数字技术等科技手段的重视程度逐步提升，这将成为该领域未来研究的重要演进趋势。

2.2.2　中小企业创新的研究热点与趋势

2.2.2.1　数据采集与研究方法

以中国知网（CNKI）的 CSSCI 数据库和 Web of Science 核心合集数据库作为文献分析的数据来源，选择了“中小企业创新”“中小企业技术创新”“SMEs Innovation”“SMEs Technology Innovation”作为中英文文献检索的主题词，按照主题相关性程度高低排序，采用 Refworks 文献格式，导出的文献信息包括作者、机构、关键词、摘要、发表时间等。综合考虑与前述数据赋能研究领域文献研究周期的一致性，本研究同样选取 2019—2022 年有关中小企业创新的文献，时间截至 2022 年 11 月。阅读文献检索记录，结合文献计量软件 CiteSpace 的去重功能，剔除在线发表、尚未正式确定刊发日期的文献，以及会议综述、书评等不相关文献条目。文献清洗和去重工作完成后，最终得到来源于 CSSCI 期刊的 247 条有效文献记录和 SSCI 期刊的 437 条有效文献记录（见图 2-6），构成了中小企业创新文献计量分析的数据来源。在此基础上，进一步采用文献计量软件 CiteSpace 进行文献可视化研究，通过词频统计、关键词共现以及时间线聚类分析，全面总结归纳中小企业创新的研究焦点和研究热点，为本研究提供文献依据和理论分析基础。

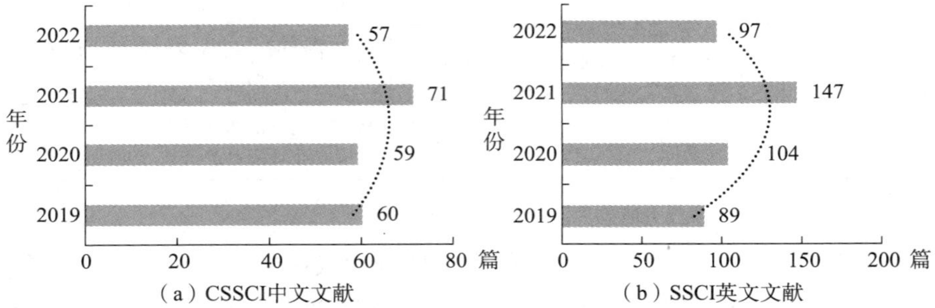

图 2-6　2019—2022 年中小企业创新研究领域的发文量

2.2.2.2　中小企业创新研究领域关键词共现分析

与前述数据赋能研究领域的关键词共现分析方法一致，对中小企业创新研究领域文献进行计量分析，将清洗的以“中小企业创新”“中小企业技术创新”“SMEs Innovation”“SMEs Technology Innovation”为主题词的中英文文献数据分别导入 CiteSpace 文献分析软件，设置时间切面为 1，即按照文献年份划分为四个不同的时间段，选择剪切关系中的最小生成树选项，运行软件生成中文关键词共现图谱和英文关键词共现图谱。图 2-7 为以中小企业创新为主题词的关键词共现分析图谱，文献节点的圆圈表示关键词频次，圆圈越大说明关键词频次越高；文献节点之间连线表示关键词共现频次，连线越粗说明关键词共现频次越高；在关键词共现图谱中，连线的颜色深浅代表文献的年份信息。

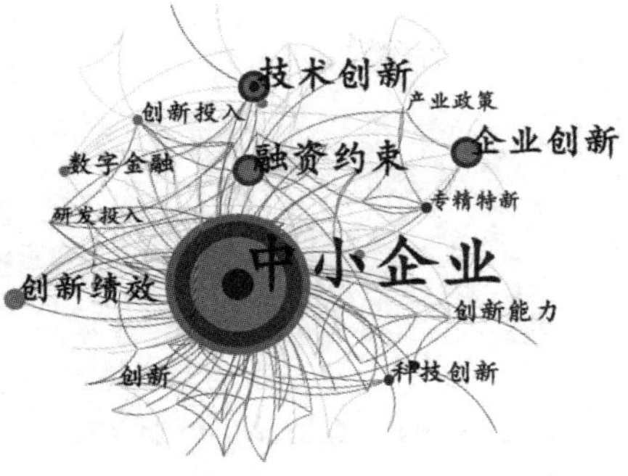

（a）CSSCI中文文献

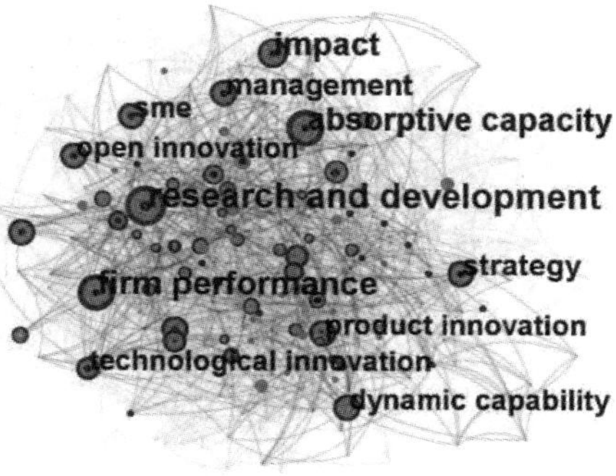

（b）SSCI英文文献

图2-7　中小企业创新研究领域关键词共现图谱

在关键词共现分析的基础上，根据对关键词的词频统计，中文排名靠前的高频关键词涉及中小企业、企业创新、技术创新、融资约束、创新绩效、创新能力、科技创新、数字金融；英文排名靠前的高频关键词涉及 research and development、firm performance、technological innovation、absorptive capacity、management、product innovation、dynamic capability、open innovation、strategy、sme。结合前述中英文文献关键词共现图谱以及关键词的词频统计结果，反映出中小企业创新研究热点关键词主要集中在企业创新、技术创新、融资约束、创新绩效、数字金融等方面。

2.2.2.3　中小企业创新研究领域关键词聚类分析

在前述对中小企业创新研究领域关键词共现分析的基础上，进一步使用 LLR 聚类算法进行聚类分析，以寻找最适合的聚类标签。关键词聚类分析时，对文献计量软件 CiteSpace 的基础设置与关键共现图谱的参数设置一致。通过选择其中的聚类功能，中文可自动识别出 6 个聚类标签［见图 2-8（a）］，即中小企业（#0）、企业创新（#1）、创新能力（#2）、产权性质（#3）、政府资助（#4）、商业模式（#5）。英文也自动识别出 6 个聚类标签［见图 2-8（b）］，即 socioemotional wealth（#0）、open innovation（#1）、exploratory innovation（#2）、r&d capability（#3）、green innovation（#4）、business model innovation（#5）。

（a）CSSCI中文文献　　　　（b）SSCI英文文献

图 2-8　中小企业创新研究领域关键词聚类图谱

进一步对通过聚类形成的中小企业创新研究领域的主题关键词和高频关键词进行比较发现，各聚类整体结构呈现清晰。再对聚类内容有交集或重叠的部分进行重新归类，结合前述关于中小企业创新研究领域的中英文文献，中小企业创新领域研究主要有以下关注点：

（1）中小企业。中小企业覆盖的主题词包括中小企业、融资约束、研发创新、债务结构、专精特新。中小企业是社会经济市场主体的重要组成部分，对其研究一直保持相对较高的关注度。由于中小企业面临的主要障碍是融资难、融资贵以及创新投入不足和创新风险高，如何有效化解其资源约束一直是研究重点。近年来，随着政策层面对中小企业专精特新发展的强调，未来有关如何驱动专精特新中小企业创新、如何实现高质量发展等，都可能成为中小企业领域理论研究的热点。

（2）企业创新。企业创新覆盖的主题词包括企业创新、数字金融、创新策略、影响因素。企业创新是经济高质量发展的重要动力源，在信息技术、互联网等新一代数字技术快速发展的背景下，中小企业创新的实现路径以及数字化转型与企业创新的关系问题都将成为未来研究的重点内容。

（3）创新能力。创新能力覆盖的主题词包括创新绩效、企业技术创新、绿色创新。如何提升创新能力一直是中小企业创新研究的重点，保持相对稳定的研究趋势。随着数字经济、共享经济发展，创新能力建设显得更为关键，如何利用数字技术提高企业创新能力，更好地适应动态复杂的外部环境，提高企业创新绩效，将成为新情境下创新能力的研究重点。

（4）政府资助。政府资助聚类覆盖的主题词包括政府资助、创新研发、创新投入、减税降费、高质量发展等。创新是高风险的活动，发挥政府在支持企业创新中的引导或激励作用一直是理论界关注的重点问题。随着“碳达峰、碳中和”战略的推进，政府资助如何推动创新绿色化、数字化？政府资助如何激励多方应用数字技术工具化解小企业创新的资源约束？影响效果又如何？这一系列问题将成为该领域关注的重点。

（5）商业模式。商业模式覆盖的主题词包括中小企业、演化博弈、创新策略、协同创新、转型升级等。中小企业发展过程中商业模型具有十分重要的作用，随着数字技术广泛渗透，数字化转型给企业商业模式创新与变革带来了新选择，如何构建适合数字经济环境的商业模式，以及如何驱动中小企业创新，将成为后续研究的重点。

2.2.2.4　中小企业创新研究领域热点方向演化趋势分析

利用关键词的时间线聚类方式来探索前述中小企业创新研究领域的研究方向演化趋势，选择 CiteSpace 软件中的 Timeline 视图，直观地展现中小企业创新研究领域关键词演变历程。在中小企业创新研究领域热点方向演化趋势分析过程中，使用文献计量软件 CiteSpace 分析的基础参数设置与关键词共现分析保持一致。图 2-9 展示了中文文献主要研究方向不同关键词随时间线的动态变化过程，图 2-10 展示了英文文献主要研究方向不同关键词随时间线的动态变化过程，各聚类时间线长度代表该聚类的活跃持续时长。

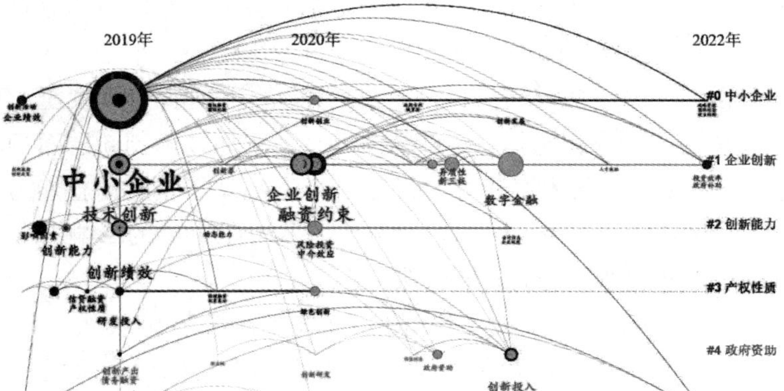

图 2-9　中小企业创新研究领域各研究方向主题热点的演化图（CSSCI）

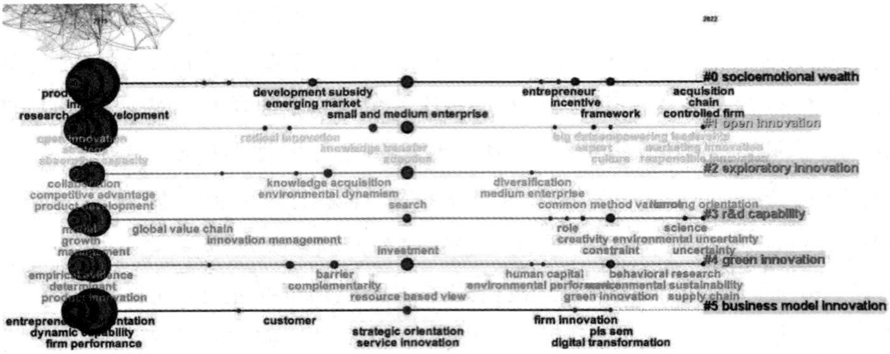

图 2-10　中小企业创新研究领域各研究方向主题热点的演化图（SSCI）

结合本研究主题，对“中小企业”“创新能力”“政府补贴”“技术创新”等热点方向的演化趋势展开分析，具体分析如下：

（1）以#0 为主的中小企业方向，其研究活跃时间较长，持续到 2022 年。2019 年的主题拓展研究相比其他年份较为丰富，例如创业活动、企业绩效、创新券等。中小企业是国民经济的重要增长点，是推动国民经济持续发展的重要力量。数字经济环境下，中小企业如何继续为我国经济社会高质量发展发挥重要作用，仍然是热门研究方向。

（2）以#1 为主的企业创新方向，该方向的主题研究持续至 2022 年。2019—2020 年的研究主题体现为创新激励、创新政策、技术创新；2020—2022 年相关研究则更注重人才激励、投资效率、数字金融等主题，这与近年来数字技术发展息息相关。数字技术变革推动了企业创新的进程，未来这一主题方向的研究热度将会持续上升。

（3）以#2 为主的创新能力方向，该方向的主题研究持续至 2021 年。2019 年主题拓展研究相比其他年份较为丰富，例如技术创新层面的相关研究，这与技术赋能、技术革新等问题息息相关。2020 年后创新能力的相关研究集中在融资约束等方面，与重大突发公共卫生事件的影响有较大的关联。对中小企业创新能力的研究将保持稳定。

（4）以#3 为主的产权性质方向，该聚类研究时间较短，仅持续到 2020 年。2019—2020 年的研究主题主要集中在信贷融资、研发投入等方面。这一热点主题的聚焦，与中小企业创新研究中对异质性问题的探讨有关，实证研究中多数都考虑产权因素对不同类型的中小企业创新影响的差异性。在后续研究中，对这一问题的关注也将会保持稳定。

（5）以#4为主的政府资助和以#5为主的商业模式方向，这两方向研究活跃度相对较低，研究热点演化趋势较平稳。随着国家对中小企业数字化转型问题重视程度的提高，如何通过专项基金、政策补贴等政府资助手段化解中小企业数字化转型中的资金约束成为研究重点。此外，中小企业数字化转型属于战略性决策，如何构建适应数字化发展的商业模式也成为研究的重点内容。未来对上述方向的研究将可能得到进一步深化拓展。

2.2.3　中小企业创新研究的主要结论

前文对中小企业创新研究文献进行了系统梳理分析，采用文献计量软件CiteSpace对CSSCI和SSCI期刊有关中小企业创新的文献进行了知识图谱分析，包括关键词共现分析、关键词聚类分析、热点研究方向的演化趋势分析，主要分析结论总结如下：

（1）当前国内对中小企业创新的研究主要集中在创新能力、商业模式、企业创新等方面，而国外对中小企业创新的研究主要聚焦于不同形式的创新，如开放式创新、探索式创新、商业模式创新、绿色创新等。国内学者在研究中小企业创新问题时，更加聚焦中小企业的不同类型、不同产权性质，如专精特新中小企业、民营中小企业等。

（2）从不同主题热点的演化图谱来看，随着数字经济发展以及数据作为资源的重要性不断提升，对中小企业这一主题的关注度将会继续增强。同时，随着大数据、区块链、人工智能等新一代数字技术的发展，中小企业创新能力方面的研究热度呈现出增长趋势，尤其是数字技术如何在创新、高质量发展等方面赋能中小企业，将是研究的重点领域。

（3）在中小企业创新问题的理论研究方面，由于产权方面的差异，现行创新扶持政策，如研发补贴、减税降费、绿色创新补贴等，需要结合具体的场景在理论基础、研究方法和理论模型等方面进行拓展，尤其是应结合具体研究场景，明确数字技术等因素在中小企业创新过程中发挥作用的边界条件，以更好地认知数字经济背景下影响中小企业创新的前置因素，揭示不同因素的复杂作用关系，探索形成数字经济背景下中小企业创新的路径。

2.3 数据赋能中小企业创新的理论基础

数字经济发展的必然结果是数据化，数据成为驱动经济发展的关键要素，冲击着管理决策和价值创造的过程与方式，也对微观主体的创新行为产生重要影响，数据赋能在企业创新领域的应用得到了越来越广泛的关注，但有关数据赋能与中小企业创新关系研究的成果很少。接下来，首先梳理了数据赋能影响中小企业创新的相关研究文献；其次结合已有的文献总结了数据赋能与中小企业创新关系研究的三种主要理论，包括资源基础理论、动态能力理论、资源编排理论；最后从理论角度分析了数据赋能与中小企业创新关系的内在契合逻辑，从而为后续数据赋能影响中小企业创新的机制分析与检验提供理论依据。

2.3.1 中小企业数字化的相关研究概述

通过检索中国知网（CNKI）的 CSSCI 数据库、Web of Science 核心合集数据库，按研究文献的被引频次、被检索文献的影响因子等，对相关文献进行梳理分类，中小企业数字化相关研究可简要概括为两种路径：一种是探索影响中小企业数字化的前因，另一种是研究数字化的经济效果，并且关注数字化如何影响中小企业，相关的代表性文献如表 2-3 所示。表 2-3 主要从研究方法、研究问题、主要结论等方面对代表性文献进行分类梳理。

表 2-3 中小企业数字化部分代表性文献

文献	研究方法	研究问题	主要结论
[59]	案例研究	企业家影响中小企业数字化过程	企业家通过管理认知升级、团队能力建设等推动中小企业数字化转型
[60]	实证研究	政治关联对中小企业数字化的影响	直接和间接政治关联都会影响中小企业数字化，政策感知能力和市场感知能力具有中介作用
[61]	定性研究与定量研究	数字敏捷性、数字竞争力与中小企业创新绩效的关系	波动的数字环境中，数字敏捷性、数字竞争力可以提升中小企业创新绩效

续表

文献	研究方法	研究问题	主要结论
[62]	案例研究	影响中小企业数字化转型的因素	中小企业数字化转型是多因素驱动的结果，且不存在唯一的最佳转型路径
[63]	案例研究	中小企业如何通过资源编排利用数字机会	中小企业数字化是多种资源和能力共同作用的结果，数字平台能力在过程中发挥较为普适的作用
[64]	实证研究	数字化变革如何推动中小企业高质量发展	提出了数字化变革推动企业发展的五维路径
[65]	案例研究	中小制造企业数字化转型对顾客价值创造的影响	中小制造企业可通过数字化转型改变价值创造过程和促进顾客价值创造

资料来源：根据相关文献资料整理而成。

具体来看：（1）中小企业数字化的前因研究，主要探讨可能影响中小企业数字化的因素。①研究影响因素的单一效果，如 Li 等（2018）[59]探讨企业家在中小企业数字化转型中的作用，发现企业家在第三方平台支持下可以通过管理认知升级、团队能力建设、组织能力建设等推动中小企业数字化；王雪冬等（2022）[60]以资源基础理论和能力理论为基础，发现政治关联在中小企业数字化转型中起到了促进作用；Ko 等（2022）[61]通过定性和定量研究相结合的方法，分析了数字敏捷性、数字竞争力在中小企业创新绩效中的作用。②研究多因素的影响，多基于组态理论分析多因素如何共同作用于中小企业数字化，如张新等（2022）[62]运用 fsQCA 方法探讨中小企业数字化转型的组态效应，指出中小企业数字化转型是内外要素互动的结果；马鸿佳等（2022）[63]基于资源编排理论和 fsQCA 方法的研究认为，数字平台能力在中小制造企业数字机会利用中具有普适性，但单一能力和资源都不能成为中小企业数字机会利用的必要条件。

（2）中小企业数字化的后效研究，主要分析中小企业数字化对绩效、创新等的作用效果。①中小企业数字化的微观影响，重点关注中小企业数字化对企业自身绩效等方面的作用。例如，池毛毛等（2020）从数字化赋能视角利用 PLS 结构方程模型构建数字化转型与中小制造业企业新产品绩效关系的理论模型；何瑛（2023）[64]揭示了数字化变革推动中小企业高质量发展的逻辑；Matarazzo 等（2021）[65]使用多案例研究方法，从动态能力角度探讨意大利中小制造企业的数字化转型与顾客价值创造的关系，表明数字化转型是企业创造和交付价值的新途径；Caputo 等（2022）[66] 主要是探讨数字平台对从事海外业务中小企业绩效的积极影响；赵慧娟等（2022）则基于资源编排理论分析数据赋能如何在企业经营过程中产生作用，利用问卷获取数据，通过实证检验发现，数据赋能通过资源链接、精准匹配等促进中小制造企业柔性创新。②中小企业数字化与经济发展的关系，主要探讨中小企业数字化转型在落实国家重要战略实施中的作用。例如，吕铁、李载驰（2022）[67] 指出，推动中小企业数字化转型是实现中国制造迈向高质量发展的可行途径。这方面研究强调发挥政策赋能作用，支持中小企业数字化转型，尤其是推动专精特新企业数字化，对提升产业链、创新链韧性和竞争力具有重要作用（董志勇、李成明，2021）[68]，也是我国经济增长的新动能。

从以上中小企业数字化相关的研究文献来看，研究方法主要包括案例研究和实证研究，案例研究以多案例研究方法为主，实证研究主要是使用结构方程模型方法；研究内容主要是遵循“前因—效果”的路径，前因研究既有单一因素的分析，也有考虑因素的多重并发因果关系的多因素分析；研究使用的理论主要是资源基础理论、资源编排理论、动态能力理论；研究使用的数据主要是通过问卷调查方式获取，部分研究使用单一企业的案例作为数据分析资料。总体来看，以中小企业为研究对象的数据赋能研究还处于起步阶段，有关数据赋能如何影响中小企业创新的理论解释尚不完善，数据赋能对中小企业创新的影响机制仍需要进一步给出完善的理论阐释。

2.3.2 数据赋能中小企业创新的理论基础

数字经济的快速发展，以及数字技术的广泛应用，使得数据赋能理论和实践研究方兴未艾，但从前述文献研究梳理中可以发现，数据赋能与中小企业创新关系的理论研究成果较少，尚未形成系统的理论基础。结合已有文献梳理，资源基础理论、动态能力理论，以及资源编排理论是分析数据赋能与中小企业创新关系的主要支撑理论，本研究将据此展开分析。

2.3.2.1 资源基础理论

有关资源对于企业的重要性的认识源于 Penrose（1959）关于企业成长问题的理论解释，之后多位学者对这一问题进行了完善。Wernerfelt

(1984)[69]发表了《企业资源基础观》一文，强调企业需从内部搜寻成功的关键因素，即企业优势源于内部，代表着企业资源基础理论（Resource Based View，RBV）正式形成。根据资源基础理论，企业是由不同生产资源构成的集合，即把企业理解为“资源束”（Grant，1991）[70]。资源包括企业拥有或控制的资产、知识、信息等（Barney，1991）[71]，可分为有形资源和无形资源。资源基础理论强调企业竞争优势源于其拥有或控制的异质性资源（Peteraf，1993）[72]，具有稀缺性、不可模仿、无法替代等特征的异质性资源才能成为企业竞争优势源泉（Barney，1991）。这在一定程度上表明，企业竞争力的关键在于其所拥有的资源禀赋。实践中，由于企业模仿或学习的现象，企业拥有的或控制的异质性资源并不能长久维持竞争优势，如何保持资源异质性是企业赢得长期竞争优势的关键，需要企业不断发展拥有或控制的异质性资源（Wegloop，1995）[73]。从以上资源基础理论的观点可看出，资源基础理论突出资源的重要性，尤其是稀缺、不可模仿、无法替代的异质性资源在企业价值创造中的作用。

随着数字经济战略重要性的不断提升，大数据、人工智能、区块链等新兴技术的创新迭代速度加快，在企业层面的应用越来越广泛深入。新一代数字技术的渗透与大量应用，大幅度降低了交易成本和信息不对称程度，使得各类资源可以不受时间和空间限制广泛地连通（Hamari et al.，2016）[74]，这些新变化让企业可以自由便捷地低成本使用和配置资源，在一定程度上改变了企业的资源基础（陈冬梅等，2020）[75]。具体来看：一是数字技术应用推动传统资源数据化。如浙江野马电池股份有限公司利用数字技术打通了内部生产环节和价值链上下游的信息链。数字技术与企业实体资源的深度融合推动了传统资源向数据资源转变，数据资源可以更便捷、更迅速地在组织内外流动，大幅度提高了资源流通性，使得企业可以使用的资源更加丰富。从传统资源向数据资源的转变重构了资源利用效率（肖静华，2020）[76]，有助于企业实现降本、增效和提质。二是数据成为继劳动力、资本、土地、技术之后的第五生产要素。随着互联网的普及，以及各种数字设备、数字终端等被广泛采用，企业各环节的数据都可以被便捷地采集、存储和使用，大量的以物质或非物质形式呈现的资料以数据形式沉淀下来。数据作为新生产要素不仅可以丰富企业的资源基础，还在很大程度上影响企业价值创造方式（Hultman et al.，2021）[77]。基于此，数字经济时代，数据成为重要的生产要素，具有数量无限性、可重复使用、非竞争性和可共享性特征，改变了资源的本质属性，资源基础发生改变。传统资源数据化和数据要素化加速了各种资源在企业内外的流通，改变了企业生产、经营的空间范围（张树含、李晓翔，2023）[78]，重塑了企业价值的创造逻辑（Vial，2019）[79]。这一系列数字经济时代的新变革改变了企业资源基础，也为化解中小企业资源约束和促进中小企业创新提供了可能。

2.3.2.2　动态能力理论

随着数字技术的创新发展，产品、技术更新周期缩短，迭代速度越来越快，竞争广度和深度不断加强。企业凭借静态资源所形成的竞争优势，很容易由于环境复杂性和动态性等特征快速被削弱（Liu et al.，2014）[80]，导致企业难以保证优势的持久性。针对资源基础理论的薄弱环节，Teece等（1997）[81]提出基于资源基础理论的动态能力理论，指出动态能力是整合、构建和重置企业资源和资产的能力。动态能力的提出，受到学者的广泛关注，大量学者对这一问题进行了比较深入的研究。如，Eisenhardt等（2000）[82]指出，动态能力是企业利用资源的过程，也是企业获取新的资源配置的能力。针对动态能力的影响方面，动态能力可以提升企业创新绩效（Helfat，1997）[83]，也是企业获取持续竞争优势的重要途径（Teece et al.，1997），在这一研究领域学者们已经达成共识。企业应当整合创新所需要的内外部资源以内化和吸收新技术与知识（焦豪等，2021）[84]，通过构建和管理动态能力来发现和解决企业发展中的各种不确定性，以保障持续竞争优势。动态能力对企业绩效的重要性在研究中不断被强化（Lin et al.，2014）[85]。随着研究的深入展开，许多学者拓展了动态能力理论的应用场景，将动态能力与时代发展相结合，以发现和揭示新情境下的“黑箱”问题。一些研究开始关注和探索数字经济情境下的动态能力问题，如Warner等（2019）[86]指出，构建、拓展、改变企业现有资源的动态能力，对企业数字化转型具有积极作用。动态能力作为一种高阶能力，实现了创新资产的有效整合（焦豪等，2021），可通过大数据管理方法或技术帮助企业处理海量数据信息，赋能企业创新发展，从而为企业创造价值（Rialti et al.，2019）[87]。

近年来，数字化转型的地位已经上升到国家战略层面，企业实施数字化转型已是“必选项”，这在一定程度上使得动态能力与数字经济场景结合方面的研究得到了越来越广泛的关注，如数字平台、大数据、数字化赋能。①在数字平台方面，Karimi 等（2015）[88]探讨了数字平台能力构建过程中的动态能力的作用，企业通过动态能力拓展现有资源等建立数字平台可以更好地响应客户需求。②在大数据方面，一是侧重大数据在数字化转型中的作用，谢康等（2020）[89]指出大数据资源具有提升企业动态能力的作用，进而对产品创新绩效产生积极的效用；二是侧重大数据与动态能力的演化关系，Chen 等（2022）[90]探讨大数据对于动态环境中数字化转型企业动态能力的构建作用，提出了“数据驱动情景—动态能力—知识隐藏”的理论框架。③在数字化赋能方面，李煜华等（2022）[91]认为数字技术应用增强企业获取资源和机会的能力，有助于动态能力提升，进而能更好地捕捉机会与需求。也就是说，数字技术通过对动态能力的数字化赋能（周文辉等，2020），可以对企业绩效增长产生积极的影响。可以看出，基于动态能力理论探讨企业数字化问题已在学术界得到较广泛的关注，动态能力理论成为探究数据驱动中小企业创新发展方面问题的重要理论支撑。

2.3.2.3　资源编排理论

资源编排理论（Resource Orchestration Theory，ROT）是在资源管理模型和资产编排模型基础上逐步形成的，也是对资源基础理论的发展。与资源基础理论相比而言，资源编排理论更加关注和强调资源有效地转化和合理地使用（Sirmon et al. ，2011）[92]，即提高企业内部已有资源的使用效率。也就是说，资源编排理论认为合理地利用资源可以让企业更好地把握和利用各种机会，并最终形成企业竞争优势。根据资源编排理论，资源本身不会直接产生价值，而是需要通过整合、配置和使用才能够创造出价值。即使那些掌握相同资源的企业，也可能因为资源在转化和使用过程中的差异，导致价值创造能力的差异，这反映出资源只是获得卓越绩效的必要条件（张青、华志兵，2020）[93]。随着资源编排理论在大量研究中的应用，其重要性已经得到认可（Baert et al. ，2016）[94]，有关资源编排理论的研究不断深化扩展，如企业创新、数字化转型、数据赋能等。①在企业创新方面，赵慧娟等（2022）以中小企业为研究对象，从资源编排理论的角度探讨了构建资源、配置和利用资源组合在提升中小企业创新柔性方面的重要作用。另外，资源编排理论为解释创新资源使用效率及创新投入与企业绩效关系，提供了新的分析支撑，现有研究主要涉及数字化创新（Li et al.，2018）[95]、新产品开发（刘新梅等，2017）[96]等。②在数字化转型、数据赋能方面，杨雅程等（2022）[97]分析了资源约束下企业如何通过资源编排捕捉数字化转型价值，以及通过资源编排实现企业数字化能力的搭建。Amit 等（2017）[98]指出，实现数据赋能的关键在于企业整合利用数据的方式，所以企业数据资源可通过创新资源编排方式实现企业价值创造。此外，资源编排理论在战略变革、供应链管理领域也有较多应用，如 Nason 等（2019）[99]探讨了新创企业通过整合外部资源构建研发边界对企业经营的影响，Miao 等（2018）[100]分析了 IT 资源对供应链中焦点企业绩效的影响。

在数字化时代，几乎所有的企业资源都可以通过数字编码转化为数据资源，即实现了资源数据化，沉淀形成海量的“数据资源”。与传统的非数据形式的资源相比，数据资源具有可重复使用、非竞争性、无限量等特征，使得数据资源交易的边际成本趋近于零，势必带来价值创造机制的改变。相较于资源基础理论，资源编排理论更加关注对资源的有效转化和利用，而数据作为一种新生产要素所具备的独特属性，利用数字技术可以促进企业资源要素的重构（Holmstrom，2018）[101]，促进企业在更大范围内使用和配置资源。由此，数字经济背景下资源编排理论的应用场景更加多元，也为研究中小企业数字化转型、数据赋能等问题提供了重要的理论基础。

2.3.3 数据赋能中小企业创新研究的主要结论

为后续深化分析数据赋能对中小企业创新影响的机理，本小节在前述中小企业数字化研究以及数据赋能中小企业创新的理论基础系统梳理的基础上，对数据赋能中小企业创新的研究进行总结归纳，具体涉及以下三个方面：

（1）从研究内容来看，以中小企业为研究对象的数据赋能研究多是探讨前因，涉及内部因素、外部因素，如资源、能力、平台、政策等。对现有文献梳理表明，对前因的探讨结论既有单一因素的影响，也有多因素的多重并发因果作用。关于数据赋能对中小企业创新的影响效果研究，涉及了企业绩效、数字化转型等方面，但对于数据赋能对中小企业创新的影响机制还缺乏深入的探讨。

（2）从研究方法来看，关于数据赋能对中小企业创新影响的研究文献使用的研究方法包括案例研究、实证研究、规范研究。根据文献梳理，多数研究使用了案例研究方法，具体包括单案例和多案例两种情况；也有文献使用实证研究方法，主要使用一手调查数据，选择结构方程模型作为分析工具；还有一些学者采用规范研究方法，探讨数据赋能对中小企业发展的重要性，并提出一些具体的策略。

（3）从研究视角来看，已有研究主要从资源视角、能力视角，以及资源和能力双视角对中小企业数据赋能或数字化转型问题展开分析，分别对应资源基础理论、动态能力理论、资源编排理论。根据前述文献梳理，资源基础理论是数据赋能研究的重要理论支撑。

2.4　本章小结

基于以上分析，相关学者已开始关注中小企业创新过程中的数据赋能问题。总体来看，以中小企业为研究对象的数据赋能研究还处于起步阶段，对数据赋能如何影响中小企业创新的理论解释还不完善，数据赋能对中小企业创新影响的机制需要进一步探索。为此，本研究认为数据赋能与中小企业创新关系的研究可从以下方面进一步展开：

（1）在研究内容方面，根据已有的研究文献，应在重视数据赋能与中小企业创新的直接作用关系的基础上，探索数据赋能影响中小企业创新的中介机制，以及中介变量与中小企业创新之间的关系。所以，本研究在已有文献基础上，进一步探讨了数字技术如何通过资源获取、资源转换、资源使用等方式影响中小企业创新，即揭示数据赋能影响中小企业创新的资源获取机制、资源转换机制和资源使用机制。在分析过程中，同时纳入数据赋能对中介因素的影响和中介因素对中小企业创新的影响，以期更好地揭示数据赋能影响中小企业创新的内在作用机理，丰富数据驱动中小企业创新的理论研究。

（2）在研究方法方面，现有研究是以案例研究为主，以问卷研究为辅，也有少量的规范研究文献。从具体文献内容比较看，数据赋能对中小企业的影响研究主要采用问卷调查方法，还缺少对上市公司数据、专利数据等二手数据的利用。所以本研究在延续已有的调查问卷方法采集数据的基础上，增加了二手数据的使用，并使用代理变量对中小企业创新进行了测度，以进一步提高数据赋能中小企业创新研究结果的信度和效度。此外，考虑到我国推行支持中小企业数字化转型发展政策等事件，进一步利用 DID 等模型对数字化政策对中小企业创新的政策效应进行了实证检验，为我国促进中小企业数字化发展的政策实践提供了经验证据，并丰富了数据赋能对中小企业创新影响的理论研究。

（3）在研究情境方面，我国中小企业面对的制度环境、政策环境等具有一定的特殊性，有必要将这些情境因素纳入模型中，以更好地探索分析数据赋能对中小企业创新影响的边界条件。对于中小企业来说，资源约束一直都是影响其创新的重要障碍，尤其是在推动中小企业数字化转型的大背景下，数字人才因素必然对中小企业数字化产生重要的影响，而数字化转型需要大量资金投入，所以资金也是重要的影响因素。基于此，本研究在数据赋能中小企业创新的机制分析模型中，同时考察人才、融资等因素情境效应。

第2篇 数据赋能中小企业创新的机制研究

本部分尝试从资源角度回答数据赋能对中小企业创新的影响机制，探讨数据赋能如何作用于中小企业创新过程，旨在解决数据赋能与中小企业创新之间“为什么”的问题。数据赋能对中小企业创新的影响体现数据从资源向资产的转化，即中小企业在创新过程中利用数字技术获取数据资源，让数据资源成为创新要素，通过数据联网拓展数据使用价值。因此，按“数据资源—数据要素—数据资产”的过程逻辑，分别探讨：中小企业如何利用数字技术将原始数据转换为数据资源以化解创新资源约束的缓释机制；数据资源如何成为中小企业创新过程中生产要素的实现机制；中小企业如何打通数据使用“孤岛”，即通过数据资源联网化拓展数据资源使用机制。也就是说，数据赋能对中小企业创新的影响机制涵盖：数据赋能中小企业创新的资源获取机制、数据赋能中小企业创新的资源转化机制、数据赋能中小企业创新的资源使用机制。通过上述研究可以为分析数据赋能对中小企业创新的影响机理提供理论参考。

第3章 数字技术对中小企业创新资源约束的缓释机制

在数字经济时代，数字技术的兴起和应用引发了企业内部的一系列系统性变革和颠覆性创新。近年来，数字技术的不断迭代与创新发展，对企业价值创造方式影响越来越明显。随着我国对中小企业数字化转型重视程度的增加，如何利用数字技术推动中小企业创新已受到广泛的关注。然而，理论上对数字技术作用于中小企业创新的机制缺乏充分探讨。本部分首先概述数字技术对中小企业创新资源约束化解方面的现实背景和理论研究，进而提出和界定研究问题。然后从资源视角基于“数字技术—资源获取、资源拼凑—中小企业创新”的理论逻辑，构建数字技术影响资源获取、资源拼凑进而影响中小企业创新的概念模型。在此基础上，通过问卷调查的方式获取数据，采用 PLS-SEM 方法对理论模型进行实证检验。研究发现，数字技术应用广度和数字技术应用深度都有助于促进中小企业创新，并且数字技术应用广度和数字技术应用深度通过资源获取和资源拼凑正向影响中小企业创新。本章的研究可丰富有关数据赋能影响中小企业创新的理论机理研究，同时对中小企业如何实施数字化变革提高资源配置效率，以及中小企业如何提升企业创新能力和绩效水平有重要的理论参考意义。

3.1 数字技术与中小企业创新资源获取的现实背景

中小企业是经济增长的重要动力，中小企业好国家经济才会好，中小企业有活力经济才有韧性，中小企业能办大事也已经成为基本共识。中小企业在经济社会发展进程中发挥重要作用的同时，在发展过程中也因其“天生弱势”而陷入“创新瓶颈”，主要表现为：一是内部资源“缺”，即资金缺、技术缺、人才缺；二是外部资源获取“难”，内部信息不透明使中小企业很难从外部获取资源（Pellegrina et al.，2017）；三是资源配置效率“低”，由于资源配置能力不足使中小企业在资源利用效率方面存在明显短板（张玉明等，2018）。这些客观存在的现实约束阻碍了中小企业创新进程，如何在已有条件下突破创新资源困境，不仅对中小企业自身创新发展，还对我国创新驱动发展战略落地实施具有十分重要的现实意义。

根据已有的理论文献，中小企业在占有或控制的资源比较有限的情形下，如何有效地通过外部渠道获取资源，即外部资源获取（West et al.，2013），如何提高占有或控制资源的使用效率，即资源拼凑（Senyard et al.，2014），对于中小企业获得互补性资源（Classen et al.，2012）[102]，进而突破资源约束以推动企业创新发展尤为关键。近年来，随着数字经济发展和数字化进程加快，5G 技术、大数据、云计算、区块链、互联网、人工智能等新一代数字技术快速发展，与实体经济的融合广度和深度不断增加，为中小企业低成本、高效率地使用外部资源和优化资源配置提供了新的可能：一方面，数字技术在资源层面引发了企业资源配置方式的变革（陈庆江等，2021）[103]。数字技术在实践中得到了广泛的应用，例如，海尔的海创汇平台通过资源网络开放、拓宽应用场景等，为中小企业提供研发、设计、供应链等全产业链服务，使得中小企业可通过平台获得资金、订单等，缓解了中小企业发展过程中的资源约束，为中小企业创新发展赋能；HOPE 创新平台利用数字技术手段连接中小企业和用户需求，帮助中小企业在更大范围内释放技术资源的价值潜力，如 HOPE 帮助百欧森将轨道交通领域的消杀技术拓展到家用消毒柜领域；互联网平台公司猪八戒利用数据挖掘和整合大量闲置数据资源，为更多的供应商匹配更多的买家，让更多中小企业从中受益。这反映出数字技术促进数据、资源、技术等各方面的应用，为中小企业低成本使用资源和推动创新提供了更多的可能性。另一方面，数字技术在优化内部资源使用效率方面越来越受到理论层面的关注。数字技术在处理海量信息、非结构化数据等方面具有优势，对企业创新活动产生根本性影响（Marion et al.，2015）[104]。例如，在资源一定的情况下，数字技术应用可通过缩短产品开发周期、降低资源占用等多种途径促进企业创新效率提升（Briel et al.，2018）[105]。可以看出，数字技术在实践中得到了越来越多的应用，在理论上备受关注。但从资源视角还缺乏对数字技术如何作用于中小企业创新的机制探讨，实际上数字技术应用不仅可以拓展创新资源获取范围，还可以提高内部既有资源配置效率。为此，本章以我国的中小企业为研究对象，揭示中小企业数字化转型如何通过应用数字技术促进创新的资源机制，并利用问卷调查获取的数据资料和使用 PLS 结构方程模型，检验中小企业利用数字技术实现资源获取和资源拼凑，进而提升创新绩效的内在作用机理，为资源获取机制理论模型的构建提供经验依据。

3.2　数字技术影响中小企业创新的理论框架与研究假设

创新离不开充足资源的支持，有效配置资源是创新成功的关键。随着创新模式从封闭走向开源、开放，企业不仅要提高内部资源的使用效率，还要更广泛地利用外部资源才能有助于实现持续创新（Chesbrough et al.，2010）[106]，即内部创新资源与外部创新资源同等重要。也就是说，企业不仅要提高外部资源的获取能力，还要加强对既有内部资源潜在价值的挖掘。所以，对于中小企业而言，如何在数字经济背景下低成本、高效地使用外部创新资源和提高内部资源使用效率，构建数字化情境的资源配置机制，对其突破创新资源约束和促进创新发展尤为关键。基于此，本部分重点结合数字化转型背景，探讨中小企业通过数字技术促进创新绩效提升的资源获取机制，构建形成数字技术对中小企业创新资源约束的缓释机制的理论框架模型（见图 3-1）。

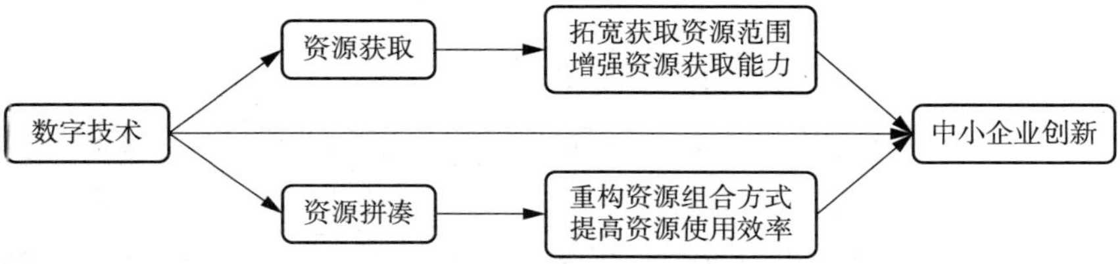

图 3-1　数字技术对中小企业创新的资源约束缓释机制框架模型

3.2.1 数字技术与资源获取、资源拼凑

大数据、人工智能、物联网、区块链等新兴数字技术在各行各业得到了越来越广泛的应用，不仅拓展了资金、技术、工艺等各类资源的流通范围（谢康、肖静华，2022）[107]，还在极大程度上促进了跨行业、跨企业、跨部门的资源交互，为低成本使用外部资源提供可能，同时也为提高内部资源组合效率创造条件。

（1）数字技术与资源获取。

中小企业突破创新过程中面临的资源约束，需要借助于外部资源获取来实现，即通过与外部主体建立连接，跨越企业组织边界，使用外部主体的创新资源。根据资源基础理论，资源获取是指企业组织通过外部获取资源，弥补自身资源缺失和实现资源优化配置的过程（Wernerfelt，2010）[108]。数字经济时代，以大数据、物联网、人工智能等为代表的数字技术（陈晓红，2018），具有可编辑性和可转移性等特征（Nambisan et al.，2017）[109]，使其能便捷地与其他资源建立连接和融合关系，促进资源要素高效流动。对于中小企业来说，数字技术应用使得中小企业可以突破地域、时空的束缚，从创意形成、研发、生产、市场化等不同创新环节建立与外部资源拥有者之间的连接，对中小企业化解创新资源约束和促进创新发展具有十分关键的作用。也就是说，中小企业可通过与各类型创新主体建立广泛的连接，与不同创新主体实现资源的交互（Adner et al.，2010）[110]，更灵活、更便捷和低成本地从外部获取创新资源。例如，通过数字技术应用企业可智能化、实时获取用户需求信息（余菲菲、王丽婷，2022）[111]，同时用户也更容易参与创新，帮助中小企业实现快速的产品迭代和创新。

基于以上分析，提出如下研究假设：

H3-1：数字技术对中小企业资源获取有正向影响。

（2）数字技术与资源拼凑。

资源拼凑是 Baker 等（2005）[112]提出的旨在化解资源约束的一种策略选择，即通过整合利用手中既有资源以满足需求，该理论是对资源基础理论的继承与拓展。根据已有的文献，资源拼凑被认为是“通过结合现有资

源和节约成本进行拼凑的过程”，集中有效利用被低估的、闲置的或丢弃的资源（Senyard et al.，2014）。通过资源拼凑，一方面能最大限度地降低资源成本并减少对外部相关资源的依赖，另一方面也是带来开拓新机会的有效方式，因为拼凑可使手中现有资源价值被创造性地释放。对于中小企业来说，各种不同类型资源往往散落在不同的业务部门、不同的业务单元、不同的价值创造环节，而数字技术可帮助中小企业整合分散的资源，促进新旧资源重组，有助于提升企业资源使用效率，释放现有资源的价值潜力。刘洋等（2020）[113]指出，以大数据、云计算、区块链等为表征的数字技术可推动隐性知识和信息显性化。处于不同价值创造环节的信息、知识等的数据化，使其更容易被编辑、重构和组合，从而推动资源拼凑。与此同时，数字技术可使中小企业更好地跨越部门边界，促进以数据形式呈现资源之间的连接，也有助于实现资源拼凑。

基于以上分析，提出如下研究假设：

H3-2：数字技术对中小企业资源拼凑有正向影响。

3.2.2　数字技术与中小企业创新

根据现有研究，企业创新需要整合资源消耗和制造过程，整合内部和外部的技术能力，加强信息共享。人工智能、区块链、云计算、大数据、物联网等数字技术在各行业领域的应用，为中小企业创新提供了新的机遇，主要是因为该类技术具有可编辑性、可转移性等特征（Nambisan et al.，2017），可以帮助中小企业打破创新不同阶段的边界限制，使中小企业可利用数字技术实现数据挖掘、资源共享和资源整合，优化创新资源配置效率，进而对创新产生积极影响。具体而言，数字技术对中小企业创新的影响体现在以下三个方面：一是数字技术具有数据挖掘功能，可以提升系统内部的数据活力，帮助企业优化现有的流程。从产品设计到终端配送，已经沉淀了大量的数据。对于中小企业来说，由于缺乏数字技术和掌握数字技术的人才，大量沉淀下来的数据并不能得到充分开发和利用，且受限于所拥有的数字技术，数据处理效率也比较低，企业难以有效挖掘数据中隐含的规律。然而，数字技术在研发、生产、营销等诸多环节的应用，使得中小企业有能力处理庞大的、非标准化的、非结构化的数据，将其编码并输出为结构化、标准化的数据，实现研发、生产、营销等过程的优化（Liu et al.，2011）[114]，进而更好地促进资源跨部门流动，对推动中小企业创新产生积极的作用。二是数字技术可加速信息交流，促进中小企业内外部环境资源信息共享。数字技术丰富了员工、部门等各类主体之间的连接，可打破“部门壁垒”，消除企业内部的“信息孤岛”，并通过有效整合内部资源产生互补性创新（Brynjolfsson et al.，2003）[115]。同时，数字技术在研发、生产、营销等环节的广泛应用，可以帮助中小企业与供应链上下游企业、政府等便捷地建立连接，促进数据、信息等各种资源的自由流动和共享效率的提升（Kulangara et al.，2016）[116]，从而对中小企业创新产生推动作用。三是数字技术可以促进创新资源整合。数字化采集和智能分析系统可以加速数据资源的整合，有助于提高中小企业创新决策的有效性。数字技术将数据链接和汇总，以提供与创新相关的信息（Li et al.，2021）[117]。此外，数字技术将扩大创新资源配置的领域，鼓励企业、大学和研究机构参与跨地区、跨学科的合作创新活动，激励企业开放式创新（Mubarak et al.，2021）[118]。也就是说，数字技术使用户、竞争者等不同主体参与中小企业创新过程，有助于提高创新资源配置效率，从而对中小企业创新起到推动作用。

基于以上分析，提出如下研究假设：

H3-3：数字技术对中小企业创新具有促进作用。

3.2.3 资源获取、资源拼凑与中小企业创新

中小企业的天生弱势使其在创新过程中往往面临资源约束。在数字经济时代，资源获取、资源使用的非连续性问题被有效化解，有效地获取外部资源、高效率地利用内部资源都是其破解资源约束的重要途径。

（1）资源获取与中小企业创新。

根据资源依赖理论，中小企业从周围环境获取资源的能力对其生存发展会产生影响。如 Eisenhardt 等（1996）[119]发现外部技术资源对企业创新有利，从外部获取资源不仅有利于中小企业弥补资源不足，还有助于企业资源存量的扩大，这也是企业进行创新的基础（吕斯尧等，2021）[120]。也就是说，资源获取在一定程度上可弥补资源不足的短板。对于中小企业而

言，当内部存在资源缺口时，通过外部渠道获取资源一方面可以弥补资源的缺口，同时可以使得企业资源存量扩大，进而对创新产生积极影响；另一方面通过外部渠道获得资源也是成本最小和效率最高的选择之一（綦良群、王曦研，2022）[121]。此外，中小企业还可以借助外部资源获取途径与客户、供应商等建立紧密的联系，从而有助于提高企业创新绩效。

基于以上分析，提出如下研究假设：

H3-4：资源获取对中小企业创新具有促进作用。

（2）资源拼凑与中小企业创新。

创新是各种资源要素重新组合的结果（白景坤等，2021）[122]，资源拼凑已成为影响中小企业创新发展的关键要素。具体看，资源拼凑是一种企业克服资源约束的战略性创新路径（周飞等，2020）[123]，本质上是企业基于现有资源，通过重构、整合等方式来构筑新的资源组合以满足企业发展需求。资源拼凑可以促进企业对现有资源的重组与利用，有助于实现企业资源的优化配置（Senyard et al.，2014），也有助于提高企业资源总供给水平（Duymedjian et al.，2010）[124]。使中小企业可利用资源拼凑方式打破现有资源用途限制和拓展资源利用范围，克服创新过程中的资源短缺问题。也就是说，资源拼凑一方面可改善企业资源存量，缓解中小企业资源约束；另一方面可促进内部资源最大化利用，优化资源配置效率。由此可以看出，资源拼凑有助于推动中小企业实现创新。

基于以上分析，提出如下研究假设：

H3-5：资源拼凑对中小企业创新具有促进作用。

3.2.4　资源获取、资源拼凑的中介作用

对中小企业来说，数字技术应用于运营过程，提高了中小企业的数字化程度，更容易通过资源获取或拼凑方式重构资源，提高资源配置效率，同时也有助于降低中小企业试错成本，加快技术迭代更新，进而对创新起到促进作用。

（1）资源获取的中介作用。

任何创新活动均离不开资源的支持，资源获取已经成为中小企业化

解创新资源约束和提高创新资源配置效率的重要途径。随着数字经济快速发展，各种资源的数字化程度越来越高。数据资源具有可编辑性、可转移性等特征（Nambisan et al.，2017），不受时空条件的限制，扩大中小企业资源获取范围，与外部资源对接更加精准，所以数字技术应用可以帮助中小企业更便捷地从外部获取资源，可弥补创新过程中企业资源缺口。与此同时，数字技术使得信息、人才、资金和技术等各种资源能够以更低成本、更高效率自由地流动，降低了从外部获取资源的交易成本，这使得中小企业可便捷地与外部主体进行交互（Ander et al.，2010），有助于增强自身对外部主体资源的吸收整合，从而对创新产生积极的作用。

基于以上分析，提出如下研究假设：

H3-6：资源获取在数字技术与中小企业创新之间具有中介作用。

（2）资源拼凑的中介作用。

数字技术是一系列的具体技术或技术的组合，数字技术推动了中小企业资源的数字化，而以数字形态存在的资源所具有的独特特征有助于企业提升资源利用效率。对中小企业来说，数字技术可实现与企业现有组织体系的融合，有助于促进新旧资源的集成（李琦等，2021）[125]，提高企业资源整合能力，进而对创新起到积极的作用。数字技术更容易挖掘出资源的潜在价值，尤其是以数字形态存在的资源，即通过数字技术可实现资源的创新性组合或拼凑以达到预期的目的。一方面，资源拼凑形成的资源创新性组合可以提供中小企业创新所需要的资源，同时帮助中小企业更好地适应市场需求变化；另一方面，数字技术可以有效促进中小企业内部资源的流动，提供数字化资源整合路径（李煜华等，2022）。也就是说，数字技术通过提高资源拼凑的可能性和资源拼凑的有效性，进而对中小企业产生正向影响。

基于以上分析，提出如下研究假设：

H3-7：资源拼凑在数字技术与中小企业创新之间具有中介作用。

3.2.5 数字技术应用的交互作用

对于中小企业而言，数字技术应用涉及范围和程度两个方面。参考 Cui 等（2015）[126]对搜索广度和搜索深度的分类研究，将数字技术应用涉及范围界定为数字技术应用广度，将数字技术应用涉及程度界定为数字技术应用深度。数字技术应用广度是指中小企业在内部使用数字技术覆盖研发、生产、营销等环节的范围，数字技术应用深度是指中小企业利用数字技术在企业内部进行变革的程度。数字技术在中小企业内部得到较为广泛应用的条件下，可以促进企业内部异质性资源的交互，从而为创新活动开展提供更多的可能。而数字技术在中小企业内部的深度应用，有助于更好地挖掘资源的潜在价值，促进创新的迭代升级。与此同时，中小企业通过扩展数字技术应用范围和增强数字技术应用程度，既可以使中小企业不同部门、业务单元之间连接更灵活，又有助于更好地深挖资源的内在价值。也就是说，数字技术应用广度和数字技术应用深度对中小企业创新的赋能效应存在互补性。

基于以上分析，提出如下研究假设：

H3-8：数字技术应用广度和数字技术应用深度在赋能中小企业创新中具有互补作用，即数字技术应用广度正向调节数字技术应用深度与中小企业创新间的关系，数字技术应用深度正向调节数字技术应用广度与中小企业创新间的关系。

3.3　数字技术影响中小企业创新的研究设计

3.3.1　数据来源与样本特征

本部分所使用的数据均通过问卷调查方式获取。在正式实施调研之前，邀请了数字化转型、中小企业领域的三位研究专家和两位企业管理人员，就问卷相关题项的表达准确性、结构合理性，以及与企业实际的契合性等问题，征求五位专业人士意见，并修订相关内容，进一步组织实施预调研工作。课题组访问了本地高校 MBA 课程的部分学员，然后对回收的问卷进行小样本分析，并根据受访 MBA 学员的意见对问卷的部分题项进行适当修订完善，最终形成了调研使用的正式问卷。因 2015 年提出了制造强国战略，党的十九大报告、二十大报告都强调制造强国的战略目标，所以调研对象选取了制造业中小企业。

由于没有公开的制造业中小企业名录作为统计上的样本框，委托第三方专业数据调查机构，以其数据库中的制造业中小企业名录为基础，选择我国长三角、珠三角和东部沿海等制造业比较发达，且中小企业较密集的省份，包括广东、江苏、山东、浙江等，按照随机抽样原则，在 2021 年 6 月至 10 月期间，分两次开展问卷调查，被访者均为企业高级管理人员。其中，第一轮收回问卷共 150 份，剔除填写信息不完整、前后填写矛盾、填写答案大量相同或相似，以及实际完成时间不足 5 分钟的无效问卷 45 份。第二轮收回问卷 140 份，按第一轮问卷筛选规则，剔除了 35 份无效问卷。最终获得了 210 份有效问卷，样本分布特征见表 3-1。进一步对问卷测量题项的均值、标准差、偏度与峰度进行统计分析，样本偏度与峰度结果符合分布要求，一定程度上认为本研究所采集的数据适合做进一步的回归分析。

表 3-1　样本分布特征

样本特征	数量	百分比
制造业类型		
食品制造业	32	15.2
纺织制造业	20	9.6
轻工制造业	20	9.5
金属机械制造业	66	31.5
化工制造业	14	6.7
汽车制造业	14	6.7
石化橡胶制造业	13	6.2
电子通信制造业	20	9.6
其他	11	5.0
公司年龄（存在年限）		
<10 年	46	21.9
10~20 年	113	53.8
≥20 年	51	24.3
公司规模（员工数量）		
<100 人	13	6.2
100~299 人	42	20.0
300~499 人	50	23.8
500~999 人	45	21.4
≥1000 人	60	28.6

续表

样本特征	数量	百分比
年销售额（百万元）		
<50	14	6.7
50（含）~100	28	13.3
100（含）~200	49	23.3
≥200	119	56.7
CEO（或老板）学历		
本科及以下	75	35.7
本科以上	135	64.3
CEO（或老板）是否有海外背景		
是	100	47.6
否	110	52.4

3.3.2 研究方法

在前述理论分析基础上，本部分选择基于方差的 PLS-SEM 结构方程模型对研究假设进行实证检验，基于方差的 PLS-SEM 模型与基于协方差的 SEM 模型更适合进行探索性的预测研究（池毛毛等，2020），且 PLS 模型可以最大化因变量的解释力（张振刚等，2022）[127]。Dijkstra 等（2015）[128]发展了 PLS 估计方法，一定程度上克服了 PLS-SEM 估计不一致问题，即采用渐进正态估计来解决估计不一致问题，核心在于使用两阶段最小平方法，属于一种基于有限信息的技术（萧文龙，2018）[129]。基于 PLS-SEM 研究方法，以及样本量等实际情况，本部分使用 Smart PLS 软件进行相应的数据和模型处理。参照已有研究文献的做法，使用一致性估计的 PLS 方法和 Bootstrap 方法对设定的理论模型进行数据验证。

3.3.3 变量测量

本部分所使用的变量采用国内外成熟量表进行测量，并采用 7 级 Likert 量表评分。为保证质量，参考已有文献研究（谢康等，2020；池毛毛等，2020），主要进行以下处理：一是采用英文量表普遍采用的

“翻译—回译”程序，该过程主要由具有北美学习经历的教师和博士研究生共同完成，以确保问卷翻译的准确性；二是在预调研的过程中，通过对企业管理人员的访谈，并结合专家意见对部分题项进行修订完善，减少语义模糊或歧义，以最大限度地保证调研对象对题项的理解一致。

（1）数字技术。数字技术以大数据、物联网、云计算、区块链等新一代信息技术为表征，具有可复制性、可编辑性和可转移性等特征（Nambisan et al.，2017），有助于中小企业实现内外部资源重构，以及流程和结构优化，从广度和深度两方面影响中小企业的资源交互和价值挖潜（陈庆江等，2020），进而影响企业创新。根据已有的文献，从数字技术应用广度和数字技术应用深度两个维度进行数字技术的测量。其中：①数字技术应用广度的测度借鉴 Aral 等（2007）[130] 和 Nwankpa 等（2017）[131] 的研究，涉及我们公司使用数字技术驱动新业务流程、我们公司利用数字技术推动变革、我们公司的业务运营正转向利用数字技术、我们公司正在运营基于数字化技术的商务流程、我们公司正在整合数字化技术来重塑业务流程、我们公司的商务运营正在向利用数字化技术方向转型等六个题项。②数字技术应用深度的测度主要借鉴王核成等（2021）[132] 的研究，具体包括我们公司的营销管理实现了数字化、我们公司的生产制造管理实现了数字化、我们公司的研发管理实现了数字化、我们公司的采购管理实现了数字化、我们公司的人力资源管理实现了数字化、我们公司的财务管理实现了数字化等六个题项。

（2）资源获取。根据资源基础理论，资源是企业创造价值的基础。中小企业在创新过程中往往面临资源约束，通过资源获取一定程度上可缓解这一问题（綦良群等，2022）。资源获取意味着可以将外部资源转化为企业可以使用的内部资源，降低了资源约束的不利影响。对资源获取的测量主要是参考借鉴 Cui 等（2015）、吕斯晓等（2021）的研究，并考虑我国中小企业数字化转型的实践，确定了中小企业利用数字技术获取外部资源如何测量，具体问项包括我们公司使用数字技术访问合作伙伴数据资源、我们公司使用数字技术实现与合作伙伴系统对接、我们公司使用数字技术实现与合作伙伴数据交互、我们公司使用数字技术可从合作伙伴处获取资源等四个题项。

（3）资源拼凑。资源拼凑是通过将就着用、手头资源和组合资源等方式，集中有效利用被低估的、闲置的或丢弃的资源以满足既定需求的资源整合途径（Senyard et al.，2014），即资源拼凑可被认为是"通过结合现有资源和节约成本进行拼凑的过程"。根据已有的文献，并进一步结合我国中小企业创新的实践，借鉴 Salunke 等（2013）[133]、Senyard 等（2014）的研究，选取使用数字技术以挑战传统商业实践的方式组合资源、使用数字技术从未被充分利用资源中获取价值的方式组合资源、使用数字技术以获取创新解决方案的方式配置资源三个题项来测度资源拼凑。

（4）中小企业创新。参考 Zhang 等（2018）[134]、Acur 等（2012）[135]、谢康等（2020）的相关研究，并进一步结合了我国中小企业创新实践，从创新质量、创新效果、创新速度、创新成本、创新成功率等五个方面测量中小企业创新，具体包括我们公司的新产品质量更高、我们公司的新产品能更好地满足需求、我们公司的新产品开发速度更快、我们公司以合理价格提供新产品、我们公司新产品开发成功率更高五个题项。

（5）控制变量。由于企业层面的特征因素也会对中小企业创新绩效产生影响，参考 Zhang 等（2018）、刘德胜等（2022）的研究，选择企业年龄、企业规模、行业三个指标作为模型的控制变量。其中，企业年龄测量方法为注册年到 2021 年的时间跨度，企业规模的测量方法为近三年平均销售额的自然对数，行业分类按照 GB/T 4754—2017 的标准，分别设置虚拟变量用于测度不同类型的行业。

3.3.4　信度与效度检验

本部分的分析使用 Smart PLS 和 SPSS 软件进行信度和效度检验。首先，使用 Smart PLS 进行验证性因子分析，所有构念的标准化因子载荷值均大于 0.7（见表 3-2），满足标准化因子载荷一般标准。同时，Cronbach's Alpha 系数均大于 0.7，说明量表的内部一致性较好，且各构念的组合信度（Composite Reliability，CR）系数也都超过 0.75，表明构念的信度良好。其次，模型中使用的均为国内外成熟量表，在相关研究中被多次采用，一定程度上保障了量表的内容效度。各构念的平均方差抽取变异（AVE）值均大于 0.5，说明具有较好的收敛效度。

表 3-2 变量的信效度分析结果

构念	测量题项	载荷值	Cronbach's Alpha	CR	AVE
数字技术应用广度（Width）	我们公司使用数字技术驱动新业务流程	0.799	0.758	0.898	0.596
	我们公司利用数字技术推动变革	0.741			
	我们公司的业务运营正转向利用数字技术	0.749			
	我们公司正在运营基于数字化技术的商务流程	0.800			
	我们公司正在整合数字化技术来重塑业务流程	0.758			
	我们公司的商务运营正在向利用数字化技术方向转型	0.784			
数字技术应用深度（Depth）	我们公司的营销管理实现了数字化	0.818	0.718	0.890	0.600
	我们公司的生产制造管理实现了数字化	0.783			
	我们公司的研发管理实现了数字化	0.750			
	我们公司的采购管理实现了数字化	0.773			
	我们公司的人力资源管理实现了数字化	0.750			
	我们公司的财务管理实现了数字化	0.770			
资源获取（Acquire）	我们公司使用数字技术访问合作伙伴数据资源	0.770	0.719	0.847	0.581
	我们公司使用数字技术实现与合作伙伴系统对接	0.771			
	我们公司使用数字技术实现与合作伙伴数据交互	0.774			
	我们公司使用数字技术可从合作伙伴处获取资源	0.732			
资源拼凑（Bricolage）	使用数字技术以挑战传统商业实践的方式组合资源	0.756	0.723	0.824	0.609
	使用数字技术从未被充分利用资源中获取价值的方式组合资源	0.811			
	使用数字技术以获取创新解决方案的方式配置资源	0.773			

续表

构念	测量题项	载荷值	Cronbach's Alpha	CR	AVE
中小企业创新（Innovation）	我们公司的新产品质量更高	0.775	0.772	0.860	0.552
	我们公司的新产品能更好地满足需求	0.739			
	我们公司的新产品开发速度更快	0.791			
	我们公司以合理价格提供新产品	0.831			
	我们公司新产品开发成功率更高	0.774			

从表 3-3 的结果可以看出，各变量 AVE 值的平方根均大于该构念与其他构念的相关系数，表明量表的区分效度较好。

表 3-3　描述性统计与区分效度检验

变量	均值	标准差	1	2	3	4	5
1. 数字技术应用广度	4.790	0.687	***0.775***				
2. 数字技术应用深度	4.843	0.682	0.640	***0.772***			
3. 中小企业创新	4.889	0.570	0.525	0.575	***0.743***		
4. 资源拼凑	4.582	0.802	0.596	0.588	0.584	***0.780***	
5. 资源获取	4.721	0.690	0.609	0.630	0.521	0.502	***0.762***

注：斜体加粗的数值为相对应变量 AVE 值的平方根。

进一步采用 Heterotrait-Monotrait 比率检验区分效度，该方法在结构方程模型中的灵敏度更高（池毛毛等，2020）。表 3-4 的检验结果表明，数字技术、资源获取、资源拼凑、中小企业创新等变量的 Heterotrait-Monotrait 比率值均小于 0.85 的阈值标准（Henseler et al.，2015）[136]，这更好地说明了本部分使用的量表具有很好的区分效度。

表 3-4　Heterotrait-Monotrait 检验结果

变量	1	2	3	4	5
1. 数字技术应用广度					
2. 数字技术应用深度	0.759				
3. 中小企业创新	0.791	0.849			
4. 资源拼凑	0.735	0.713	0.757		
5. 资源获取	0.825	0.849	0.783	0.809	

以上分析结果说明，本部分所使用变量的测量模型都可以满足信度和效度的检验要求，可以进行后续的实证分析检验。

3.3.5 同源方差与无响应偏差

已有的关于同源方差问题的处理方法包括事前程序控制和事后检验（Podsakoff et al.，2003）[137]。事前程序控制：一是变量题项的设计主要采用了国内外成熟量表，可以减少歧义或语义模糊等问题；二是通过第三方匿名调查方式完成问卷调查，同时不向应答者透露本次调查的目的，以尽可能控制社会期望效应问题。事后检验：利用 Harman 的单因素方法对所有测量问项做探索性因子分析（Lindell et al.，2001）[138]，第一个未旋转因子的累计贡献率为 29.87%，小于 50%的门槛值，即本研究不存在单一因子解释所测变量大部分方差的问题，一定程度上可认为同源方差不会对结果造成显著的影响。

关于无响应偏差（Non-response bias）问题主要是借鉴了 Zhang 等（2018）的处理方法，即检验按照时间顺序收集的两轮数据在销售额、员工人数、企业年龄等方面是否存在显著差异。表 3-5 的数据检验结果表明，三个指标的 t 值在 0.05 水平上都不显著，这表明前后两轮收集的数据不存在统计意义上的显著差异，即本研究所使用的数据不会受到无响应偏差问题的影响（Scott et al.，1977）[139]。

表 3-5　无响应偏差检验

	Time=0	Time=1	系数	t 值
企业销售额	4.279	4.321	-0.042	-0.32
企业年龄	3.962	3.934	0.028	0.23
企业规模	3.481	3.443	0.037	0.21

3.4 数字技术影响中小企业创新的效应分析

关于数字技术影响中小企业创新的效应检验，主要包括全模型检验、中介效应检验和交互效应检验三种类型。其中，数字技术影响中小企业创新的全模型（或结构模型），使用两阶段的偏最小二乘法估计，同时采用

PLS 方法以得到一致性估计；资源获取、资源拼凑的中介效应检验，使用相对更稳健的 Bootstrapping 重复抽样程序；数字技术应用广度和数字技术应用深度的交互效应检验，选择了逐步回归方法（Step by Step），在进行交互作用分析之前首先对数字技术应用广度和数字技术应用深度进行中心化处理，以避免可能存在的共线性问题。

3.4.1　数字技术影响中小企业创新的全模型分析

数字技术影响中小企业创新的全模型分析使用了一致性的 PLS 估计方法，为确保结果的稳健性，采用 5000 次的 Bootstrapping 方法，具体结果如图 3-2 所示。

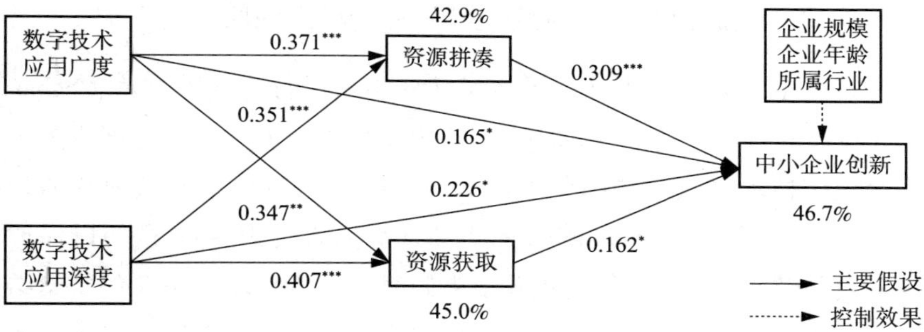

图 3-2　数字技术影响中小企业创新的全模型分析结果

注：*** 表示 $p<0.001$，** 表示 $p<0.01$，* 表示 $p<0.05$。

模型的 SRMR 指标值为 0.075，NFI 为 0.792，这在一定程度上说明模型拟合效果较好。根据图 3-2 和表 3-6 报告的检验结果：①数字技术应用广度对资源拼凑（$\beta=0.371$，$p<0.001$）和资源获取（$\beta=0.347$，$p<0.01$）有显著的正向影响，数字技术应用深度显著正向影响资源拼凑（$\beta=0.351$，$p<0.001$）和资源获取（$\beta=0.407$，$p<0.001$），H3-1 和 H3-2 得到验证；②数字技术应用广度显著影响中小企业创新（$\beta=0.165$，$p<0.05$），数字技术应用深度显著影响中小企业创新（$\beta=0.226$，$p<0.05$），H 3-3得到验证；③资源拼凑显著影响中小企业创新（$\beta=0.309$，$p<0.001$），资源获取显著影响中小企业创新（$\beta=0.162$，$p<0.05$），H3-4 和 H 3-5得到验证。

表 3-6　PLS 全模型分析结果

	初始样本	样本均值	标准差	t 统计量	p 值
数字技术应用广度→中小企业创新	0. 165	0. 112	0. 081	2. 037	0. 042
数字技术应用广度→资源拼凑	0. 371	0. 379	0. 080	4. 617	0. 000
数字技术应用广度→资源获取	0. 347	0. 340	0. 114	3. 035	0. 002
数字技术应用深度→中小企业创新	0. 226	0. 226	0. 093	2. 427	0. 015
数字技术应用深度→资源拼凑	0. 351	0. 346	0. 089	3. 939	0. 000
数字技术应用深度→资源获取	0. 407	0. 420	0. 105	3. 888	0. 000
资源拼凑→中小企业创新	0. 309	0. 305	0. 076	4. 082	0. 000
资源获取→中小企业创新	0. 162	0. 171	0. 081	1. 997	0. 046

3. 4. 2　资源获取、资源拼凑的中介效应检验

常用的中介效应检验方法包括三种：Baron 的三阶段方法、Sobel 检验、Bootstrap 方法。其中 Bootstrap 方法由于更稳健的特性，逐渐成为主流的中介效应检验方法。本部分采用 Bootstrap 方法进行中介效应检验，在 Smart PLS 软件中将 Bootstrapping 的再抽样次数设定为 5000 次，以保证可以得到更稳健的结果，具体的检验结果如表 3-7 所示。表 3-7 的检验结果表明，95%置信区间的上限和下限之间均不包括零值，这说明资源获取和资源拼凑在数字技术和中小企业创新之间具有显著的中介作用。由此，H3-6 和 H3-7 得到验证，一定程度上反映了资源获取和资源拼凑在数字技术和中小企业创新之间的重要作用。

表 3-7　中介效应的 Bootstrapping 检验结果

中介影响路径	估计值	95%置信区间		95%偏差修正置信区间	
		下限	上限	下限	上限
数字技术应用广度→资源拼凑→中小企业创新	0. 115	0. 047	0. 201	0. 049	0. 206
数字技术应用深度→资源拼凑→中小企业创新	0. 109	0. 039	0. 183	0. 048	0. 198
数字技术应用广度→资源获取→中小企业创新	0. 056	0. 003	0. 132	0. 004	0. 143
数字技术应用深度→资源获取→中小企业创新	0. 066	0. 004	0. 168	0. 005	0. 171

3.4.3　数字技术应用广度和数字技术应用深度的交互效应检验

在前述理论分析的基础上，本部分采用了逐步回归方法实证检验数字技术应用广度和数字技术应用深度的交互作用对中小企业创新的影响，检验结果如表 3-8 所示。模型（5）中纳入交互项时，首先对数字技术应用广度和数字技术应用深度做中心化处理再构造交互项，以消除可能的多重共线性问题，同时在逐步回归分析过程中，对模型的 VIF 值进行了检验，结果显示模型不存在严重的多重共线性问题。

数字技术应用广度和数字技术应用深度的交互效应检验过程如下：表 3-8 模型（1）只加入企业年龄、企业规模和所属行业三个控制变量；模型（2）在模型（1）的基础上加入数字技术应用广度，结果表明数字技术应用广度对中小企业创新有显著的正向影响（$\beta=0.414$，$p<0.001$）；模型（3）在模型（1）的基础上加入数字技术应用深度，结果表明数字技术应用深度对中小企业创新有显著的正向影响（$\beta=0.461$，$p<0.001$）；模型（4）在模型（1）的基础上同时加入数字技术应用广度和数字技术应用深度，数字技术应用广度（$\beta=0.203$，$p<0.01$）以及数字技术应用深度（$\beta=0.343$，$p<0.001$）都对中小企业创新产生显著正向影响；模型（5）在模型（4）的基础上，加入数字技术应用广度和数字技术应用深度的交互项，交互项系数显著为正（$\beta=0.166$，$p<0.01$），即数字技术应用广度和数字技术应用深度在推动中小企业创新方面具有互补作用，H3-8 得到验证。

表 3-8　数字技术应用广度与数字技术应用深度的交互效应检验结果

变量	中小企业创新				
	（1）	（2）	（3）	（4）	（5）
企业年龄	0.011 （0.046）	0.025 （0.039）	0.019 （0.038）	0.024 （0.036）	0.039 （0.038）
企业规模	0.080*** （0.030）	0.002 （0.027）	0.018 （0.029）	−0.004 （0.028）	−0.010 （0.026）
所属行业	−0.004 （0.076）	−0.034 （0.067）	0.009 （0.064）	−0.009 （0.063）	−0.004 （0.062）

续表

变量	中小企业创新				
	(1)	(2)	(3)	(4)	(5)
数字技术应用广度		0.414*** (0.081)		0.203** (0.080)	0.233*** (0.084)
数字技术应用深度			0.461*** (0.072)	0.343*** (0.084)	0.425*** (0.084)
数字技术应用广度×数字技术应用深度					0.166** (0.070)
截距项	5.572*** (0.215)	3.399*** (0.499)	3.049*** (0.466)	2.637*** (0.499)	1.888*** (0.494)
N	210	210	210	210	210
Adj_R^2	0.019	0.239	0.308	0.339	0.371

注：***表示 $p<0.001$，**表示 $p<0.01$；括号中数值为稳健标准误。

3.5 研究结论

数字中国和网络强国战略相继提出，信息化与工业化“两化融合”，这些政策使得数字技术与企业融合发展得到了进一步推进。在此背景下，本部分构建了数字技术如何通过资源获取和资源拼凑影响中小企业创新的理论模型。首先采用问卷调查方式收集我国制造业中小企业有关数字技术、资源获取、资源拼凑、中小企业创新，以及其他特征因素等方面的数据。然后利用 PLS-SEM 结构方程模型，探究数字技术影响中小企业创新的路径。这不仅拓展了现有文献的研究，还对准确理解数字技术的微观作用，对深入推动数字技术与中小企业融合发展，具有重要理论和现实指导意义。根据理论分析与实证检验，主要得到以下研究结论：

（1）数字技术对中小企业创新存在显著的提升作用。具体而言，数字技术通过数据挖掘、信息共享和知识整合，为中小企业创新提供了便捷的信息交流平台，促进了信息的互动，掌握较多信息资源为产品和服务创新提供方向。这一研究结果表明，中小企业开展数字化转型是必要的，也是其实现创新发展的重要基础保障。也就是说，中小企业需根据实际资源禀赋，有效应用数字技术，化解创新过程中的资源约束，以更好地推动企业创新。以往研究更多地集中于数字技术与企业创新，但很少关注数字技术对中小企业创新影响的理论分析和实证检验。研究数字技术对中小企业创新的影响，不仅有助于丰富中小企业创新的影响因素研究，还对促进中小企业创新发展具有重要参考意义。

（2）数字技术能够通过资源获取正向影响中小企业创新。根据 SEM-PLS 模型和中介效应模型的分析结果：数字技术影响中小企业创新的路径之一是资源获取。如何通过数字技术快速、经济、便捷地获得创新所需要的外部信息和资源，已经得到了越来越多的关注。通过本部分的实证检验发现，资源获取对中小企业创新产生了积极的影响。中小企业利用数字技术提高对外部各种资源的获取能力，即数字技术已成为中小企业改善资源配置的可行途径，也是中小企业化解创新资源约束的重要选择。

（3）数字技术可以通过资源拼凑正向影响中小企业创新。通过 SEM-PLS 模型和中介效应模型的实证检验分析，本部分揭示了数字技术影响中小企业创新的另外一条路径，即数字技术通过赋能资源拼凑影响中小企业创新。根据前述理论分析，资源拼凑是中小企业有效利用手头现有资源的可能途径。本部分进一步分析了资源拼凑和中小企业创新的关系，发现资源拼凑对提升中小企业创新绩效具有积极的作用。也就是说，中小企业在化解创新过程中可能的资源约束问题时，可以通过资源拼凑实现创造性地利用闲置或被废弃的资源，进而促进中小企业创新，进一步说明资源拼凑在数字技术与中小企业创新关系中的重要性。

（4）中小企业应用数字技术的过程中，对数字技术应用的广度和深度均对中小企业创新绩效具有积极的正向作用，并且二者之间存在一种互补关系。根据对数字技术应用广度和数字技术应用深度交互作用的实证检验，两个维度对中小企业创新的作用互为正向调节关系，即两者之间是一种互补作用关系。这一研究结果也为探讨数字技术在中小企业创新中的作用机理提供了新证据，同时也为中小企业有效平衡好数字技术的应用广度和应用深度提供了佐证，进一步说明二者对中小企业创新绩效的重要性。

第4章 数据资源成为中小企业创新要素的实现机制

本章是在前述数字技术对中小企业创新资源约束缓释机制分析基础上，探讨数据资源转化为创新要素的实现机制。已有研究指出，大数据应用可以让企业受益，但是在实践过程中仍有大量企业无法通过使用数据提升绩效水平（Wu et al.，2020）[140]。这表明数据从理论上的生产要素变为创新过程中的实际生产要素还存在一个转化机制，所以探讨数据如何转化成为中小企业创新的生产要素，对其提高创新能力有十分重要的理论研究意义和现实价值。首先，通过分析数据成为创新要素的实践与制度背景，为探讨数据成为中小企业创新要素的实现机制提供背景条件。其次，提出并构建“数据资源—数据分析—研发双元能力—中小企业创新”的链式中介与调节模型，从理论层面揭示数据成为中小企业创新资源要素的实现机制。在此基础上，通过问卷调查方式获取数据，选择基于方差的 PLS-SEM 结构方程模型，实证检验了数据资源成为中小企业创新要素的实现机制。通过探索数据资源转化为创新要素的路径，构建形成数据驱动中小企业创新的实现机制，不仅拓展了资源转化机制，而且为中小企业利用数据资源开展创新实践提供了重要的理论启示和实践参考。

4.1 数据资源成为创新要素的现实需求与研究进展

随着信息技术与经济社会的融合，全球加速迈进数字经济时代，以人工智能、大数据、云计算等为代表的数字技术应用，表现出数据偏向型技术进步特征。党的十九届四中全会首次提出将数据作为生产要素参与收益分配，数据成为继土地、劳动力、资本、技术之后的第五生产要素。数据要素是个人、企业所形成的各种信息和数据（陆岷峰，2023）[141]，是数字技术广泛应用的结果和数字经济时代重要的新生产要素，也是驱动数字经济发展的新引擎。近年来，我国企业在推动数据要素化方面取得了一系列新进展。例如，盒马鲜生通过自身拥有的大数据系统，利用大数据技术和算法实现了生鲜类产品的精准管理，根据生鲜类产品的实时大数据分析，一方面可帮助企业管理层做出精准决策，另一方面可及时将生鲜产品的折扣等相关信息推送给消费者。盒马鲜生基于数据与算法的结合，重新定义了数据的本质，真正让数据发挥了价值。微信基于用户交互信息进行数据挖掘，通过持续的迭代更新开发了小程序、视频号等一系列功能，在企业和用户间建立丰富的连接，更好地满足企业和个人用户的实际需求。也就是说，数据的作用是打通物理空间和网络空间的连接，即数据采集—状态感知—实时分析—精准决策，最终达到实现资源配置优化和价值创造的目的。综合来看，企业可以基于实时获取的数据深入挖掘用户需求，通过重构资源组合，快速推动产品创新迭代，对市场机会做出响应。同时，企业还可以基于数据要素，获取多源、多样、鲜活的市场信息（陶长琪、丁煜，2022）[142]，有助于降低信息不对称以及不确定性造成的创新风险，一定程度上有助于促进中小企业创新活动开展并提升中小企业的创新成功率。

为发挥数据要素价值，我国推出一系列数据要素化的针对性政策措施。2022 年 12 月，《中共中央　国务院关于构建数据基础制度更好发挥数据要素作用的意见》（以下简称“数据二十条”）① 出台。“数据二十条”是我国第一份针对数据交易的国家专项政策文件，旨在激发数据要素潜能，发挥海量数据的规模和应用场景优势，也为我国构建统一的数据要素市场提供重要基础。当前，一些地区已经开始先行先试。例如，2022 年 11 月15 日，深圳数据交易所正式设立。截至 2022 年底，深圳数据交易规模超 12 亿元，市场参与主体 551 家②。而到了 2023 年 1 月 31 日，数据交易累计金额已达到 14 亿元，市场参与主体增加到 605 家③。2023 年 2 月，深圳发改委印发《深圳市数据交易管理暂行办法》（深发改规〔2023〕3 号），构建了数据价值评估指标体系，首次明确地划分了数据标的类型，为促进数据要素流通提供了参考标准。

① 中国政府网，http：//www. gov. cn/zhengce/2022-12/19/content_5732695. htm.

② 广东省人民政府港澳事务办公室，http：//hmo. gd. gov. cn/ygahz/content/post_4076750. html.

③ 贵州综合信息网，http：//xxzx. guizhou. gov. cn/dsjzsk/zcwj/202303/t20230313_78442564. html.

此外，数据在微观企业发展中的作用也得到了理论层面的广泛关注。一是要素匹配的视角，如陶长琪等（2022）以制造业企业为研究对象，从数据要素与人力资本匹配角度展开分析，发现二者的匹配有助于显著促进企业创新质量的提升；二是数据赋能的视角，如刘启雷等（2022）[143]采用案例研究方法，从数据要素赋能角度，分别从供给侧和需求侧阐释数据要素影响企业创新和实现价值创造的逻辑，即“单维赋能—多维赋能—联动赋能”；三是数据特征的角度，如 Ghasemaghaei 等（2020）[144]基于一手的问卷调查数据，分析大数据的数量大（Volume）、速度快（Velocity）和多样性（Variety）的特征对创新绩效的影响，他们也发现企业可以通过大数据改善组织学习能力，这也是企业先发优势的基础。基于前述关于企业实践和理论层面的梳理，如何发挥数据在企业发展中的重要作用，已成为理论研究的重点和难点问题。为此，本章在已有研究的基础上，着重探讨数据成为创新要素的实现机制，即从资源和能力相结合的角度构建从数据资源到创新价值实现的链式中介路径模型，对这一问题的探讨，不仅可以为企业数据要素实践提供理论参考，也有助于丰富组织管理方面的理论研究。

4.2 数据资源成为中小企业创新要素的理论模型

随着我国数字经济的快速发展，数字基础设施建设取得了长足进步，5G 网络、IPv6 规模部署，各类型数据终端设备大量接入，这一系列新变化加速了企业数字化转型进程，全社会数据量已经迈入 ZB 时代。对中小企业而言，应用海量数据，将海量数据与场景结合，释放海量数据的价值，对充分发挥数据赋能的乘数效应和促进企业创新发展的重要性更加凸显。因此，探讨数据价值的实现机制就成为数据要素化的重要命题。本节基于资源基础理论重点分析数据要素驱动中小企业创新的实现机制，从理论层面刻画数据资源成为中小企业创新要素的内在逻辑。

4.2.1 数据资源成为创新要素的现实条件

从农业经济到工业经济再到数字经济的历史发展进程，反映了人类对世界的认识处于不断深化的过程中，每一个历史阶段都伴随新生产要素的产生。数据成为生产要素是历史的必然，也是时代赋予的特征，具有现实的可能性和可行性。数字经济发展阶段，以人工智能、大数据、云计算、物联网等数字技术为代表的通用技术应用，呈现数据偏向型技术进步特征，使企业内部、企业与企业、企业与客户、企业与政府之间的各种生产数据、消费数据、交互数据等，都可以便捷地被采集、存储和整合，海量的用户数据、生产数据、政务数据等不同类型的数据随之产生。近五年来，我国的数据产量年均复合增长率超过了 20%，数据产量已经位居世界第二。海量数据存量以及持续的数据产量增长，为不断地开发利用和深挖数据价值，使数据成为生产要素，提供了数量基础，同时为发挥和释放数据在创新中的要素作用创造了根本条件。

数据作为生产要素的地位已上升到国家战略层面，成为经济社会高质量发展的重要基础。2017 年，十九届中央政治局第二次集体学习时，习近平总书记就强调了“要构建以数据为关键要素的数字经济”。2019 年，党的十九届四中全会通过《中共中央关于坚持和完善中国特色社会主义制度　推进国家治理体系和治理能力现代化若干重大问题的决定》，首次提出数据作为生产要素参与分配①。2020 年，我国第一份关于要素市场化配置的文件——《中共中央　国务院关于构建更加完善的要素市场化配置体制机制的意见》印发，提出加快数据要素市场培育，提升数据资源价值②。2022 年，《求是》杂志刊发了习近平总书记重要文章，其中指出，“数据对传统生产方式变革有重要作用，要充分发挥海量数据和丰富应用场景优势”③，数据与应用场景的结合可以促进创新实践的形成。这反映出在政策层面对数据的重视程度已提升到国家战略高度，构建形成数据要素化的顶层设计，也为数据要素化提供了制度保障。

从以上分析可以看出，我国不仅拥有规模庞大的数据资源，具备价值创造的数据基础，而且已开始建立数据要素市场化的配套政策，为数据要素渗透到生产、分配、交换和消费的每个环节提供制度可能。简言之，数据成为中小企业创新的可能要素已经具备数量基础和制度基础。然而，数据自身不能直接创造价值，企业只有将数据提炼为知识并用于企业决策环节（Chen

① 中国政府网，http：//www. gov. cn/xinwen/2019-11/01/content_5447495. htm.

② 造物鼎新开画图——习近平总书记指引我国数字经济高质量发展纪实［J/OL］. 中国网信，2022-044. https：//www. ccps. gov. cn/xtt/202207/t20220722_154465. shtml.

③ 中国政府网，http：//www. gov. cn/xinwen/2022-01/15/content_5668369. htm.

et al.，2015)[145]，才能释放数据的价值创造作用。所以，中小企业还需利用数据分析工具，使数据转化为现实的创新要素成为可能。

4.2.2 数据资源、数据分析与中小企业创新

数据是数字经济社会发展不可或缺的基础资源。根据已有文献研究，大数据这种资源具有提升企业动态能力的作用（谢康等，2020）。然而，拥有数据资源并不能为企业带来竞争优势，企业需要通过充分的数据分析，有效挖掘数据要素的价值。例如，企业可以利用大数据处理与分析技术促进双元能力的提升。在企业创新过程中，双元能力是指研发利用能力和研发探索能力，研发利用能力强调对现有能力的巩固，而研发探索能力则强调不断地变革与创新。因此，接下来将分析提出数据成为创新要素的理论假设，以期从理论层面给出数据成为创新要素的基本逻辑，最终为数据要素价值创造提供微观证据。

（1）数据资源与数据分析。

Barney（1991）指出资源包括企业拥有或控制的资产、知识、信息等。资源也是中小企业的重要构成基础，如人、财、物等（刘德胜、陈加奎，2015)[146]。而数据资源是指以数据作为企业发展要素，是企业由过去的事项形成且可以控制的资源，一般来自企业对外的数据交易行为和对内的数据采集活动（张俊瑞等，2020)[147]。对于中小企业而言，数据资源实际上是可用于企业运作的以数据形态存在的各种资源及其组合，也是中小企业用于自身经营活动以及可以对外交易共享的数据形态的资源。中小企业拥有或控制的数据资源的规模、类型等，反映了中小企业用于价值创造的数据资源潜能。具备经济价值创造属性的数据资源是基础性数据资源，而经济价值创造属性也是数据资源转化为数据资产的前提，以及实现数据价值的关键。这些基础性数据资源能够被用于分析处理，通过数据挖掘与解读形成有价值的信息，这一过程被称为数据分析（Akter et al.，2016)[148]。可以看出，数据资源一定程度上会影响中小企业使用数据分析技术进行决策的程度（谢康等，2020），即数据资源可能对中小企业数据分析质量产生影响，加深业务决策的科学程度。基于此，本章提出如下研究假设：

H4-1：中小企业数据资源会对数据分析产生显著的正向影响。

（2）数据资源与中小企业创新。

根据中国信息通信研究院2020—2022年三年间连续发布的《全球数

字经济发展白皮书》，数字经济规模占 GDP 比重保持稳定的增长，超过 2/3 的企业提高了对数字技术的关注程度，这意味着数据已成为提高企业生产效率的重要资源，在驱动决策及提高绩效方面发挥着越来越重要的作用（Raguseo，2018）[149]。华为、腾讯、阿里、Google、Tesla 等诸多科技企业的发展实践表明，数据可为企业创新带来颠覆性的变化。数据作为生产要素的属性在政策层面得到认可，成为继土地、劳动、资本、知识、技术、管理等之后的重要生产要素，标志着数据从要素投入进入要素分配阶段，也体现出数据在驱动企业创新过程中的重要作用（刘海兵、王莉华，2021）[150]。具体来看，一方面，制度性交易成本不断降低，减少了用户等创新相关者的参与成本，使中小企业可以更低成本、更便捷地获取来自用户的需求数据，更好地满足市场需求，即数据资源可以改变企业创新方式；另一方面，根据已有的大数据相关文献，大数据资源建设可直接产生资源红利，提升企业的产品创新绩效（谢康等，2020），并且企业投入大数据资源使自身生产效率有明显的提高（Müller et al.，2018）[151]。基于此，本章提出如下研究假设：

H4-2：数据资源会对中小企业创新产生显著的正向影响。

（3）数据分析与中小企业创新。

数据是重要的资源，但数据本身并不能直接产生价值。因此，只有数据被有效利用才可更好地发挥价值创造能力。数字技术在实体企业中的广泛应用，为企业高效利用数据资源提供了基础。例如，海尔卡奥斯 COSMOPlat 平台、HOPE 创新平台等，都是通过对数据资源的采集、处理、应用，推动创新活动开展和实现新价值创造。从资源理论的角度，数据可以被看成静态的资源集合，它需要借助于其他相关技术进行挖掘才能发挥作用，数据分析通常被认为是实现数据资源转换的关键环节（Xu et al.，2016）[152]，主要是因为数据分析可帮助企业决策者从庞大和复杂的数据中找到新发现，比如分析得到可用于新产品开发的用户需求、技术知识，促进企业新产品开发并成功实现产品创新（Lin et al.，2019）[153]。与此同时，数据分析还可帮助企业优化组织能力，对企业新产品开发产生显著的促进作用（Mikalef et al.，2019）[154]。因此，中小企业只有具有良好的数据分析能力，才能有效探知用户需求、降低不确定性，将产生的新知识应用于新产品开发过程中，更加精准地开发出符合市场预期和需求的新产品，实现数据从静态资源向有价值创新要素的转换，从而支持中小企业创新发展。基于此，本章提出如下研究假设：

H4-3：数据分析会对中小企业创新产生显著的正向影响。

（4）数据分析的中介作用。

根据前述分析可知，数据资源分别对数据分析、中小企业创新具有显著的正向影响，同时数据分析对中小企业创新也具有显著的正向影响。这在一定程度上反映出，数据资源、数据分析已成为推动中小企业创新发展的重要因素。其中，数据资源是中小企业创新的基础资源，而数据分析是数据资源价值实现的重要工具。即是说，当中小企业构建形成多样化、多维度的数据资源基础时，可通过利用数据技术建立数据之间的内在关联，挖掘得到有价值的需求、知识、技术等，从而为企业创新过程赋能。例如，大数据分析可为企业在创新过程中提高用户需求洞察、提升资源配置效率等提供重要支持（Vendrell-Herrero et al.，2017）[155]。如，酷特智能、Belly 鞋业等企业通过数据分析深挖数据资源，实现创新和价值创造。创新是一个不断迭代试错的过程，往往需要大量的重复测试，中小企业可通过对内部和外部数据资源的采集、分析，形成对新产品开发更充分、更精准、更客观的认知和理解，既能够降低创新迭代过程中的试错成本，也能够提高对市场需求的把握，有利于企业创新活动的开展。综合以上分析，数据资源可以通过数据分析对中小企业创新产生积极的作用。基于此，本章提出如下研究假设：

H4-4：数据分析在数据资源与中小企业创新之间发挥了中介作用。

4.2.3 数据分析、双元能力与中小企业创新

数据分析是一种具有复杂的多任务属性的过程，它能够持续地适应和应对变化。根据动态能力理论，数据分析对企业绩效的作用与组织的动态能力紧密相关（Chen et al.，2015），所以数据分析对中小企业创新的影响与能力因素存在关联。在有关组织双元能力的研究文献中，能力分为利用和探索两种类型。其中，探索是发现新的方法去解决问题，而利用是改进已有的方法去解决问题。本小节借鉴 Sanders（2008）[156]的研究，重点探讨研发双元能力，即研发探索能力和研发利用能力对数据分析与中小企业创新关系的链式中介作用。

（1）数据分析与研发双元能力。

研发双元能力是指企业在研发过程中需要的探索和利用并重的组织能力，在研发领域具有重要影响（晏梦灵等，2016）[157]。数字经济背景下，在数据资源对中小企业创新作用过程中，需要中小企业通过数据分析赋能研发双元能力。随着环境不确定性和动荡性越来越强，用户需求变化越来越快，产品迭代更新周期缩短，要求中小企业更敏捷地应对变化，这对中小企业创新和可持续发展带来更大的挑战。基于此，数据分析在中小企业创新中的作用越发重要：一方面，来自用户、供应商、竞争者渠道的数据，使中小企业可通过数据分析洞察数据中的基本规律，进而挖掘数据的潜在价值，即找到解决问题的新方法，从而影响中小企业的研发探索能力；另一方面，数据分析可以帮助中小企业从复杂多样的数据中获取服务于创新发展的知识，进而实现对原有数据资源的多元化重构，即通过赋能现有的资源配置，影响中小企业研发利用能力。根据以上理论分析，本章提出如下研究假设：

H4-5a：数据分析会对中小企业研发探索能力产生显著的正向影响。

H4-5b：数据分析会对中小企业研发利用能力产生显著的正向影响。

（2）研发双元能力与中小企业创新。

根据已有的文献研究，研发双元能力在消费者与企业之间形成的协同演化的动态能力具有相似性，这种相似有利于在企业产品设计中起重要促进作用（肖静华等，2014）[158]。具体来看，研发利用能力可以帮助企业不断优化原有产品和提升开发效率，研发探索能力通过破坏性的革新技术促进产品开发，从而提升企业新产品创新。Limaj 等（2019）[159]研究指出，研发利用能力强调中小企业对存量知识和资源的提取和筛选能力，焦点在于通过革新已有的技术等方式来优化和完善企业创新资源的配置，进而服务于中小企业创新过程；而研发探索能力着重强调中小企业如何在创新领域取得实质性突破，即其通过不断的新决策迭代来获取新知识、技术和能力（吕途等，2020）[160]，从而对中小企业创新起到积极的推动作用。根据以上理论分析，本章提出如下研究假设：

H4-6a：研发探索能力会对中小企业创新产生显著的正向影响。

H4-6b：研发利用能力会对中小企业创新产生显著的正向影响。

（3）数据分析、研发双元能力在数据资源与中小企业创新之间的链式中介作用。

基于前述对于数据资源与数据分析、数据分析与研发双元能力、研发双元能力与中小企业创新，以及数据分析在数据资源与中小企业创新之间的中介作用分析，本研究认为在数字经济快速发展的背景下，中小企业运营和发展过程中所产生的一系列数据资源，构成中小企业应对环境变化所需要的分析基础，这会影响其通过数据分析洞察用户需求和提高资源配置效率，进而对中小企业创新产生作用。具体来说，在中小企业拥有数据分析能力的前提下，能够将不同来源的各种知识加以整合并快速应用到产品创新过程，同时能够有效地筛选和处理来自用户、供应商和竞争者的新诉求、新想法等，并通过积极的评估将来自不同渠道的资源纳入新产品开发过程中，进而对中小企业创新产生积极的作用。以上分析表明，数据分析产生的数据价值需要通过研发探索能力和研发利用能力的中间传导机制，才能对中小企业创新发挥作用。也就是说，基于中小企业所拥有或使用的数据资源，数据分析能力将推动研发探索能力和研发利用能力的提升，从而提高中小企业创新能力。根据以上理论分析，本章提出如下研究假设：

H4-7a：数据分析、研发探索能力在数据资源和中小企业创新之间存在链式中介效应。

H4-7b：数据分析、研发利用能力在数据资源和中小企业创新之间存在链式中介效应。

（4）研发探索能力和研发利用能力的交互作用分析。

组织能力发展对新产品创新绩效具有一定的影响。研发双元能力作为特殊的组织能力，与企业创新之间具有较为密切的关系。中小企业比大型企业灵活性更高，容易构建形成双元组织（池毛毛等，2020）。研发探索能力和研发利用能力是同一事物的两个方面，即研发双元能力的两个不同维度，前者注重探索新的方面，后者则侧重改造现存的方面。根据资源基础理论，资源具有互补性特征，尤其是数据资源具有可复制性、可重复性、可编程性等特征，使研发利用能力和研发探索能力之间更容易形成互补关系，即二者对中小企业可能产生互补效应。此外，由于中小企业在创新过程中普遍存在资源约束，有效地处理好和平衡好研发探索能力和研发利用能力的关系，可以帮助中小企业提高内外部资源的配置效率，快速地推动产品迭代创新，进而促进中小企业创新水平的提升。因此，结合中小企业的特征和上述理论分析，本章提出如下研究假设：

H4-8：数字经济背景下，研发探索能力和研发利用能力在促进中小企业创新方面存在互补效应，即研发探索能力在研发利用能力和中小企业创新之间具有正向调节作用，研发利用能力在研发探索能力和中小企业创新之间具有正向调节作用。

4.2.4　数据资源成为中小企业创新要素的理论模型

根据前述理论分析，数据资源转换为中小企业创新要素的过程涉及了数据分析、研发探索能力和研发利用能力两个中间过程。由此，本文提出如图 4-1所展示的数据资源成为中小企业创新要素的理论模型。该模型描述了数据资源如何成为中小企业创新要素的实现过程，刻画了数据资源如何在中小企业创新过程中发挥要素作用的理论逻辑。对于所构建的理论模型来说，前置条件是中小企业已经实施数字化转型，拥有一定的数据资源存量和一定的数据分析能力，以及形成研发资源探索和利用并存的双元性组织。

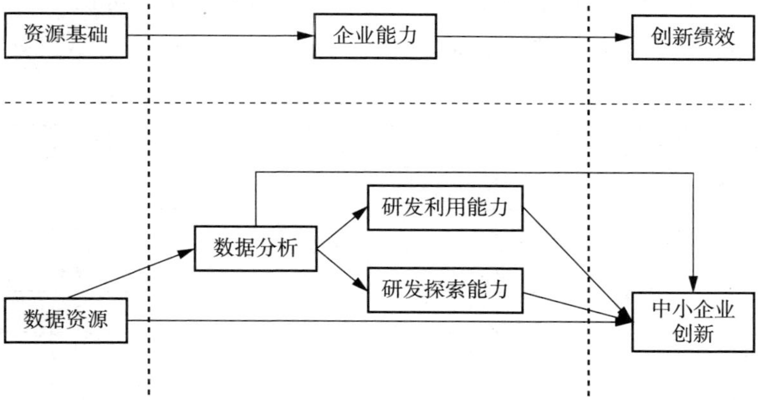

图 4-1　数据资源成为中小企业创新要素的概念模型

4.3　数据资源成为中小企业创新要素的实证设计

4.3.1　数据来源与样本特征

本部分所使用的数据均通过问卷调查方式获取。在正式实施调研之前，邀请了数字化转型、中小企业领域的三位研究专家和两位企业管理人员，就问卷涉及的相关题项的表达准确性、结构合理性，以及与企业实际的契合性等问题，征求五位专业人士意见，并修订相关的内容，进一步组织实施预调研工作。课题组访问了本地高校 MBA 课程的部分学员，然后对回收的问卷进行小样本分析，并根据受访 MBA 学员的意见对问卷的部分题项进行适当修订完善，最终形成了调研使用的正式问卷。本章所使用的数据来源与第 3 章一致，均通过委托专业的第三方数据调查机构，选择我国长三角、珠三角和东部沿海等制造业比较发达和中小企业相对密集的省份，主要涉及广东、江苏、山东、浙江等，按照随机抽样原则，分两次开展问卷调查，被访者均为企业高级管理人员。其中，第一轮收回问卷 150 份，剔除填写信息不完整、前后填写矛盾、填写答案大量相似以及实际完成时间不足的无效问卷 45 份。第二轮收回问卷 140 份，按照第一轮问卷的筛选规则，剔除 35 份无效问卷。最终获得 210 份有效问卷，样本分布特征如表 4-1 所示。进一步对有效问卷测量题项的均值、标准差、偏度与峰度进行统计分析，样本偏度与峰度结果符合分布要求，可认为本研究所采集的数据适合进行相关的实证分析。

表 4-1　样本分布特征

样本特征	数量	百分比
制造业类型		
食品制造业	32	15.2
纺织制造业	20	9.6
轻工制造业	20	9.5
金属机械制造业	66	31.5
化工制造业	14	6.7
汽车制造业	14	6.7
石化橡胶制造业	13	6.2
电子通信制造业	20	9.6
其他	11	5
公司年龄（存在年限）		
<10 年	46	21.9
10~20 年	113	53.8
≥20 年	51	24.3

续表

样本特征	数量	百分比
公司规模（员工数量）		
<100 人	13	6.2
100~299 人	42	20.0
300~499 人	50	23.8
500~999 人	45	21.4
≥1000 人	60	28.6
年销售额（百万元）		
<50	14	6.7
50~99	28	13.3
100~199	49	23.3
≥200	119	56.7
CEO（或老板）学历		
本科及以下	75	35.7
本科以上	135	64.3
CEO（或老板）是否有海外背景		
是	100	47.6
否	110	52.4

4.3.2　研究方法

根据前述对数据资源与中小企业创新关系的理论论述，以及研究问题的特殊性，本章选择基于方差的 PLS-SEM 结构方程模型对研究假设进行实证检验，基于方差的 PLS-SEM 模型与基于协方差的 SEM 模型更适合进行探索性的预测研究（池毛毛等，2020），且 PLS 模型能最大化因变量解释力（张振刚等，2022）。Dijkstra 等（2015）发展了 PLS 估计方法，一定程度上可以克服 PLS-SEM 估计不一致问题，即采用渐进正态估计来解决估计不一致问题。该估计方法的核心在于使用了两阶段最小平方法，属于一种基于有限信息的技术（萧文龙，2018）。基于本章选择的 PLS-SEM 研究方法，以及样本量等实际情况，使用 Smart PLS 软件进行相应的数据和模型处理。借鉴已有研究文献的做法，使用一致性估计的 PLS 方法和 Bootstrap 方法对设定的理论模型进行数据验证。

4.3.3 变量测量

本章模型中的变量都是采用国内外成熟量表，并用7级Likert量表评分。为保证使用量表的质量，参考已有文献（谢康等，2020；池毛毛等，2020）的做法，主要进行以下处理：一是采用英文量表普遍采用的“翻译—回译”程序，该过程主要由有北美学习经历的教师和博士研究生共同完成，以确保问卷翻译的准确性；二是在预调研的过程中，通过对管理人员的访谈，并结合专家意见对部分题项进行修订完善，减少语义模糊或歧义，以最大限度地保证调研对象对调查问卷题项的理解一致。

（1）数据资源。

有关文献对数据资源的提法有所不同，如数字化资源、数据资源、数字资源、大数据资源等。谢卫红等（2020）[161]提出数字化资源是指数字化基础设施、数字技术、数据资源等，这一界定包括了数据资源的意思。张俊瑞等（2020）认为数据资源是企业由过去事项形成且可以控制的资源，来自企业对外数据交易和对内数据采集活动。谢康等（2020）从内外部资源获取、用于数据资源分析的大数据分析人才和用于数据资源分析的技术设备，以及资金等方面提出大数据资源的测量。在已有文献关于数据资源定义的基础上，本文认为数据资源是中小企业用于自身经营活动、可以对外交易共享的数据形态的资源。在此基础上，本章借鉴了谢康（2020）、谢卫红（2020）等的研究，采用以下四个题项测量数据资源：我们公司拥有多样化的数字资源、我们公司的活动以数字形式存储、我们公司的资源易于通过数字化方式处理、我们公司的数字资源使用很方便。针对不同的题项，采用了Likert-7点量表度量，取值从1“很不符合”到7“非常符合”。

（2）数据分析。

有关文献对于数据分析界定的侧重点有所不同。例如，Akter等（2018）指出数据分析是通过对数据资源的处理、挖掘与解读，形成有价值信息的过程，该定义把数据分析描述为一个过程概念。Lenka等（2017）从数据赋能的角度定义数据分析为可将产生的数据结果数字化，形成有价值的信息的能力。谢康等（2020）强调公司层面的大数据分析，如从大数据中获取高质量信息、利用大数据分析了解用户需求和竞争者的产品情况，以及在企业研发过程中的辅助作用。在此基础上，参考谢康（2020）、Lenka（2017）等的研究，本章主要采用五个题项对数据分析进行测量：我们公司利用数字技术得到有价值的信息、我们公司利用数字技术分析了解用户需求、我们公司利用数字技术分析了解竞争对手、我们公司利用数字技术辅助新产品的设计、我们公司数据分析人员能有效地配合研发。针对不同的题项，采用 Likert-7 点量表度量，取值从 1“很不符合”到 7“非常符合”。

（3）研发双元能力。

双元能力重点强调企业组织对探索和利用能力的并重，这在创新领域也得到较多关注。研发双元能力是创新的重要影响因素，同样强调探索与利用能力（Andriopoulos et al.，2009）[162]。根据 Im 等（2014）[163]对于组织能力的研究，本章认为研发探索能力是通过数据资源挖掘聚焦于对未来需求或规律的探索，而研发利用能力强调对现有数据资源的整合与利用。在此基础上，参考借鉴了晏梦灵等（2016）对研发双元能力的界定，以及池毛毛（2020）等关于研发双元能力的测量。其中，研发利用能力的测量题项包括：我们公司积极支持研发目标实现、我们公司注重利用相关资源开展研发活动、我们公司能有效地改善现有研发活动；研发探索能力的测量题项包括：我们公司的研发可灵活地根据市场变化做出响应、我们公司的研发可根据业务重点的变化快速调整、我们公司通过促进商务活动重组以应对外部变化。针对不同题项，采用 Likert-7 点量表度量，取值从 1“很不符合”到 7“非常符合”。

（4）中小企业创新。

对于中小企业来说，创新是企业活动中各种生产要素最具集成特征的环节。本章对于中小企业创新的测量主要参考 Zhang 等（2018）、Acur 等（2012）、谢康等（2020）的相关研究，并进一步结合我国中小企业创新实践，从创新质量、创新速度、创新成本、创新效果、创新成功率等五个方面构建形成中小企业创新的测量量表，测量题项包括：我们公司的新产品质量更高、我们公司的新产品能更好地满足需求、我们公司的新产品开发速度更快、我们公司以合理价格提供新产品、我们公司新产品开发成功率更高。针对不同的题项，采用 Likert-7 点量表度量，取值从 1“很不符合”到 7“非常符合”。

（5）控制变量。

根据有关中小企业创新的研究文献，企业层面的特征因素也会对创新产生影响，参考 Zhang 等（2018）、刘德胜等（2022）的相关研究，选择企业年龄、企业规模、所属行业三个指标作为模型的主要控制变量。其中，企业年龄的测量方法使用注册年到 2021 年时间跨度，行业分类按照 GB/T 4754—2017 分类标准设置虚拟变量，企业规模的测量方法使用了近三年平均销售额的自然对数。

4.3.4 信度与效度检验

本章使用 Smart PLS 和 SPSS 软件进行信度和效度检验。首先，使用 Smart PLS 进行验证性因子分析，所有构念的标准化因子载荷基本均大于 0.7（见表 4-2），满足标准化因子载荷一般标准。Cronbach's α 系数均大于 0.7，说明量表的内部一致性较好，且各构念的组合信度（Composite Reliability，CR）系数也都超过 0.75，表明构念的信度良好。其次，模型中使用的均为国内外成熟量表，在相关研究中被多次采用，一定程度上可以保障量表的内容效度。各构念的平均方差抽取变异（AVE）值均大于 0.5，说明具有较好的收敛效度。

表 4-2 信效度检验结果

变量	测量题项	载荷值	Alpha	CR	AVE
数据资源	我们公司拥有多样化的数字资源	0.762	0.773	0.824	0.540
	我们公司的活动以数字形式存储	0.759			
	我们公司的资源易于通过数字化方式处理	0.699			
	我们公司的数字资源使用很方便	0.718			
数据分析	我们公司利用数字技术得到有价值的信息	0.717	0.784	0.889	0.617
	我们公司利用数字技术分析了解用户需求	0.757			
	我们公司利用数字技术分析了解竞争对手	0.859			
	我们公司利用数字技术辅助新产品的设计	0.791			
	我们公司数据分析人员能有效地配合研发	0.795			
研发利用能力	我们公司积极支持研发目标实现	0.779	0.748	0.781	0.543
	我们公司注重利用相关资源开展研发活动	0.732			
	我们公司能有效地改善现有研发活动	0.698			

续表

变量	测量题项	载荷值	Alpha	CR	AVE
研发探索能力	我们公司的研发可灵活地根据市场变化做出响应	0.706	0.717	0.767	0.524
	我们公司的研发可根据业务重点的变化快速调整	0.700			
	我们公司通过促进商务活动重组以应对外部变化	0.764			
中小企业创新	我们公司的新产品质量更高	0.775	0.772	0.860	0.552
	我们公司的新产品能更好地满足需求	0.739			
	我们公司的新产品开发速度更快	0.791			
	我们公司以合理价格提供新产品	0.831			
	我们公司新产品开发成功率更高	0.774			

根据表 4-3 的结果可以看出，各变量 AVE 的平方根均大于该构念与其他构念的相关系数，表明量表的区分效度较好（刘德胜等，2022）。

表 4-3　描述性统计与区分效度检验

变量	均值	标准差	1	2	3	4	5
1. 中小企业创新	4.889	0.569	***0.743***				
2. 数据分析	4.898	0.661	0.574	***0.785***			
3. 数据资源	4.870	0.699	0.470	0.665	***0.735***		
4. 研发利用能力	5.010	0.623	0.525	0.482	0.439	***0.737***	
5. 研发探索能力	5.758	0.715	0.563	0.455	0.344	0.374	***0.724***

注：斜体加粗的数值为相对应变量 AVE 值的平方根。

进一步采用 Heterotrait-Monotrait 比率检验区分效度，该方法在结构方程模型中灵敏度更高。表 4-4 的检验结果表明，数据资源、数据分析、研发利用能力、研发探索能力、中小企业创新的 Heterotrait-Monotrait 比率值均小于 0.85（Henseler et al.，2015），更好地说明了模型中所使用的测量量表都具有很好的区分效度。

表 4-4　Heterotrait-Monotrait 检验结果

	1	2	3	4	5
1. 中小企业创新					
2. 数据分析	0. 810				
3. 数据资源	0. 756	0. 668			
4. 研发利用能力	0. 708	0. 835	0. 755		
5. 研发探索能力	0. 785	0. 743	0. 558	0. 739	

综合以上有关信度、效度的检验分析结果，可知本章所使用的主要变量的测量模型，都可以满足信度和效度的检验要求，这表明可以用本章的量表进行后续的实证分析检验。

4. 3. 5　同源方差与无响应偏差

采用与第 3 章相同的方法，通过事前程序控制和事后检验（Podsakoff, 2003）来控制同源方差问题。事前程序控制包括采用国内外成熟量表和第三方匿名调查方式完成问卷调查。事后检验利用 Harman 的单因素方法，对所有测量问项做探索性因子分析，第一个未旋转因子的累计贡献率为 27. 8%，小于 50%的门槛值，即不存在单一因子解释所测变量大部分方差的问题，可认为同源方差不会对结果造成显著的影响。

借鉴 Zhang 等（2018）的方法处理无响应偏差（Non-response bias）问题，即检验按照时间顺序收集的两轮数据在销售额、员工人数、企业年龄等方面是否存在显著差异。检验结果表明，t 值在 0. 05 水平上都不显著，表明前后两轮收集的数据不存在统计意义上的显著差异，本章所使用的数据不会受无响应偏差问题的显著影响（Scott et al. , 1977）。

4. 4　数据资源成为中小企业创新要素实现机制的效应检验

关于数据成为中小企业创新要素转换机制的效应检验，包括全模型、链式中介效应和交互效应三种类型的检验。其中，数据资源成为中小企业创新要素实现机制的全模型检验，使用两阶段的偏最小二乘法估计，同时采用 PLS 方法以得到一致性估计；数据资源成为中小企业创新要素实现机制的中介效应检验，使用了相对更稳健的 Bootstrap 重复抽样方法；关于研发探索能力与研发利用能力的交互效应检验，选择逐步回归方法（Step by Step），交互效应检验之前首先对交互项的变量进行中心化处理，然后再用中心化后变量进行交乘，以避免可能出现的多重共线性问题。

4.4.1　数据资源成为中小企业创新要素实现机制的全模型分析

数据成为中小企业创新要素实现机制的全模型分析使用一致性的 PLS 估计方法，为了确保结果的稳健性，采用了 5000 次的 Bootstrapping 方法，最终得到模型估计结果（见图 4-2 和表 4-5）。其中，模型的 SRMR 指标值为 0.080，NFI 为 0.843，一定程度上说明模型的拟合效果较好。根据图 4-2的全模型检验结果：①数据资源显著正向影响数据分析（$\beta=0.665$，$p<0.001$），数据资源显著正向影响中小企业创新（$\beta=0.200$，$p<0.05$），H4-1、H4-2 得到验证；②数据分析显著正向影响研发利用能力（$\beta=0.482$，$p<0.001$），数据分析也显著正向影响研发探索能力（$\beta=0.455$，$p<0.001$），所以 H4-5a、H4-5b 得到验证；③研发利用能力显著正向影响中小企业创新（$\beta=0.295$，$p<0.01$），研发探索能力显著正向影响中小企业创新（$\beta=0.377$，$p<0.001$），所以 H4-6a、H4-6b 得到验证。

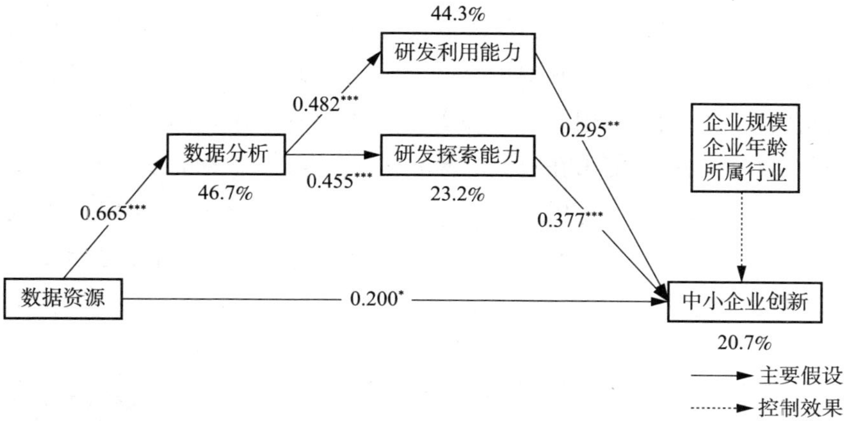

图 4-2　数据资源成为中小企业创新要素实现机制的全模型估计结果

注：*** 代表 $p<0.001$，** 代表 $p<0.01$，* 代表 $p<0.05$。

表 4-5　PLS 全模型分析结果

	初始样本	样本均值	标准差	t 统计量	p 值
数据资源→中小企业创新	0.200	0.208	0.088	2.275	0.023
数据资源→数据分析	0.665	0.670	0.051	13.152	0.000
数据分析→研发利用能力	0.482	0.493	0.073	6.588	0.000
数据分析→研发探索能力	0.455	0.464	0.065	7.004	0.000
研发利用能力→中小企业创新	0.295	0.289	0.100	2.935	0.003
研发探索能力→中小企业创新	0.377	0.382	0.065	5.835	0.000

4.4.2　数据分析、双元能力的中介效应检验

已有的中介效应检验方法，主要包括 B-K 三步法、Sobel 方法、Bootstrap 方法。其中，Bootstrap 方法由于更稳健的特性，在中介效应检验中应用越来越广泛，本章采用 Bootstrap 检验链式中介效应。借鉴 Taylor 等(2008)[164]提出的多步中介变量 Bootstrap 方法进行检验，在 Smart PLS 中将 Bootstrapping 的再抽样次数设定为 5000 次，以保证可得到更稳健的结果，理论模型的运行结果及 Bootstrap 的检验结果如表 4-6 所示。结果表明，数据分析在数据资源与研发探索能力、数据分析在数据资源与研发利用能力之间的中介效应显著。同时，在 95%置信区间的上限和下限之间均不包括零值，所以数据分析和研发双元能力在数据资源和中小企业创新之间的链式中介效应显著。其中，数据分析和研发利用能力在数据资源和中小企业创新之间的链式中介效应显著（β=0.094，CI［0.027，0.173］）；数据分析和研发探索能力在数据资源和中小企业创新之间的链式中介效应显著（β=0.114，CI［0.070，0.176］）。基于此，H4-7a、H4-7b 得到验证，反映了数据分析和研发双元能力在数据资源和中小企业创新之间具有十分重要的作用。

表 4-6　中介效应的 Bootstrapping 检验结果

中介影响路径	估计值	95%置信区间		95%偏差修正置信区间	
		下限	上限	下限	上限
数据资源→数据分析→研发利用能力	0.321	0.240	0.421	0.227	0.402
数据资源→数据分析→研发探索能力	0.303	0.227	0.394	0.211	0.377

续表

中介影响路径	估计值	95%置信区间		95%偏差修正置信区间	
		下限	上限	下限	上限
数据分析→研发利用能力→中小企业创新	0.142	0.039	0.269	0.041	0.270
数据分析→研发探索能力→中小企业创新	0.171	0.107	0.259	0.099	0.249
数据资源→数据分析→研发利用能力→中小企业创新	0.094	0.027	0.173	0.027	0.173
数据资源→数据分析→研发探索能力→中小企业创新	0.114	0.070	0.176	0.065	0.167

基于以上分析，验证了 H4-3、H4-4。

4.4.3　研发探索能力与研发利用能力的交互效应检验

在前述理论分析的基础上，采用逐步回归方法实证检验研发利用能力和研发探索能力的交互作用对中小企业创新的影响。检验结果如表 4-7 所示。由于表 4-7 的模型（5）纳入研发探索能力和研发利用能力的交互项，为避免可能存在的多重共线性问题，首先对研发利用能力和研发探索能力进行中心化处理再构造交互项。同时在逐步回归分析过程中，检验了模型的 VIF 值，结果显示模型不存在严重的多重共线性问题。具体来看，研发利用能力和研发探索能力的交互效应检验过程如下：①模型（1）只加入企业年龄、企业规模和所属行业三个控制变量；②模型（2）在模型（1）的基础上加入研发探索能力，结果表明研发探索能力对中小企业创新有显著的正向影响（$\beta=0.476$，$p<0.001$）；③模型（3）在模型（1）的基础上加入研发利用能力，实证检验结果表明研发利用能力对于中小企业创新具有显著的正向影响（$\beta=0.435$，$p<0.001$）；④模型（4）在模型（1）的基础上同时加入了研发探索能力和研发利用能力，研发探索能力（$\beta=0.338$，$p<0.001$）和研发利用能力（$\beta=0.321$，$p<0.001$）对中小企业创新都具有显著的正向影响；⑤模型（5）在模型（4）的基础上，加入了研发探索能力和研发利用能力的交互项，交互项系数显著为正（$\beta=0.132$，$p<0.05$），即研发利用能力和研发探索能力在推动中小企业创新方面具有互补作用，H4-8 得到了验证。

表 4-7 研发探索能力与研发利用能力的交互效应检验

	NPD				
	(1)	(2)	(3)	(4)	(5)
企业年龄	0.011 (0.046)	0.000 (0.041)	−0.003 (0.040)	−0.007 (0.037)	−0.013 (0.037)
企业规模	0.080*** (0.030)	0.077*** (0.029)	0.034 (0.025)	0.044* (0.026)	0.049* (0.026)
所属行业	−0.004 (0.076)	−0.039 (0.066)	0.040 (0.064)	0.003 (0.060)	−0.011 (0.061)
研发探索能力		0.476*** (0.070)		0.338*** (0.068)	0.322*** (0.057)
研发利用能力			0.435*** (0.054)	0.321*** (0.045)	0.315*** (0.044)
研发探索能力×研发利用能力					0.132* (0.077)
常数项	5.572*** (0.215)	2.777*** (0.490)	3.260*** (0.396)	1.882*** (0.470)	2.045*** (0.393)
观察值	210	210	210	210	210
Adj-R^2	0.019	0.290	0.307	0.423	0.434

注：*** 代表 $p<0.001$，* 代表 $p<0.05$；括号内数值为稳健标准误。

4.5 研究结论

生产要素的影响主要包括：一方面是发挥要素本身的作用，为中小企业创造直接价值；另一方面是赋能企业内部的其他要素，从而为企业创造间接价值。在数字经济背景下，数据如何发挥生产要素的作用，无论是从宏观政策层面，还是从微观企业实践层面，都得到了广泛的关注与重视，但在理论层面还缺乏对这一问题的系统探知。为此，本章在已有文献研究基础上，从中小企业创新的角度，构建了数据资源成为中小企业创新要素实现机制的理论模型。根据所形成的理论模型，进一步通过问卷调查方式获取数据，选择基于方差的 PLS-SEM 结构方程模型，实证检验数据资源成为中小企业创新要素的实现机制。通过探索数据资源转化为创新要素的路径，构建形成数据驱动中小企业创新的实现机制，不仅拓展资源转化机制，而且为中小企业利用数据资源开展创新实践提供重要理论启示和实践参考。根据本章的理论分析和实证检验结果，主要得到以下三方面的结论与启示：

（1）数据资源对中小企业创新具有显著的正向影响。根据本章的PLS-SEM结构方程模型实证检验，验证了数据资源对中小企业创新的正向直接效应，也在一定程度上印证了数据资源在中小企业创新过程中的重要作用。这一实证检验结果进一步说明中小企业加快构建数据资源基础是必要的。对于中小企业来说，数据资源应当能够用于企业经营过程中，或者是用于外部市场主体的交易过程中。数据资源的规模、数据资源的类型等都可能影响数据资源在中小企业创新过程中起到的作用，只有构建形成具有经济价值创造属性的数据资源基础，才能真正为实现数据价值和发挥数据的生产要素属性创造前提条件。

（2）数据分析、研发双元能力在数据资源与中小企业创新之间具有中介作用。根据PLS-SEM结构方程模型和中介效应检验结果，数据资源影响中小企业创新有两条作用路径：一条路径是数据资源通过数据分析影响研发探索能力，进而促进中小企业创新；另一条路径是数据资源通过数据分析影响研发利用能力，进而促进中小企业创新。同时研发利用能力和研发探索能力显著影响中小企业创新。以上实证结果表明，在中小企业创新过程中，数据资源通过数据分析赋能促进和推动研发双元能力的提升，是中小企业提升创新水平的主要途径。因此，中小企业在拥有数据资源的基础上，构建形成良好的数据技术基础，将推动研发探索能力和研发利用能力的提高，进而更好地将数据资源转换为现实的生产要素并提高数据资源的配置效率。

（3）从数据资源到中小企业创新的要素化过程中，研发探索能力和研发利用能力对中小企业创新产生显著的正向影响，通过对研发探索能力和研发利用能力的交互效应检验，进一步发现二者之间还存在互补作用，即研发利用能力正向调节研发探索能力与中小企业创新之间的关系，研发探索能力也能正向调节研发利用能力与中小企业创新之间的关系，这一研究发现为数字化情境下的研发双元能力作用于中小企业创新的机制提供了新的证据。因此，在数字化时代的快速变革环境中，中小企业需要有效平衡研发利用能力和研发探索能力，以更好地释放数据资源在创新过程中的生产要素作用，更好地推动企业可持续发展。

第5章 数据资源联网化对中小企业创新的影响机制

数据赋能中小企业创新的过程，依赖于中小企业的数据采集、整理分析、存取传递，通过这一系列过程推动数据转化利用，从而达到数据赋能创新的目的和提升企业的价值。数据赋能中小企业创新不仅需要推动数字化转型，通过数字技术应用来构建企业的数据资源基础，进而挖掘数据潜能，还需要将企业内外部的数据资源进行联网，打通企业的数据使用“孤岛”，即数据资源联网化，使企业可以快速响应用户需求，从而有效地支持产品快速迭代创新，及时满足用户需求和赢得竞争优势。所以，探讨数据资源联网化对于中小企业创新的影响机制具有重要理论和实践意义。基于此，本章在梳理数据资源联网化影响中小企业创新实践的基础上，基于“数据资源联网化—数据应用智能化—中小企业创新”的理论逻辑，构建了数据资源联网化影响数据应用智能化，进一步对中小企业创新产生影响的中介调节模型，并揭示了数字人才发挥调节作用的机制。同时，利用问卷调查获取的数据资料，通过 PLS-SEM 模型实证检验数据联网化对中小企业创新的影响机理，丰富了数据赋能中小企业创新的资源使用机制研究，还为中小企业拓展数据资源的应用价值实践提供新的理论参考。

5.1 数据资源联网化与中小企业创新的现实背景

关于数据资源联网化与中小企业创新发展的实践，涵盖内外两个层面：微观企业层面，要促进数据资源联网化，首先要实现资源的数据化，为中小企业内部数据资源交互和数据资源自由流通创造环境基础；宏观环境层面，发展数字经济也需要推动全方位、全产业的数据化，为数据资源的自由流动创造良好的外部环境。具体来看：

微观企业层面。新一轮数字技术革命给传统企业发展带来了更严峻的挑战，但也为企业发展和实现“换道超车”创造了大量机会。例如，随着数字经济快速发展，用户需求变化速度加快，产品生命周期不断缩短，单一依赖企业自有资源已难以跟上市场的变化速度，对企业产品迭代创新的要求越来越高。尤其是对中小企业来说，这一系列的新变化已经是必须应对和解决的挑战。相关研究文献指出，企业可以对内部或者外部资源进行整合，并运用到创新过程中，以实现企业可持续发展（陆亚东、孙金云，2013）[165]。对此，中小企业应积极提高企业内部资源使用效率，为内部资源自由流动创造条件。企业创新具有周期长、投入大、不确定性大、收益可观等特征（陈德球等，2021）[166]，所以要及时、可靠、准确地满足快速变化的市场需求，加速推动数字化转型，实现数据资源化，促进数据资源快速流动，要达到以上要求为数据资源交互提供渠道很关键。利用数字技术建立企业内部联网化的数据和资源共享平台，中小企业可以完成企业内部数据的联通和整合，实现数据资源在企业内部的自由流转，提高内部资源配置和使用的有效性。这主要是通过数据资源的联网化，使需求数据直接对接企业资源和制造过程（孙新波等，2018），提高信息交互水平和资源的响应速度，以有助于实现高质量、低成本的创新资源供给，从而对中小企业创新产生积极的促进作用。

宏观环境层面。近年来我国政府颁布了多项政策和法律以规范和促进数据化发展。2019 年 10 月，党的十九届四中全会明确了将数据作为与劳动、资本、土地、技术等并列的生产要素，从制度层面确认了数据资源的生产要素属性。2021 年 6 月，第十三届全国人民代表大会常务委员会第二十九次会议正式通过了《中华人民共和国数据安全法》，在数据安全与数据发展、数据安全制度、数据安全保护义务等多个方面进行规范，标志着我国在数据安全领域已有法可依，切实为数据资源交易安全提供了法律保障。2021 年 11 月，工信部发布《“十四五”大数据产业发展规划》，提出了“用数据说话、用数据决策、用数据管理、用数据创新”的基本要求，为进一步激活数据资源潜能提供了方向和指引。

为此，本章在已有文献研究的基础上，结合中小企业在创新过程中对数据资源的现实需求，着重探讨数据资源联网化影响中小企业创新的作用机制，即构建了“数据资源联网化—数据资源应用智能化—中小企业创新”的中介调节作用模型，以期为数据赋能中小企业创新的理论研究和企业实践提供进一步的理论证据和文献参考。

5.2 数据资源联网化与中小企业创新的理论模型

在数字经济背景下，数字技术被广泛地应用到企业研发、生产、销售等环节中，数据已经成为影响企业发展的重要因素。国家已经明确把数据列为与劳动、资本、土地等传统要素相等同的生产要素，从战略高度定义了数据要素的价值。前述章节的理论分析也表明，数据资源是中小企业创新资源的重要来源，所以中小企业通过数据资源的联网化处理，能更好地促进数据资源交互和提高数据资源配置效率，这将有助于释放数据资源的价值，对赋能中小企业创新具有十分重要的作用。依托资源基础理论，接下来着重分析数据资源联网化对中小企业创新的影响，构建形成数据资源联网化影响中小企业创新的理论模型。

5.2.1 数据资源联网化与中小企业创新

为适应竞争日益激烈的市场环境，满足用户的多样化需求，企业的研发、生产、运营、销售等应更加灵活、便捷和迅速，要求对来自包括客户、产品开发、营运管理等在内的数据生产环节的数据进行采集、清洗和分析时具有更高的时效性。对中小企业来说，这不仅要求资源的数据化，还需要将企业在各个环节、各个业务单元、各个部门之间的数据进行连接，即实现数据资源联网化，进而使中小企业可根据创新的需求灵活地调度资源，从而更便捷地满足用户迅速变化的需求。要实现资源联网化，需要先完成资源数据化，因为数据化是企业对资源进行操作必需的基础（Zhou et al.，2014）[167]。数据资源联网化实现了数据的实时搜集、整理、共享、存储等多方面转变，推动公司层面的业务数据实现线上可视化，海量的数据可根据部门、业务、查询权限等实现精准分类，对杂乱无章的价值密度低、碎片化的数据实现较精准的管理和使用，这一系列的变化有助于更好地对用户诉求做出及时响应。数据资源联网化推动数据资源借助互联网实现互联互通，从而提高信息的流通效率。对于中小企业创新来说，创新过程中信息的真实性、准确性、完整性十分重要，信息的多渠道获取可助力企业做出更有效的决策（Merendino et al.，2018）[168]。通过数据资源联网化，如利用数据可视化等技术将复杂的信息、数据等通过流程图等形式展示在中小企业内部统一的信息传输平台上，可提高数据标准化程度，有助于降低不同个体对数据的理解性偏差，缓解数据资源转化效率低的问题，加强中小企业研发人员间的思想碰撞，进而可以较顺利地推动创新项目的实施。同时，也有助于创新项目实施过程中后续问题的协调。由以上分析可看出，通过推动数据资源联网化获得的信息，可能对中小企业创新起到积极的正向作用，促进创新项目成功运作，提高中小企业创新产出。基于此，本章提出如下研究假设：

H5-1：数据资源联网化对中小企业创新具有显著的正向影响。

5.2.2 数据应用智能化的中介作用

随着大数据、云计算、人工智能等技术的逐渐成熟和推广应用，数据处理已由传统的内部数据交流平台的单中心、线性、串联转向去中心化的网络化处理模式。例如，企业通过构建“私有云”平台或者使用较为成熟的“公有云”组件，可实现数据在云端的存储、计算、建模、分析等，为低成本、高效率应用数据资源提供了新可能。对中小企业而言，一方面，新型数字技术的广泛应用，为数据资源联网化创造了基础条件，促进数据分析应用由机器化迈向智能化，即中小企业在经营过程中实现智能分析、智能管理、智能决策。通过数据应用智能化，可帮助中小企业分析挖掘数据潜在价值，提高决策智能化水平和提升管理效率，对中小企业优化创新资源配置水平和提升创新效率起到积极的促进作用。此外，通过去中心化的平台搭建起多部门的沟通渠道，使得信息透明度高、数据时效性强、信息交流渠道畅通且形成更加紧密的协作关系（李海舰、李燕，2019）[169]。从这一角度来说，数据联网化水平提升，使中小企业可以更加迅速地响应用户需求。如，一些中小企业通过企业微信、钉钉等工具实现企业内外部的信息沟通，打破内外部沟通壁垒，减少信息损失，实现数据实时分析。另一方面，大数据、云计算、人工智能等数字技术的应用为中小企业采集数据、分析数据、挖掘用户需求提供新工具。数字技术广泛应用为中小企业提供新的技术手段进行多种资源组合分析，有更多的机会充分发掘新资源组合，找出资源的更多可能性，可以进一步提高资源配置效率，充分发掘数据价值，以要素组合的多样性推动更多的创新。同时，还可对各种资源组合达到的预期效果进行推演，可在创新试点前进行基本的判断，及时调整资源投入结构，获得更优的创新成果。Ferreira 等（2019）[170]采用电话调查的方式对葡萄牙 938 个企业的数据进行分析，发现数字化生产流程的使用显著促进了新产品推出。数字技术作为一种新的生产要素注入企业中，为企业数据资源的获取和解决方案的推演作出贡献（Ardolino et al.，2018）[171]，这进一步推动了中小企业创新活动，提高新产品迭代开发的成功率。基于以上理论分析，本章提出如下研究假设：

H5-2：数据应用智能化在数据资源联网化和中小企业创新之间具有中介作用。

5.2.3 数字人才的调节作用

党的二十大报告指出：必须坚持人才是第一资源、创新是第一动力，坚持创新驱动发展战略。创新驱动发展的本质就是人才驱动，谁拥有一流的人才，谁就可能掌握创新的主动权和话语权。已有的研究发现，人才可以为企业创新带来新思想，让企业获得新活力，这也是企业持续获得竞争优势的重要动力来源之一（Belloc，2012）[172]。近年来随着数字经济的快速发展，数字化人才缺位问题越发明显，逐渐成为大多数企业数字化转型成败的关键所在（Yang et al.，2014）[173]，对中小企业来说更为重要，数字人才已经成为阻碍中小企业数字化转型的根本约束。数字人才反映人员是否拥有数字技术知识或技能，其是中国数字经济转型的核心驱动力（陈煜波、马晔风，2018）[174]。数字人才专业性要求强，不仅需要对企业数据资源有充分认知，还需要不断吸收新知识、掌握数据收集和整理方式、维护数据共享系统等，需要具有较强的专业实力才可胜任这一角色。随着我国推动中小企业数字化转型力度的加大，如工信部发布《中小企业数字化转型指南》，数字技术在广大中小企业中相继被应用，在数字化层面的竞争逐渐增强，中小企业越发关注和强调数字技术背景下的数字人才赋能行为。当员工对资源有更强大的控制力时，可能在创新过程中会有更高的驱动力开发或利用资源。同时，作为一种重要的连接资源，数字技术可以被更广泛地应用到各种资源获取过程中，促进多个组织资源协作与创新（池毛毛等，2020）。在这种情况下，随着数字人才数量和质量的提升，企业可以通过有效地使用数字技术建立与外部资源之间的连接，使得中小企业有机会突破创新资源瓶颈，从而对中小企业创新能力或绩效产生十分重要的影响（孙耀吾等，2018）[175]。根据 Bharadwaj 等（2013）[176]的研究，数字化转型背景下企业对数字资源的利用将会带来差异化价值。对于资源弱势的中小企业，数字人才有助于其更好地利用数字资源以突破资源约束，提高数据联网化对中小企业创新的积极作用。也就是说，数字人才可正向调节数据联网化与中小企业创新之间的关系。基于此，本章提出如下研究假设：

H5-3：数字人才正向调节数据资源联网化与中小企业创新的关系。

数字技术在企业中最为广泛的应用是智能化分析功能，有学者指出有 IT 背景或相关研发经验的高管团队会放大数字化对创新的影响（付剑茹、王可，2022）[177]。针对中小企业的数字化转型，主要是突出数字技术强大的数据分析功能，从冗杂的实时数据中抽丝剥茧寻找要素最优组合或评价项目实施可能性等，数字技术的应用可以降低信息不对称程度。决策者的项目偏好、风险偏好、处事风格等都可能影响创新项目决策，因为人参与决策的环境下，非理性因素导致的判断误差难以完全避免，每个人都有鲜明的认知偏好，并且在长期内稳定存在。如何将决策失误的可能性降到更低是企业管理人员面临的主要挑战之一，部分规模较大的企业试图通过成立诸如高管团队等智囊团的方式来减小决策偏差，但受从众效应等心理压力的影响，也会阻碍高管做出完全理性的判断。数字技术构成的智能化分析系统在企业内的应用由数字人才牵头实施，数字人才兼具专业知识和数字技能，所以数字人才可能会对数据应用智能化与中小企业创新的关系产生影响。具体而言，数字人才能够通过数据应用智能分析促进知识和技能有机结合，帮助决策制定者做出更理性的创新决策。当数字人才充足时，能够使中小企业更好地借助数据应用智能化技术赋能企业创新过程，对数据应用智能化和中小企业创新的关系产生积极作用。而当中小企业遭遇数字人才约束时，在一定程度上会制约其数据应用智能化能力的提升，这势必对中小企业创新产生不利影响。基于此，本章提出如下研究假设：

H5-4：数字人才正向调节数据应用智能化与中小企业创新的关系。

5.2.4 数据资源联网化影响中小企业创新的概念模型

根据前述理论分析可知，数据资源联网化对中小企业创新的影响机制主要涉及数据资源联网化影响中小企业创新的中介机制，以及数字化人才对数据资源联网化、数据应用智能化对中小企业创新影响的调节机制。由此，本章提出如图 5-1 所示的数据资源联网化对中小企业创新影响的概念模型。图 5-1 的模型描述了数据资源联网化影响中小企业创新的过程机制，刻画了数据资源联网化如何在中小企业创新过程中发挥作用的机制，该模型拓展了中小企业资源使用机制的范围。

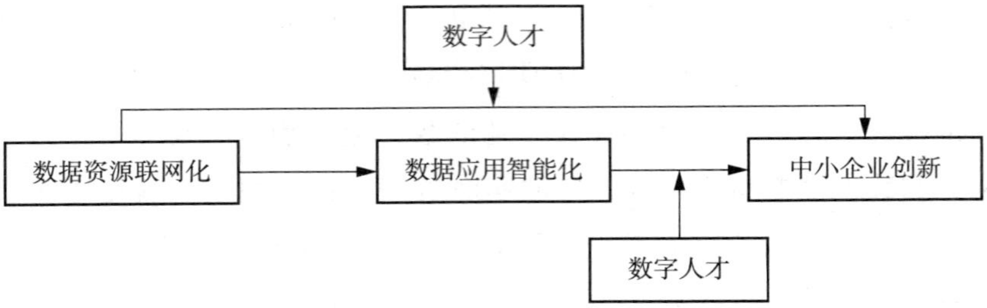

图 5-1 数据资源联网化对中小企业创新影响的概念模型

5.3 数据资源联网化影响中小企业创新的研究设计

本节重点描述数据来源、数据收集、样本特征、变量定义以及所用的研究方法，旨在对前述分析所描述现象和假设过程中所使用测量方法的有效性进行分析，从而为下一步的实证检验提供必要的证据。

5.3.1 数据来源与样本特征

本章所用数据均来自问卷调查，调查前，邀请了数字化转型、中小企业领域的三位研究专家和两位企业管理人员对问卷设计的合理性及表达的合理性进行专业综合评估，并在其意见和建议的基础上进行针对性修改，而后进一步组织实施预调研工作。课题组对本地高校 MBA 在校生进行小样本分析，进而针对问卷的部分题项进一步修订和完善，形成兼具针对性和综合性的正式调研问卷。目前我国暂无中小制造业企业名单，故委托第三方数据调查机构，以其数据库中的制造业中小企业名录为研究对象，重点选择我国长三角、珠三角和东部沿海等制造业发达和中小企业密集的省份，包括广东、江苏、山东、浙江等，按随机抽样原则，在 2021 年 6—10 月，分两次对企业高级管理人员开展问卷调查。第一轮收回问卷 150 份，剔除填写信息不完整、前后填写矛盾、填写答案大量相似，以及实际完成时间不足的无效问卷 45 份。第二轮收回问卷 140 份，按照第一轮问卷的筛选规则，剔除 35 份无效问卷，最终获得 210 份有效问卷。样本分布特征如表 5-1 所示。进一步对有效问卷测量题项的均值、标准差、偏度与峰度进行统计分析，样本偏度与峰度结果符合分布要求，可认为本研究所采集的数据适合进行相关实证分析。

表 5-1　样本分布特征

样本特征	数量	百分比
制造业类型		
食品制造业	32	15.2
纺织制造业	20	9.6
轻工制造业	20	9.5
金属机械制造业	66	31.5
化工制造业	14	6.7
汽车制造业	14	6.7
石化橡胶制造业	13	6.2
电子通信制造业	20	9.6
其他	11	5
公司年龄（存在年限）		
<10 年	46	21.9
10~20 年	113	53.8
≥20 年	51	24.3
公司规模（员工数量）		
<100 人	13	6.2
100~299 人	42	20.0
300~499 人	50	23.8
500~999 人	45	21.4
≥1000 人	60	28.6

续表

样本特征	数量	百分比
年销售额（百万元）		
<50	14	6.7
50~99	28	13.3
100~199	49	23.3
≥200	119	56.7
CEO（或老板）学历		
本科及以下	75	35.7
本科以上	135	64.3
CEO（或老板）是否有海外背景		
是	100	47.6
否	110	52.4

5.3.2 研究方法

根据前述对数据资源联网化、数据分析智能化与中小企业创新关系的理论论述，以及研究问题的特殊性，本章使用了偏最小二乘法（Partial Least Squares，PLS）进行样本估计，主要出于以下两方面考虑：首先，本研究共搜集到210份有效问卷数据，用于对数据资源联网化及数字技术影响中小企业创新的资源使用机制进行研究，PLS方法对样本数量、统计分布等要求相对比较低，适用于小样本估计，符合本章对数据资源联网化与中小企业创新关系的研究情境；其次，本研究模型中还探讨了数字人才潜变量的调节作用，而PLS方法适合进行潜变量的调节作用分析（Liu et al.，2016）[178]，所以本章选择该方法具有合理性。最终选择Smart PLS软件进行相应的数据和模型处理。

5.3.3 变量测量

本部分所使用的变量通过国内外成熟量表进行测量，并采用7级Likert量表评分。为了保证所使用量表的质量，参考了孙新波等（2018）、谢康等（2020）的研究，主要进行以下处理：一是采用英文量表普遍采用的“翻译—回译”程序，这一过程主要由有北美学习经历的教师和博士研究生共同完成，以确保问卷翻译的准确性；二是在预调研过程中，通过对企业管理人员的访谈，并结合专家意见对部分题项进行修订完善，减少语义模糊或歧义，以最大限度地保证调研对象对题项的理解一致。

（1）数据资源联网化。

参考孙新波等（2018）等的相关研究，数据资源联网化是将企业的数据资源加入企业的内部信息网络中，通过数据交互提高资源配置效率的过程。在已有文献研究基础上，本章的数据资源联网化的测量主要选择了四个题项：我们公司各系统间实现了数据的自动与实时共享；我们公司实现了业务数据自动化搜集、整理和存储；我们公司内部各项数据实现了线上即时取用；我们公司的业务数据已实现了线上可视化。与前述测度方式相同，对问卷各题项采用Likert-7点量表度量，取值从1“很不符合”到7“非常符合”。

（2）数据应用智能化。

借鉴Cui等（2015）的研究，对数据应用智能化进行具体测量。数据应用智能化的测量主要涉及以下四个题项：我们公司的数字技术整合方式可根据变化进行快速调整、我们公司使用的数字技术具有高度可扩展性、我们公司使用的数字技术支持便捷地建立新合作关系、我们公司使用的数字技术容易适应新应用或新功能。与前述测度方式相同，对问卷的题项全部采用Likert-7点量表度量，取值从1“很不符合”到7“非常符合”。

（3）数字人才。

根据清华大学经济管理学院互联网发展与治理研究中心（CIDG）和全球职场社交平台领英（LinkedIn）经济图谱团队的合作研究所定义的数字人才概念，数字人才即拥有ICT专业技能的人才以及与ICT专业技能互补协同的跨界人才（陈煜波等，2022）[179]。基于此，选择以下五个题项测量中小企业数字人才：公司高管具有丰富的数字化管理经验、公司的数据分析人才充足、公司经常组织数字技术方面的培训学习、塑造了数字化人才成长文化、建立了数字化人才培养机制。与前述测度方式相同，对问卷的题项采用Likert-7点量表度量，取值从1“很不符合”到7“非常符合”。

（4）中小企业创新。

对于中小企业来说，创新是企业活动中各种生产要素最具集成特征的环节，数据要素生产的产品往往在服务、工艺以及特性方面更具优势。因此，本章对中小企业创新的测量主要是参考Zhang等（2018）、Acur等（2012）、谢康等（2020）的相关研究，并进一步结合我国中小企业的创新实践，从创新质量、创新效果、创新速度、创新成本、创新成功率等五个方面构建了中小企业创新的测量量表，具体题项包括：我们公司的新产品质量更高、我们公司的新产品能更好地满足需求、我们公司的新产品开发速度更快、我们公司以合理价格提供新产品、我们公司新产品开发成功率更高。针对不同题项，采用 Likert-7 点量表度量，取值从 1 "很不符合"到 7 "非常符合"。

（5）控制变量。

根据已有的文献研究，企业层面的特征因素也会对创新产生影响，参考 Zhang 等（2018）、刘德胜等（2022）的相关研究，选择企业年龄、企业规模、所属行业三个指标作为模型的主要控制变量。其中，企业年龄的测量方法使用注册年到 2021 年的时间跨度，行业分类按照 GB/T 4754—2017 分类标准设置虚拟变量，企业规模的测量方法使用近三年平均销售额的自然对数。

5.3.4 信度与效度检验

使用 Smart PLS 和 SPSS 软件进行信度和效度检验。首先，使用 Smart PLS 进行验证性因子分析，所有构念的标准化因子载荷基本均大于 0.7（见表 5-2），满足标准化因子载荷一般标准。Cronbach's α 系数均大于 0.7，说明量表的内部一致性较好，且各构念的组合信度（Composite Reliability，CR）系数也都超过 0.75，表明构念的信度良好。其次，模型中使用的均为国内外成熟量表，在相关研究中被多次采用，一定程度上保障了量表的内容效度。各构念的平均方差抽取变异（AVE）值均大于 0.5，说明具有较好的收敛效度。

表 5-2　信效度检验结果

变量	测量题项	载荷值	Alpha	CR	AVE
数据资源联网化	我们公司各系统间实现了数据的自动与实时共享	0.790	0.763	0.840	0.569
	我们公司实现了业务数据自动化搜集、整理和存储	0.765			
	我们公司内部各项数据实现了线上即时取用	0.759			
	我们公司的业务数据已实现了线上可视化	0.699			

续表

变量	测量题项	载荷值	Alpha	CR	AVE
数据应用智能化	我们公司的数字技术整合方式可根据变化进行快速调整	0.717	0.741	0.811	0.517
	我们公司使用的数字技术具有高度可扩展性	0.749			
	我们公司使用的数字技术支持便捷地建立新合作关系	0.705			
	我们公司使用的数字技术容易适应新应用或新功能	0.704			
数字人才	公司高管具有丰富的数字化管理经验	0.784	0.801	0.871	0.575
	公司的数据分析人才充足	0.735			
	公司经常组织数字技术方面的培训学习	0.763			
	塑造了数字化人才成长文化	0.756			
	建立了数字化人才培养机制	0.752			
中小企业创新	我们公司的新产品质量更高	0.775	0.772	0.860	0.552
	我们公司的新产品能更好地满足需求	0.739			
	我们公司的新产品开发速度更快	0.791			
	我们公司以合理价格提供新产品	0.831			
	我们公司新产品开发成功率更高	0.774			

根据表5-3的结果可看出，各变量AVE的平方根均大于该构念与其他构念的相关系数，表明量表的区分效度较好（刘德胜等，2022）。

表5-3　描述性统计与区分效度检验

	均值	标准差	1	2	3	4
1. 数据应用智能化	5.171	0.745	***0.719***			
2. 数字人才	5.169	0.724	0.672	***0.758***		
3. 数据资源联网化	5.750	0.767	0.677	0.578	***0.754***	
4. 中小企业创新	4.889	0.569	0.638	0.546	0.531	***0.743***

注：斜体加粗的数值为相对应变量AVE值的平方根。

进一步采用Heterotrait-Monotrait比率检验区分效度，该方法在结构方程模型中的灵敏度更高。表5-4的检验结果表明，所有变量的Heterotrait-Monotrait比率值均小于0.85的阈值标准（Henseler et al.，2015），这更好地说明本章使用量表具有很好的区分效度。

表 5-4　Heterotrait-Monotrait 检验结果

	数据应用智能化	数字人才	数据资源联网化	中小企业创新
1. 数据应用智能化				
2. 数字人才	0.799			
3. 数据资源联网化	0.804	0.811		
4. 中小企业创新	0.817	0.811	0.837	

综合以上有关信度、效度的检验分析结果，可知本章所使用的主要变量的测量模型，都可以满足信度和效度的检验要求，这表明可以用本章的量表进行后续实证分析检验。

5.3.5　同源方差与无响应偏差

采用与第 3 章相同的方法，通过事前程序控制和事后检验（Podsakoff，2003）来处理同源方差问题。事前程序控制包括采用国内外成熟量表和第三方匿名调查方式完成问卷调查。事后检验利用 Harman 的单因素方法，对所有测量问项做探索性因子分析，第一个未旋转因子的累计贡献率为 32.8%，小于 50%的门槛值，即不存在单一因子解释所测变量大部分方差的问题，可认为同源方差不会对结果造成显著的影响。

借鉴 Zhang 等（2018）的方法处理无响应偏差（Non-response bias）问题，即检验按照时间顺序收集的两轮数据在销售额、员工人数、企业年龄等方面是否存在显著差异。检验结果表明，t 值在 $p=0.05$ 水平上都不显著，这表明前后两轮收集的数据不存在统计意义上的显著差异，本章所使用的数据不会受无响应偏差问题的显著影响（Scott et al.，1977）。

5.4　数据资源联网化影响中小企业创新的效应检验

关于数据资源联网化影响中小企业创新效应的实证检验，主要借鉴 Anderson 等（1988）[180]的两步骤方法，即分别对测量模型的分析结果和结构模型数据的分析结果进行报告。总体来看，具体包括以下三方面内容：全模型分析结果、中介效应检验结果，以及调节效应检验结果。

5.4.1　数据资源联网化影响中小企业创新的全模型分析

图 5-2 和表 5-5 报告了全模型分析结果。其中，模型的 SRMR 指标值为 0.077，NFI 为 0.863，在一定程度上说明所构建的全模型拟合效果较好。根据实证检验结果：①数据资源联网化对中小企业创新具有显著的正向影响（$\beta=0.148$，$p<0.05$），所以 H5-1 得到了验证；②数据资源联网化对数据应用智能化有显著的正向影响（$\beta=0.418$，$p<0.01$），且数据应用智能化对中小企业创新也有显著的正向影响（$\beta=0.505$，$p<0.01$），由于数据资源联网化对中小企业创新同样具有显著的正向影响，所以数据应用智能化在数据资源联网化和中小企业创新之间的中介作用得到了初步验证，即 H5-2 成立；③数字人才与数据资源联网化的交互项对中小企业创新有显著的正向影响（$\beta=0.083$，$p<0.10$），所以数字人才对数据资源联网化与中小企业创新之间的正向影响关系起到了显著的强化作用，即 H5-3 得到验证；④数字人才与数据应用智能化的交互项对中小企业创新也具有显著的正向影响（$\beta=0.176$，$p<0.05$），所以数字人才对数据应用智能化与中小企业创新之间的正向关系也起到了显著的强化作用，即 H5-4 得到了验证。

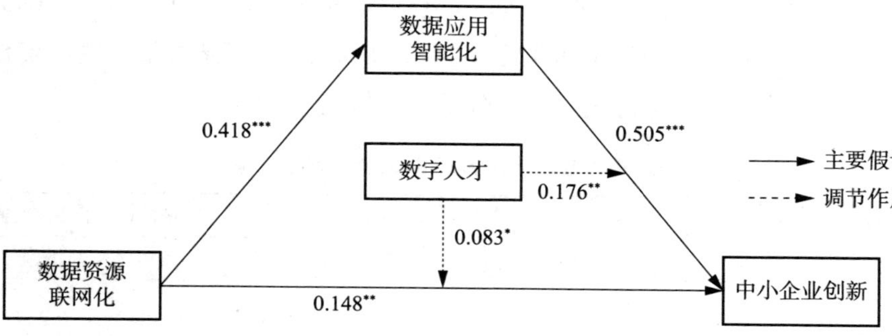

图 5-2　数据资源联网化影响中小企业创新的全模型估计结果

注：* 代表 $p<0.1$，** 代表 $p<0.05$，*** 代表 $p<0.01$。

表 5-5　PLS 全模型分析结果

	初始样本	样本均值	标准差	t 统计量	p 值
数据资源联网化→数据应用智能化	0.418	0.415	0.063	6.647	0.000
数据资源联网化→中小企业创新	0.148	0.157	0.066	2.254	0.019

续表

	初始样本	样本均值	标准差	t 统计量	p 值
数据应用智能化→中小企业创新	0.505	0.468	0.108	4.677	0.000
数字人才×数据应用智能化→中小企业创新	0.176	0.097	0.073	2.403	0.016
数字人才×数据资源联网化→中小企业创新	0.083	0.073	0.045	1.857	0.063

5.4.2 数据应用智能化的中介效应检验

在前述数据资源联网化影响中小企业创新的全模型分析中，数据应用智能化的中介效应得到了初步验证。本节进一步使用更加稳健的 Bootstrap 方法检验数据应用智能化的中介作用。基于 Taylor 等（2008）提出的多步中介变量 Bootstrap 检验法，在 Smart PLS 中将 Bootstrapping 的再抽样次数设定为 5000 次，以保证可得到更稳健的结果，理论模型的运行结果以及 Bootstrap 检验结果如表 5-6 所示。根据表 5-6 的实证检验结果：数据应用智能化在数据资源联网化和中小企业创新之间的中介作用显著。同时，在 95%置信区间的上限和下限之间不包括零值（$\beta=0.211$，CI［0.095，0.309］）。因此，H5-2 得到验证，这反映出数据应用智能化在数据资源联网化与中小企业创新之间具有十分重要的作用。

表 5-6　数据应用智能化的中介效应检验

中介影响路径	估计值	95%置信区间		95%偏差修正置信区间	
		下限	上限	下限	上限
数据资源联网化→数据应用智能化→中小企业创新	0.211	0.095	0.309	0.124	0.344

5.4.3 数字人才的调节效应检验

根据表 5-7 的实证检验结果，数字人才对数据资源联网化与中小企业创新的关系具有显著的正向调节作用（$\beta=0.083$，$p<0.10$），且在 95%置信区间的上限和下限间不包括零值（CI［0.044，0.145］），即 H5-3 得到验证。同时，数字人才对数据应用智能化与中小企业创新的关系也具有

显著的正向调节作用（$\beta=0.176$，$p<0.05$），且在 95%置信区间的上限和下限间不包括零值（CI［0.017，0.273］），即 H5-4 得到了验证。

表 5-7　数字人才调节效应的检验结果

调节影响路径	估计值	95%置信区间		95%偏差修正置信区间	
		下限	上限	下限	上限
数字人才×数据资源联网化→中小企业创新	0.083	0.044	0.145	0.038	0.277
数字人才×数据应用智能化→中小企业创新	0.176	0.017	0.273	0.043	0.316

5.5　研究结论

数据资源联网化可以提高数据资源的流通效率，对中小企业盘活数据资源，化解资源约束进而推动企业创新有重要影响。为此，本章构建了“数据资源联网化—数据应用智能化—中小企业创新”的理论模型。在此基础上，采用问卷调查方法收集我国制造业中小企业有关数据资源联网化、数据应用智能化、数字人才、中小企业创新以及反映中小企业特征因素的数据，对理论模型进行实证检验。根据理论分析和实证检验结果，得到了以下三方面的研究结论：

（1）数据资源联网化对中小企业创新具有显著的促进作用。本章使用 PLS 模型的实证检验结果，验证了数据资源联网化对中小企业创新产生显著的正向效应，再次印证了数据资源在中小企业创新过程中的重要作用，进一步说明中小企业应在加快构建数据资源基础的前提下，推动数据资源的联网化，以提升数据资源的配置效率。对于中小企业来说，实现资源数据化是释放数据价值和发挥数据生产要素作用的基础条件。只有加速数据资源流动和数据资源交互，才能使得中小企业更快速地响应用户需求，帮助中小企业更好地应对复杂多变的外部市场环境。

（2）数据应用智能化在数据资源联网化和中小企业创新之间具有显著的中介作用。根据 PLS 全模型和 Bootstrapping 中介效应检验的结果，数据应用智能化是数据资源联网化影响中小企业创新的重要路径。根据实证检验的结果，数据资源联网化可以通过数据应用智能化赋能中小企业创新，这也是提升中小企业创新水平的重要渠道之一。基于数据应用智能化的中介作用，中小企业积极推动数据资源联网化，有助于数据应用智能化水平的提升，也有助于中小企业提高创新资源配置效率，从而将数据资源转换为创新要素，进而达到提升企业创新绩效的目的。

（3）数字人才在数据资源联网化和中小企业创新之间有显著的调节作用。数字人才的调节作用主要表现为：一是数字人才正向调节了数据资源联网化和中小企业创新的关系，这表明数字人才可以为中小企业提高数据资源配置效率提供支持，进而可以放大数据资源联网化对中小企业创新的积极作用；二是数字人才正向调节了数据应用智能化与中小企业创新之间的关系，该结果说明中小企业应加大数字人才的培养，从而深入挖掘数据资源的潜在价值，充分释放数据资源在创新过程中的潜力，提高企业创新水平。

第3篇 数据赋能中小企业创新的效应研究

本部分主要解决“怎么样”的问题，即阐析数据赋能影响中小企业创新的价值效应。习近平总书记指出，“中小企业能办大事”；党的十九届五中全会提出“支持创新型中小微企业成长为创新重要发源地”；党的二十大报告提出，“支持中小微企业发展”，“促进数字经济和实体经济深度融合”。可以看出，推进中小企业数字化转型已上升到国家战略高度。尤其是专精特新中小企业作为我国量大、面广的中小企业群体中的优秀代表，是解决“卡脖子”难题、填补技术空白、补短板锻长板的有力抓手，所以数字化转型是否能促使其创新质量提升，以及现有的数字化政策在支持中小企业数字化转型，进而推动中小企业创新过程中发挥的效应如何等问题有待深入探讨。为此，本部分从内外两方面分别探讨数据赋能中小企业创新产生的价值效应：一方面从内因角度，以专精特新中小企业为研究对象，揭示数据赋能如何影响专精特新中小企业创新，以及数据赋能驱动专精特新中小企业创新产生的经济效果；另一方面从外因角度，聚焦于数字化政策是否能够促进中小企业创新，并揭示数字化政策对中小企业创新的“激励”或“选择”效应，以期为我国制定出台促进中小企业数字化的政策提供借鉴。

第6章 数字化驱动专精特新中小企业创新质量提升的效应研究

专精特新中小企业作为中小企业的优秀代表，是解决“卡脖子”难题、填补技术空白、补短板锻长板的有力抓手，是落实科技强国战略的重要载体。近年来，国家层面出台了《关于支持“专精特新”中小企业高质量发展的通知》等一系列有关“专精特新”中小企业发展的扶持政策，对推动“专精特新”中小企业创新，实现高质量发展做出具体战略部署，数字化转型也成为“专精特新”中小企业创新发展的可能选择。然而，数字化转型推动“专精特新”中小企业创新方面的效应如何，在理论和实证方面还缺少一致的研究结论。因此，本章对“专精特新”中小企业的定量研究，进一步丰富了数据赋能影响中小企业创新效应的相关文献。综合考虑数据的可得性等客观因素，本章主要以我国上市“专精特新”中小企业为研究样本，实证检验数字化转型对“专精特新”中小企业创新质量的影响效应。对这一问题的研究，不仅可为探索“专精特新”中小企业数字化转型微观实践提供理论指导，对推动我国经济实现高质量发展也有重要的实践意义。

6.1 引言

党的二十大报告强调：必须坚持科技是第一生产力，创新是第一动力，深入实施创新驱动发展战略。2011年颁布的《“十二五”中小企业成长规划》明确提出，“专、精、特、新”是中小企业转型升级的重要途径。“专精特新”中小企业是指具有“专业化、精细化、特色化、新颖化”特征的工业中小企业（曹虹剑等，2022），它们在产业链的某环节往往具有突出的竞争优势，创新能力和抗风险能力强。随着我国创新驱动发展战略的深入实施，“专精特新”中小企业在其中扮演的角色越来越重要，政策层面对其关注和扶持力度逐步增强，当前已出台的主要政策如表 6-1 所示。

表 6-1 专精特新中小企业发展相关的部分主要政策

日期	名称	主要内容
2011 年 9 月	工信部《“十二五”中小企业成长规划》	将“专精特新”发展方向作为中小企业转型升级、转变发展方式的重要途径
2013 年 7 月	工信部《关于促进中小企业“专精特新”发展的指导意见》	通过一系列政策措施，不断提高“专精特新”中小企业的数量和比重
2016 年 6 月	工信部《促进中小企业发展规划（2016—2020 年）》	培育一大批主营业务突出、竞争力强的“专精特新”中小企业
2016 年 7 月	国务院《“十三五”国家科技创新规划》	培育一批掌握行业“专精特新”技术的“隐形冠军”
2018 年 11 月	工信部《关于开展专精特新“小巨人”企业培育工作的通知》	明确了专精特新“小巨人”企业的定义，计划利用三年时间培育 600 家左右专精特新“小巨人”企业
2019 年 4 月	中共中央办公厅、国务院办公厅《关于促进中小企业健康发展的指导意见》	以“专精特新”中小企业为基础，培育一批主营业务突出、竞争力强、成长性好的专精特新“小巨人”企业
2021 年 1 月	工信部、财政部《关于支持“专精特新”中小企业高质量发展的通知》	中央财政安排专项资金分三批支持 1000 余家国家级专精特新“小巨人”企业
2021 年 11 月	国务院促进中小企业发展工作领导小组办公室《为“专精特新”中小企业办实事清单》	从加大财税支持力度、推动产业链协同创新、推动数字化转型等 10 个方面提出 31 项具体举措
2022 年 3 月	国务院《2022 年政府工作报告》	首次将“专精特新”企业写入《政府工作报告》，强调要着力培育“专精特新”企业
2022 年 6 月	工信部《优质中小企业梯度培育管理暂行办法》	明确了“专精特新”中小企业、专精特新“小巨人”企业的评级或者认定标准
2022 年 10 月	国家知识产权局、工信部《关于知识产权助力“专精特新”中小企业创新发展的若干措施》	深化实施中小企业知识产权战略推进工程，助力“专精特新”中小企业创新发展

资料来源：根据相关资料整理而成。

2013 年工信部出台《关于促进中小企业“专精特新”发展的指导意见》，强调要不断提高“专精特新”中小企业数量和质量。2018 年之后有关推动“专精特新”中小企业发展的政策显著增多。2021 年 7 月 30 日的中央政治局会议要求发展“专精特新”中小企业，进一步明确“专精特新”中小企业在强化科技创新和产业链供应链韧性方面的重要作用。2022 年 3 月，首次把“专精特新”企业写入了《政府工作报告》。2022 年 10 月，党的二十大报告指出：支持“专精特新”企业发展。这一系列政策文件表明，“专精特新”中小企业发展已上升为国家战略，加快“专精特新”中小企业发展成为解决“卡脖子”技术难题、促进我国经济高质量发展的关键。

根据工信部披露的相关数据①，我国目前已经培育了 7 万多家“专精特新”中小企业，约 9000 家专精特新“小巨人”企业。另外，在近年来新上市企业中，“专精特新”中小企业占比已经超过了 50%，“专精特新”企业在驱动经济高质量发展方面的重要性越发突出。然而“专精特新”中小企业仍然面临一系列资源约束，严重制约了企业创新活动的顺利开展。面对数字经济大环境，“专精特新”中小企业能否从数字化转型中受益？如何找到数字化驱动“专精特新”中小企业创新质量提升的可行路径，成为提高“专精特新”中小企业创新能力亟待解决的重要问题。从已有文献研究来看，主要涉及“专精特新”中小企业绩效、“专精特新”中小企业高质量发展、“专精特新”中小企业创新质量等问题（曹虹剑等，2022；王伟楠等，2023[181]）。对数字化转型与“专精特新”中小企业的关系，尚缺少专门的定量研究文献。为此，本章将着重探讨数字化转型与“专精特新”中小企业创新的关系，以期能揭示数据赋能“专精特新”中小企业创新发展的作用机理。该研究将进一步丰富数字化对不同类型中小企业影响的理论文献。

6.2　专精特新中小企业数字化的特征事实

本节以我国上市的“专精特新”中小企业为研究样本，对其数字化程度进行客观描述，主要涉及整体情况以及分行业、分所有制和分年龄企业样本的数字化程度。

---

① 今年我国将力争专精特新中小企业超过 8 万家［EB/OL］. 新华社，http：//www. gov. cn/xinwen/2023-03/01/content_5743991. htm，2023-03-01.

6.2.1 样本与数据来源说明

以我国A股市场中属于“专精特新”，且规模为中小企业的上市公司为样本，规模的划分依据是Wind数据库的分类标准。研究区间为2008—2021年，按照已有的以上市公司作为研究对象时的筛选规则进行样本筛选：①剔除金融类上市公司；②剔除ST、*ST等一类的上市公司；③剔除数字化数据缺失的上市公司。最终筛选得到了我国上市公司中属于“专精特新”中小企业的876个企业—年度观察值。同时，对实证模型中涉及的连续变量均进行了上下1%分位数的缩尾处理，以消除异常值的潜在影响。样本数据分别来自Wind数据库和国泰安数据库。

当前，关于企业数字化水平的度量主要有三种不同的方式：①使用财务报表附注年末无形资产明细中，与数字化相关的投入占无形资产总额的比例，作为企业数字化水平测度指标，如祁怀锦等（2020）[182]；②使用问卷调查方法，构建企业数字化水平的测量量表，作为衡量企业数字化水平的测量工具，如池毛毛等（2020）；③使用年报中数字化相关的关键词出现的词频数，或者是使用数字化相关词频在年报中出现的比例，作为数字化水平的测度指标，如吴非等（2021）[183]。近年来，第三种方式得到了较高的关注度，本章选择该方法进行“专精特新”中小企业数字化水平的测度，结合已有文献处理方法，对数字化词频进行了加1取对数处理。

6.2.2 专精特新中小企业数字化程度

图6-1展示了“专精特新”中小企业数字化程度随着时间变化的趋势。其中，纵轴表示“专精特新”中小企业数字化程度。可以看出，我国“专精特新”中小企业数字化程度呈现出逐年增长的趋势。根据中国信通院披露的《中国数字经济发展白皮书》，我国数字经济规模从2012年的11万亿元增加到2021年的45.5万亿元。宏观数字经济发展与微观企业数字化转型保持总体一致的趋势，体现出本章使用的数字化转型程度指标具有一定的合理性，也反映出我国数字经济发展与实体经济融合程度越来越高的事实。形成特征事实1：我国“专精特新”中小企业数字化程度逐年增长。

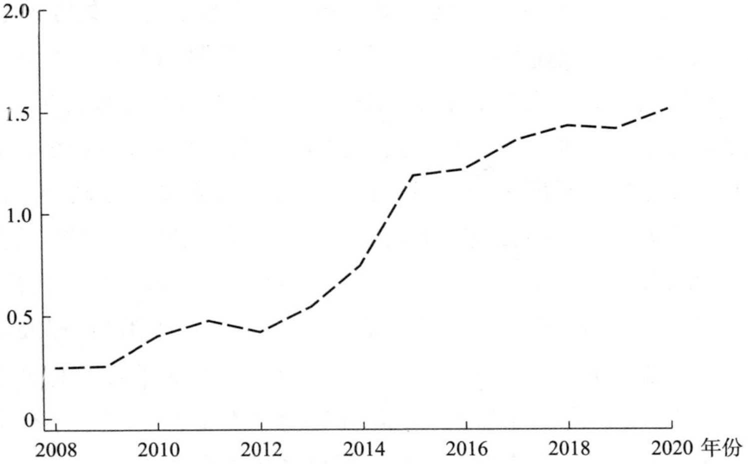

图 6-1　2008—2020 年专精特新中小企业数字化程度变化趋势

图 6-2 为不同行业的“专精特新”中小企业数字化程度的变化趋势。根据本章筛选的我国已上市的“专精特新”中小企业样本，选取数量相对较多的三个行业：采矿业，制造业，信息传输、软件和信息技术服务业。三个行业的数字化程度总体表现出上升趋势，信息传输、软件和信息技术服务业的“专精特新”中小企业数字化程度最高，而制造业“专精特新”中小企业数字化程度增长缓慢。形成特征事实 2：“专精特新”中小企业数字化程度存在行业异质性。

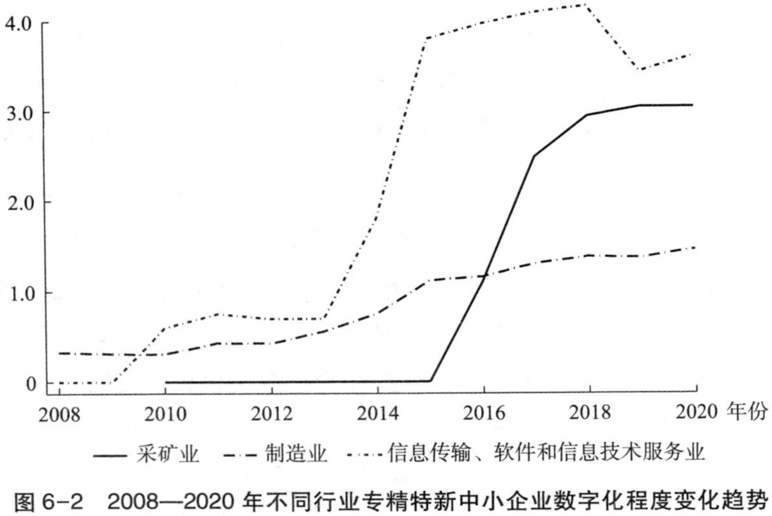

图 6-2　2008—2020 年不同行业专精特新中小企业数字化程度变化趋势

图 6-3 为不同所有制“专精特新”中小企业数字化程度的变化趋势。根据 Wind 数据库的产权性质分类，将样本企业分为国有企业和非国有企业两类。可以看出，两类企业数字化程度均呈现出增长趋势，2012—2016 年两类企业数字化程度快速增长，其后数字化程度增速有所放缓。总体而言，国有企业数字化程度小于非国有企业，在一定程度上反映出，国有企业竞争压力不充分，可能影响其推动数字化转型的积极性。但随着全球经济下行压力增大，无论是国有企业还是民营企业都亟须寻找新的增长点。近年来，国家层面陆续出台了《中小企业数字化转型指南》，以及国资委等部门下发的推动国有企业数字化转型政策文件，为企业数字化变革做出了全方位部署。形成特征事实 3：不同所有制“专精特新”中小企业数字化程度存在差异，非国有企业数字化程度要高于国有企业。

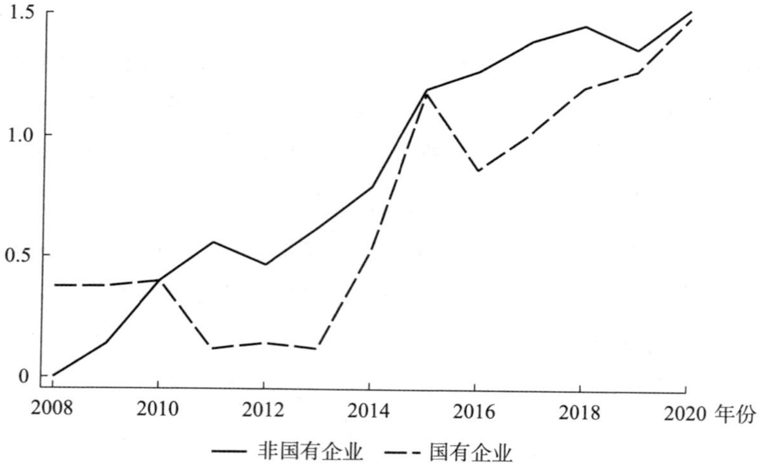

图 6-3　2008—2020 年不同所有制专精特新中小企业数字化程度变化趋势

图 6-4 为不同年龄“专精特新”中小企业数字化程度的变化趋势。已有文献对企业年龄与数字化程度之间的关系还没有一致性的研究结论。本章根据样本企业年龄中位数分组，即分为年龄大企业组和年龄小企业组。根据图 6-4 的结果，不同年龄“专精特新”中小企业数字化均实现较快发展，但年龄小企业组的“专精特新”中小企业数字化程度要高于年龄大企业组。这表明数字化更可能促进年龄小的“专精特新”企业发展。形成特征事实 4：“专精特新”中小企业数字化程度存在年龄差异，年龄小的

“专精特新”中小企业数字化程度明显较高。

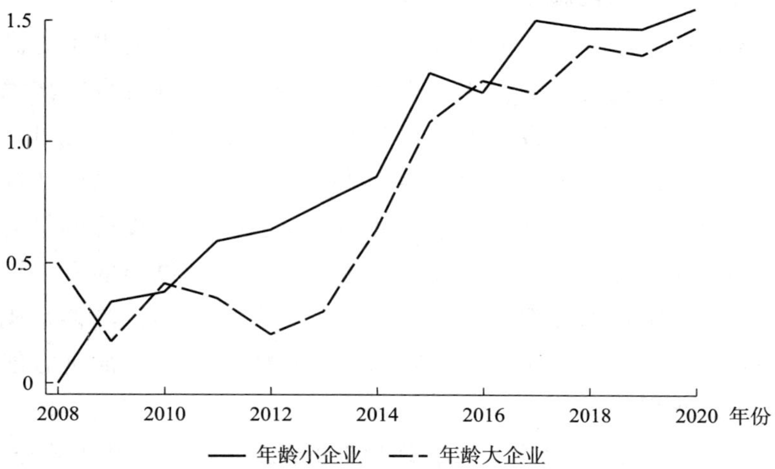

图 6-4　2008—2020 年不同年龄专精特新中小企业数字化程度变化趋势

6.3　数字化驱动专精特新中小企业创新的理论分析

“专精特新”中小企业已成为落实创新驱动发展战略的关键载体（董志勇等，2021），在我国全面落实创新驱动发展战略过程中发挥着越来越重要的作用。2022 年 11 月，工信部印发《中小企业数字化转型指南》，为中小企业数字化提供了方向性指引。加快推动数字化转型，也成为“专精特新”中小企业创新发展的重要选择。从当前有关数字化研究文献来看，对微观层面的企业数字化存在多种不同的定义方式，如利用数字技术改变企业自身与顾客、供应商等利益相关者之间的合作关系（Ritter et al.，2020）[184]，或者是利用数字技术改变企业的业务流程（Legner et al.，2017）[185]。但从本质上来说，数字化都强调通过数字技术的应用以达到优化运营、提升能力和改善业务的目的。数字技术的应用，一方面可以帮助企业降低运营成本、验证成本，提高企业经营效率；另一方面可以帮助企业及时、准确地掌握客户、供应商等的需求，有助于开发更加符合市场需求偏好的新产品或服务（沈国兵、袁征宇，2020）[186]。随着数字经济与实体经济不断融合，生产资料的数字化、生产关系的数字化，以及企业产品开发、业务流程、价值链等多方面的数字化，都在一定程度上加速了新技术应用和新产品开发的融合、创新。基于此，数字化对“专精特新”中小企业创新的影响，可以从以下方面加以分析概括：

首先，数字化对“专精特新”中小企业人才标准提出了更高的要求，为满足数字化变革的需求，中小企业需要更多具有数字技术背景的数字人才。一方面，数字人才可更好地应用数字技术等工具，帮助中小企业打破物理边界的约束，推动内外部信息的实时更新和提高信息传递的效率；另一方面，数字人才与数字技术基础设施的结合，可提高中小企业资源配置效率。此外，数字技术基础设施的发展，对中小企业应用数字技术和促进数字化变革产生正向影响，改善企业组织模式（肖土盛等，2022）。这些都可能对专精特新中小企业的创新活动产生积极作用。

其次，数字化有助于企业充分连接价值链上的主体及相关业务活动，进而促进信息和资源的释放与交换（Ritter et al.，2020），从而对企业创新产生积极作用。一是数字化促进了专精特新中小企业与价值链上下游不同企业的连接，有助于新思想、新资源流动，这使企业可以更快地改善产品或迭代创新，满足用户个性化需求。二是数字化使中小企业内部各个流程环节的数据被记录下来，这些沉淀的数字记录可通过数据分析和业务场景相结合，实现快速迭代创新，提高运营效率，对创新活动和创新绩效产生积极影响（Legner et al.，2017）。三是数字化帮助中小企业搭建起与用户设施设备之间的桥梁，有助于实时了解用户应用数据和需求信息，更精准地采集到用户主动行为的数据，这些数据将促进专精特新中小企业创新活动的开展，进而对创新绩效产生推动作用。

最后，数字化有助于专精特新中小企业提升治理水平。专精特新中小企业数字化进程中，通过有效地应用数字技术可以改善沟通方式、提高沟通效率，为企业创新活动的开展创造便利条件。具体来说：一是数字化可以促进信息、资源和数据的交互，为效率的提升奠定技术基础；二是数字化可以降低企业搜寻成本、交易成本，提高资源链接水平，促进交易效率的提升；三是数字化有助于信息环境的改善，可以提高信息透明度，缓解企业的信息不对称程度。数字化带来的企业内部治理环境改善，还能够吸引外部投资者的关注，为专精特新中小企业开展创新活动提供良好基础，中小企业开展创新的动机也会更加强烈。

以上关于数字化对专精特新中小企业的作用分析，表明数字化可对中小企业创新产生激励作用。也就是说，随着数字化程度的提升，专精特新中小企业将有更积极的创新动机和创新产出。由此，提出如下研究假设：

H6-1：数字化对专精特新中小企业创新具有显著的“激励”效应。

6.4　数字化驱动专精特新中小企业创新的实证设计

6.4.1　模型设定与变量定义

参考已有的关于企业创新的研究文献（沈国兵等，2020；肖土盛等，2022），构建如式（6-1）所示的回归模型，检验数字化对专精特新中小企业创新的直接影响：

$$Innovation_{i,t} = \alpha_0 + \alpha_1 digital_{i,t} + \sum controls + Industry + Year + Province + \varepsilon \tag{6-1}$$

其中，*Innovation* 表示被解释变量，即专精特新中小企业创新产出水平。根据黎文靖、郑曼妮（2016）[187]和 Chang 等（2015）[188]等的研究，使用专利申请数加 1 后再取自然对数（ln*PA_Apply*）作为创新产出的具体测量指标，并在稳健性检验中分别使用发明专利申请数加 1 后取自然对数（ln*PA_Invent*）、实用新型专利和外观设计专利申请数加 1 后再取自然对数（ln*PA _UD*），以及研发强度（*RD_ratio*）作为因变量企业创新的替代变量。*digital* 表示解释变量专精特新中小企业数字化程度，具体测量方式见前述分析。

同时，参考已有研究文献（沈国兵等，2020；虞义华等，2018[189]），在模型中控制企业规模（*Size*）、企业年龄（*FirmAge*）、账面市值比（*MB_ratio*）、资产负债率（*Leverage*）、现金持有（*Cash_ratio*）、两职合一（*IsDuality*）、产权性质（*SOE*）等。此外，模型中还控制了行业（*Industry*）、地区（*Province*）、年份（*Year*）固定效应。

模型中主要变量定义如表 6-2 所示。

表 6-2 主要变量定义

符号	名称	定义
ln*PA_Apply*	专利申请数	当年专利申请数加 1 取自然对数
ln*digital*	数字化程度	年报中与数字化相关的词频数加 1 取自然对数
Size	企业规模	总资产的自然对数
FirmAge	企业年龄	注册年与当前年份的差值
Leverage	资产负债率	总负债/总资产
MB_ratio	账面市值比	总资产/市值
Cash_ratio	现金持有	（货币资金+交易性金融资产+短期投资净额）/总资产
IsDuality	两职合一	董事长和总经理两职合一，若为同一人则为 1，否则为 0
SOE	产权性质	国有企业赋值为 1，其余为 0

6.4.2 样本基本特征分析

（1）描述性统计分析。

表 6-3 报告了主要变量的描述性统计结果。数字化程度的均值和标准差分别为 1.178 和 1.358，25% 分位点和 75% 分位点分别为 0.000 和 2.079，最大值和最小值相差较多，反映出专精特新中小企业之间数字化程度可能存在较大的差异。对于被解释变量，专利申请量的均值和标准差分别为 0.609 和 1.257，且最大值和最小值相差也较悬殊，表明专精特新中小企业在专利申请方面存在比较明显的差异。从产权性质看，产权性质的均值和标准差分别为 0.123 和 0.329，表明我国专精特新中小企业主要是以非国有企业为主。从两职合一情况来看，均值和标准差分别为 0.438 和 0.496，反映出我国专精特新中小企业董事长和总经理两职兼任的比例较高。其他控制变量与相关文献的结果基本一致。

表 6-3 主要变量的描述性统计

	count	mean	sd	min	p25	p50	p75	max
ln*PA_Apply*	876	0.609	1.257	0.000	0.000	0.000	0.000	5.081
ln*digital*	876	1.178	1.358	0.000	0.000	0.693	2.079	5.673
Size	876	20.831	0.572	19.644	20.445	20.765	21.188	22.994
FirmAge	876	20.325	4.673	8.000	17.000	20.000	23.000	32.000
Leverage	876	0.272	0.175	0.016	0.134	0.238	0.360	1.031

续表

	count	mean	sd	min	p25	p50	p75	max
MB_ratio	862	0. 488	0. 190	0. 045	0. 343	0. 479	0. 631	1. 064
Cash_ratio	876	0. 249	0. 173	0. 018	0. 116	0. 197	0. 347	0. 911
IsDuality	876	0. 438	0. 496	0. 000	0. 000	0. 000	1. 000	1. 000
SOE	876	0. 123	0. 329	0. 000	0. 000	0. 000	0. 000	1. 000

（2）相关性分析。

表 6-4 报告了本章模型中所使用主要变量的相关性系数计算结果。专精特新中小企业数字化程度与专利申请之间存在显著的正相关关系，这为 H6-1 提供了初步验证。此外，模型中变量的相关系数基本均小于 0. 4，反映出模型中各变量之间不存在严重的共线性问题。同时还在后续回归分析中进一步进行了 VIF 检验，以确保估计结果不会受多重共线性问题的影响。

表 6-4　主要变量相关性分析结果

	1	2	3	4	5	6	7	8
ln*PA_Apply*	1. 000							
ln*digital*	0. 117***	1. 000						
Size	−0. 002	0. 114***	1. 000					
FirmAge	−0. 200***	−0. 178***	−0. 002	1. 000				
Leverage	−0. 068*	−0. 028	0. 339***	0. 176***	1. 000			
MB_ratio	−0. 128***	−0. 092**	0. 338***	0. 001	0. 102**	1. 000		
Cash_ratio	0. 144***	−0. 004	−0. 183***	−0. 165***	−0. 482***	0. 027	1. 000	
IsDuality	−0. 053	−0. 066	−0. 092**	−0. 150***	−0. 045	0. 090**	0. 085*	1. 000
SOE	−0. 042	−0. 068*	0. 085*	0. 198***	0. 354***	−0. 036	−0. 215***	−0. 247***

注：*、**、***分别表示在 10%、5%、1%的水平上显著。下表同。

6. 5　数字化驱动专精特新中小企业创新的效应检验

6. 5. 1　数字化驱动专精特新中小企业创新的直接效应

表 6-5 报告了数字化程度影响专精特新中小企业创新的实证检验结

果。表6-5的第（1）列表示不加入控制变量，不控制行业、地区和时间固定效应，第（2）列在第（1）列的基础上加入行业、地区和时间固定效应，第（3）列在第（2）列的基础上加入与企业特征有关的控制变量，第（4）列在第（3）列的基础上加入与治理相关的控制变量，四个模型中专精特新中小企业数字化程度变量的回归系数均显著为正，一定程度上说明专精特新中小企业数字化对创新有显著的正向影响，即产生“激励”效应，进一步为H6-1提供了经验证据。

表6-5 数字化对专精特新中小企业创新的基准回归结果

	(1)	(2)	(3)	(4)
	ln*PA_Apply*			
ln*digital*	0.104*** (0.035)	0.128*** (0.039)	0.098** (0.038)	0.094** (0.038)
Size			0.178* (0.096)	0.137 (0.098)
FirmAge			−0.047*** (0.010)	−0.048*** (0.011)
Leverage			0.085 (0.288)	0.204 (0.291)
MB_ratio			−0.957*** (0.328)	−0.836** (0.338)
Cash_ratio			0.673** (0.316)	0.684** (0.321)
IsDuality				−0.257*** (0.091)
SOE				−0.176 (0.161)
_cons	0.486*** (0.050)	0.290 (0.189)	−2.278 (1.873)	−1.353 (1.905)
Industry/Year/Province	No	Yes	Yes	Yes
N	876	876	862	862
Adj_R^2	0.012	0.077	0.113	0.120

注：括号内数值为稳健标准误，如无特别说明，其他表格均同。

6.5.2　数字化驱动专精特新中小企业创新的治理效应

根据已有的文献研究，企业数字化转型过程中，公司治理水平是重要影响因素，企业信息披露环境、分析师关注等因素会对企业数字化行为产生影响（李雪松等，2022）[190]。因此，为进一步考察数字化促进专精特新中小企业创新的作用机理，分别考察了信息披露（*Disclosure*）、分析师关注（*Analyst*）在数字化与专精特新中小企业创新关系中所发挥的治理效应，具体使用国泰安数据库中的信息披露质量考评结果和分析师关注度作为测量指标，回归结果如表6-6所示。

表6-6第（1）列和第（2）列为信息披露质量对数字化与专精特新中小企业创新关系的回归检验结果，表明信息披露考评结果越好，数字化对专精特新中小企业创新的"激励"效应越明显。表6-6第（3）列和第（4）列为分析师关注度对数字化与专精特新中小企业创新关系的回归检验结果，表明分析师关注度越高，数字化对专精特新中小企业创新的"激励"效应越明显。根据信息揭示的理论假说，信息披露考评结果、分析师关注扮演了信息供给和外部监督的角色。当信息披露考评结果较好、分析师关注度较高时，改善市场获得的信息数量和信息质量，有助于投资者了解专精特新中小企业，由此可能降低企业融资成本，从而对中小企业创新发展产生积极的作用。

表6-6　数字化影响专精特新中小企业创新的治理效应检验结果

	（1）	（2）	（3）	（4）
	ln*PA_Apply*			
	Disclosure=0	*Disclosure*=1	*Analyst*=0	*Analyst*=1
ln*digital*	0.019 （0.092）	0.111*** （0.041）	0.042 （0.063）	0.103** （0.050）
Size	0.049 （0.216）	0.090 （0.114）	−0.058 （0.165）	0.202 （0.129）
FirmAge	−0.043* （0.023）	−0.034*** （0.011）	−0.006 （0.019）	−0.067*** （0.013）
Leverage	0.588 （0.835）	0.373 （0.332）	0.497 （0.590）	0.163 （0.356）

续表

	(1)	(2)	(3)	(4)
	ln*PA_Apply*			
	Disclosure = 0	*Disclosure* = 1	*Analyst* = 0	*Analyst* = 1
MB_ratio	-1.360* (0.737)	-0.577 (0.386)	-0.770 (0.548)	-0.637 (0.435)
Cash_ratio	1.984*** (0.695)	0.101 (0.346)	0.598 (0.537)	0.768* (0.409)
IsDuality	-0.006 (0.222)	-0.375*** (0.103)	-0.039 (0.166)	-0.367*** (0.112)
SOE	-0.232 (0.429)	-0.178 (0.191)	-0.473 (0.317)	0.002 (0.194)
_cons	0.518 (4.231)	-0.786 (2.297)	0.415 (3.413)	-2.547 (2.571)
Industry/Year/Province	Yes	Yes	Yes	Yes
N	179	683	290	572
Adj_R^2	0.214	0.127	0.052	0.149

6.5.3 内生性与稳健性检验

（1）内生性问题。

数字化对专精特新中小企业创新的影响可能受遗漏变量、反向因果关系引起的内生性问题影响，从而导致模型估计结果的偏误。为了缓解内生性问题，分别采用了工具变量法、Heckman 两步法、双重差分方法（DID）重新估计基准回归模型。

为缓解遗漏变量可能引起的内生性问题，使用了工具变量法重新估计回归模型。根据宋德勇等（2022）[191]的研究，使用企业数字化水平与行业数字化水平均值差额的三次方作为第一个工具变量（*aveIndDT*），这是不使用外部因素构建工具变量的有效方法。增加工具变量的个数可以得到更加有效的估计结果（白俊红、刘宇英，2021）[192]，因此进一步用各省到海岸线距离作为第二个工具变量。各省到海岸线距离越近，经济发展水平越高，企业越有可能推动实施数字化，即满足工具变量相关性的条件。另外，各省到海岸线的距离是地理因素决定的，也满足工具变量的外生性条件（李双建等，2020）[193]。表6-7报告了使用工具变量的两阶段最小二乘法（2SLS）估计结果，第（1）列为一阶段的估计结果，第（2）列为第二阶段的估计结果。根据第（1）列的估计结果，工具变量均对数字化有显著的影响。Kleibergen-Paap rk LM统计量检验的p值为0.000，在1%水平拒绝了原假设，即工具变量不存在不可识别问题。Kleibergen-Paap rk Wald F统计量大于Stock-Yogo检验10%水平临界值16.38，说明不存在弱工具变量问题。Hansen J统计量p值高于0.1，说明不存在过度识别问题。基于以上的检验，说明所选取的工具变量具有合理性。根据表6-7第（2）列的估计结果，通过工具变量控制内生性问题后，数字化对专精特新中小企业创新仍然存在显著的正效应，进一步支持了H6-1。

表6-7　2SLS检验结果

	(1)	(2)
	ln*digital*	ln*PA_Apply*
aveIndDT	0.786*** (0.080)	
ln*distance*	−0.152* (0.090)	
Size	0.339*** (0.111)	0.110 (0.100)
FirmAge	−0.035*** (0.011)	−0.044*** (0.011)
Leverage	−0.372 (0.340)	0.179 (0.294)
MB_ratio	−0.917*** (0.317)	−0.690* (0.353)
Cash_ratio	0.205 (0.343)	0.643** (0.320)
IsDuality	−0.087 (0.095)	−0.224** (0.093)
SOE	−0.111 (0.178)	−0.174 (0.165)
ln*digital*		0.191** (0.075)

续表

	(1)	(2)
	ln*digital*	ln*PA_Apply*
_cons	-5.580** (2.196)	-1.770 (1.867)
Year/Industry/Province	Yes	Yes
N	833	833
Adj_R^2	0.298	0.109
Kleibergen-Paap rk LM 统计量		101.67
LM 统计量 p 值		[0.000]
Kleibergen-Paap rk Wald F 统计量		96.162
Stock-Yogo 检验 10%水平临界值		{16.38}
Hansen J 统计量		1.15
Hansen J 统计量 p 值		[0.279]

注：digital_SRDI 为虚拟变量，如果 digital 大于行业平均水平，digital_SRDI=1，反之 digital_SRDI=0。

为缓解样本选择偏误引起的内生性问题，使用 Heckman 方法重新估计基准回归模型。表 6-8 报告了 Heckman 两步法的检验结果，参考许荣、李从刚（2019）[194]的做法，使用企业数字化水平与行业数字化水平均值差额的三次方（*aveIndDT*）作为工具变量，计算逆米尔斯比（*lambda*），结果如表 6-8第（1）列所示。第二阶段将计算得到的逆米尔斯比纳入第一阶段的回归模型，即表 6-8 第（2）列所示的回归结果。该结果表明，在控制样本选择偏误导致的内生性问题后，数字化对专精特新中小企业创新仍然具有显著的正向影响，进一步支持了 H6-1。

表 6-8　Heckman 两步法检验结果

	(1)	(2)
	digital_SRDI	ln*PA_Apply*
aveIndDT	0.597*** (0.104)	
Size	-0.070 (0.115)	0.182* (0.101)

续表

	(1)	(2)
	digital_SRDI	ln*PA_Apply*
FirmAge	−0.018 (0.012)	−0.043*** (0.011)
Leverage	0.142 (0.374)	0.086 (0.306)
MB_ratio	−1.023*** (0.377)	−0.576 (0.383)
Cash_ratio	0.061 (0.362)	0.643** (0.327)
IsDuality	−0.315*** (0.107)	−0.146 (0.103)
SOE	−0.206 (0.193)	−0.136 (0.167)
ln*digital*		0.073* (0.043)
lambda		−0.426* (0.217)
_cons	1.963 (2.272)	−2.198 (1.911)
Year/Industry/Province	Yes	Yes
N	801	801
Adj_R^2 或 $Pseudo\_R^2$	0.162	0.116

为了缓解反向因果引起的内生性问题，选择双重差分方法（DID）重新估计基准回归模型，表 6-9 报告了使用双重差分方法的检验结果。参考吴非等（2021）的方法，d_u 表示分组变量，$d_u=0$ 表示未进行数字化转型的企业，$d_u=1$ 表示已经进行数字化转型的企业；d_t 为时间变量，$d_t=1$ 表示企业当年及其后续年份进行数字化转型，否则 $d_t=0$。考虑到样本的限制，使用了连续 3 年的样本企业，以确保有较充足的观察值。根据表 6-9 的检验结果，$d_u \times d_t$ 的回归系数显著为正，说明数字化转型后专精特新创新水平有显著提高。在此基础上，纳入了数字化转型程度与 $d_u \times d_t$ 的交互项，$d_u \times d_t \times \ln digital$ 的回归系数显著为正。可以看出，采用双重差分方法

的回归估计结果，进一步支持了 H6-1。

经过前述一系列对内生性问题的控制之后，数字化对专精特新中小企业的正向影响保持稳定，这在一定程度上反映出数字化对专精特新中小企业"激励"效应具有稳健性。

表 6-9 DID 方法检验结果

	(1)	(2)
	ln*PA_Apply*	ln*PA_Apply*
Size	0.163 (0.102)	0.137 (0.101)
FirmAge	-0.030*** (0.010)	-0.029*** (0.010)
Leverage	0.171 (0.290)	0.150 (0.294)
MB_ratio	-0.640* (0.358)	-0.610* (0.355)
Cash_ratio	0.170 (0.338)	0.128 (0.340)
IsDuality	-0.312*** (0.098)	-0.315*** (0.095)
SOE	-0.198 (0.162)	-0.202 (0.159)
$d_u \times d_t$	0.196* (0.105)	
$d_u \times d_t \times \ln digital$		0.112*** (0.043)
_cons	-2.481 (1.990)	-1.957 (1.959)
Industry/Year/Province	Yes	Yes
N	784	784
Adj_R^2	0.113	0.120

(2) 稳健性检验结果。

为验证本章主效应检验结果的稳健性，在前述内生性处理的基础上，进一步进行其他的稳健性检验，包括：替换主要变量、替换估计方法、替换估计样本。表 6-10 为替换主要变量的回归估计结果，第（1）~第（3）列为替换因变量的估计结果，分别使用研发强度（*RD_ratio*）、发明专利申请数量（ln*PA_Invent*）、实用新型转型和外观专利申请数量（ln*PA_UD*）作为因变量，数字化对创新的三个替代变量均具有显著的正向影响。表 6-10 第（4）列的回归结果为使用数字化的替代变量，即使用年末无形资产中与数字化相关的投入金额占无形资产总额比例（*digitalRatio*）作为替代变量，数字化的回归系数在 1%的水平上显著为正。

表 6-10　替换主要变量测量方式的检验结果

	(1)	(2)	(3)	(4)
	RD_ratio	ln*PA_Invent*	ln*PA_UD*	ln*PA_Apply*
ln*digital*	0.009*** (0.001)	0.111*** (0.031)	0.089*** (0.029)	
Size	0.006 (0.004)	0.281*** (0.080)	0.092 (0.070)	0.186* (0.096)
FirmAge	-0.002*** (0.001)	-0.034*** (0.008)	-0.027*** (0.009)	-0.046*** (0.011)
Leverage	-0.075*** (0.011)	-0.092 (0.206)	0.188 (0.227)	0.280 (0.288)
MB_ratio	-0.033*** (0.012)	-0.994*** (0.278)	-0.268 (0.233)	-0.789** (0.336)
Cash_ratio	0.028** (0.012)	0.332 (0.252)	0.349 (0.233)	0.737** (0.314)
IsDuality	0.006 (0.004)	-0.098 (0.070)	-0.140** (0.068)	-0.297*** (0.091)
SOE	0.015** (0.007)	-0.118 (0.120)	-0.088 (0.119)	-0.237 (0.159)
digitalRatio				1.249*** (0.356)
_cons	0.012 (0.075)	-4.311*** (1.518)	-1.052 (1.371)	-2.536 (1.856)
Industry/Year/Province	Yes	Yes	Yes	Yes
N	862	862	862	862
Adj_R^2	0.312	0.130	0.115	0.131

对被解释变量中小企业创新的测度使用了专利数据，由于专利数据具有归并数据特征，所以使用 Tobit 方法重新估计基准回归模型，估计结果如表 6-11 第（1）列所示，数字化程度的回归系数仍然显著为正。表 6-11 第（2）列为使用固定效应模型的估计结果，数字化对专精特新中小企业创新的影响也显著为正。以上替换估计方法的回归结果，说明基准回归结果具有稳健性。

表 6-11　替换估计方法的检验结果

	(1)	(2)
	ln*PA_Apply*	
	Tobit 模型	固定效应模型
ln*digital*	0.208*** (0.036)	0.101** (0.040)
Size	0.760*** (0.007)	0.139 (0.101)
FirmAge	-0.190*** (0.007)	-0.046*** (0.011)
Leverage	0.855*** (0.330)	0.158 (0.300)
MB_ratio	-3.192*** (0.241)	-0.817** (0.349)
Cash_ratio	3.145*** (0.287)	0.658** (0.330)
IsDuality	-1.126*** (0.104)	-0.224** (0.095)
SOE	-1.194*** (0.136)	-0.158 (0.169)
_cons	3.676*** (0.066)	-1.422 (1.953)
Industry/Year/Province	Yes	Yes
N	862	862
$Adj\_R^2/Pseudo\_R^2$	0.092	0.113

表 6-12 为替换估计样本后的回归结果。根据已有的研究文献（吴非等，2021），分别剔除了金融危机期间的样本，以及直辖市样本，然后重

新估计了基准回归模型。表 6-12 第（1）列为剔除金融危机样本之后的估计结果，该结果表明数字化对“专精特新”中小企业创新影响在 5%的水平上显著为正；第（2）列为剔除直辖市样本之后的估计结果，该结果表明数字化对“专精特新”中小企业创新影响在 5%的水平上显著为正。剔除样本之后的估计结果，再次说明本章的基准回归结果具有稳健性。

表 6-12　替换估计样本的检验结果

	(1)	(2)
	lnPA_Apply	
	剔除金融危机样本	剔除直辖市样本
lndigital	0.082** (0.039)	0.111** (0.046)
Size	0.096 (0.103)	0.017 (0.109)
FirmAge	-0.048*** (0.011)	-0.032** (0.013)
Leverage	0.113 (0.317)	0.323 (0.322)
MB_ratio	-0.817** (0.361)	-0.266 (0.362)
Cash_ratio	0.589* (0.341)	0.501 (0.368)
IsDuality	-0.222** (0.099)	-0.341*** (0.102)
SOE	-0.192 (0.178)	-0.316* (0.181)
_cons	-0.629 (2.021)	0.265 (2.172)
Industry/Year/Province	Yes	Yes
N	757	668
Adj_R^2	0.120	0.116

6.5.4　数字化驱动专精特新中小企业创新的异质性检验

根据前述对专精特新中小企业数字化的特征事实分析，分别从产权性质、企业年龄、环境不确定性等角度对数字化与专精特新中小企业创新的关系进一步展开分析，检验结果如表 6-13 所示。根据产权性质（*SOE*），将专精特新中小企业分为国有和非国有两组，第（1）列和第（2）列的结果显示，非国有企业样本组数字化的回归系数显著为正，国有样本组数字化的回归系数为正但不显著；根据企业年龄（*Age*）按照中位数大小分为两组，高于中位数的为年龄较大组（*Age*=1），小于中位数的为年龄较小组（*Age*=0），第（3）列和第（4）列的回归结果表明，年龄较小组数字化对专精特新中小企业创新影响显著；根据环境不确定性程度按照中位数大小分为高低两组，环境不确定性计算依据了 Ghosh 等（2009）[195]的方法，高于中位数表示环境不确定性程度高，即 *Uncertainty*=1，小于中位数表示环境不确定性程度低，即 *Uncertainty*=0，第（5）列和第（6）列的回归结果表明，环境不确定性程度高时，数字化对专精特新中小企业创新的影响显著。以上异质性检验结果表明，当中小企业在面临外部竞争压力时，有更高的意愿通过数字化转型应对挑战。

表 6-13　异质性检验结果

	(1)	(2)	(3)	(4)	(5)	(6)
	ln*PA_Apply*					
	SOE=0	*SOE*=1	*Age*=0	*AGE*=1	*Uncertainty*=0	*Uncertainty*=1
ln*digital*	0.115*** (0.041)	0.031 (0.078)	0.138** (0.053)	0.071 (0.058)	0.051 (0.080)	0.109** (0.044)
Size	0.146 (0.105)	-0.290 (0.393)	0.140 (0.158)	0.047 (0.113)	0.243 (0.219)	0.031 (0.116)
FirmAge	-0.049*** (0.011)	0.053 (0.038)	— —	— —	-0.054** (0.026)	-0.051*** (0.012)
Leverage	0.252 (0.342)	0.524 (0.718)	-0.148 (0.536)	0.419 (0.325)	0.430 (0.703)	0.006 (0.336)
MB_ratio	-1.012*** (0.369)	1.530 (1.196)	-1.669*** (0.508)	0.585 (0.395)	0.192 (0.867)	-0.985** (0.383)
Cash_ratio	0.628* (0.346)	-0.770 (1.400)	0.638 (0.453)	0.062 (0.382)	0.336 (1.276)	0.771** (0.341)
IsDuality	-0.199** (0.097)	-0.469* (0.250)	-0.098 (0.136)	-0.350*** (0.129)	-0.805*** (0.211)	-0.121 (0.103)

续表

	(1)	(2)	(3)	(4)	(5)	(6)
	lnPA_Apply					
	SOE=0	*SOE*=1	*Age*=0	*AGE*=1	*Uncertainty*=0	*Uncertainty*=1
SOE	— —	— —	0.298 (0.283)	-0.604*** (0.181)	-0.385 (0.337)	-0.041 (0.193)
_cons	-2.387 (2.035)	6.727 (7.557)	-0.421 (3.100)	-2.409 (2.211)	-3.944 (4.037)	0.754 (2.284)
Industry/Year/Province	*Yes*	*Yes*	*Yes*	*Yes*	*Yes*	*Yes*
N	758	104	475	387	197	665
Adj_R^2	0.122	0.262	0.158	0.049	0.203	0.111

6.6 研究结论

在数字经济迅速发展的大环境下，通过数字化驱动专精特新中小企业创新，既是推动专精特新中小企业变革的重要驱动力，也是我国解决技术“卡脖子”难题、填补技术空白、补短板锻长板的有力抓手，是落实科技强国战略的重要载体。本章基于已上市的专精特新中小企业2008—2021年的数据，首先梳理了已上市专精特新中小企业数字化发展的特征事实，然后通过理论分析构建了数字化影响专精特新中小企业创新的研究假设，通过实证方法检验了二者之间的关系，主要得到了以下研究结论：

（1）数字化对专精特新中小企业创新具有显著的“激励”效应。通过工具变量方法、双重差分方法、Heckman两步法，控制遗漏变量、反向因果、样本自选择偏误可能引起的内生性问题后，数字化对专精特新中小企业正向影响作用依然显著。同时，通过替换变量、替换估计方法和替换样本等稳健性检验，数字化对专精特新中小企业创新仍然具有显著的正向影响。这一系列的实证检验，为数字化赋能专精特新中小企业发展提供了经验依据。

（2）信息披露质量与分析师关注度是影响数字化与专精特新中小企业关系的重要因素。当信息披露质量考核水平更高时，数字化对专精特新中小企业创新的影响更显著；当分析师关注度更高时，数字化对专精特新中小企业创新的影响更显著。这表明公司治理的改善，对数字化赋能专精特新中小企业发展会产生更加积极的影响。

（3）数字化对专精特新中小企业创新的影响具有明显的异质性。通过实证检验发现，对于非国有企业、年龄较小的企业和环境不确定性较高时，数字化对专精特新中小企业的影响更显著，这一回归检验结果也同本章关于专精特新中小企业数字化程度特征事实分析的趋势保持一致，为数字化赋能专精特新中小企业创新发展提供了量化证据。

第7章 数字化政策影响中小企业创新的效应研究

数字化政策是政府推动数字化转型发展与中小企业创新的重要工具，本章重点考察了我国数字化政策出台对中小企业创新发展的效应。利用我国中小板和创业板上市中小企业的数据，同时以2018年11月《促进大中小企业融通发展三年行动计划》政策的颁布为准自然实验，采用双重差分法考察数字化政策对中小企业创新的影响和作用机理。研究发现数字化政策促进了中小企业创新，在经过一系列稳健性检验后，上述结论依然成立。此外，数字化政策对非国有企业、高科技企业，以及融资约束较低的中小企业的创新激励效应更为显著。数字化政策影响中小企业创新的机制分析表明，数字化政策对创新的激励效应主要通过增加研发投入和促进人力资本结构升级实现，从而提升中小企业的创新水平。因此，数字化政策在促进中小企业创新发展方面发挥了十分重要的作用。这为推动中小企业数字化转型，实现可持续发展，以及数字化政策的制定和实施提供了有益的借鉴参考。

7.1 引言

随着新兴技术的发展，原有的经济增长模式难以满足新时代高质量发展的要求。数字技术已成为推动经济发展的新动力。党的十九届五中全会提出，要发展数字经济，推进数字产业化和产业数字化，推动数字经济和实体经济深度融合。根据中国信通院的报告，我国数字经济规模已从2011年的9.5万亿元增长到2022年的50.2万亿元，增长了40.7万亿元，其在GDP中的比例也从20.3%上升到41.5%。一定程度上说明数字技术和实体经济的融合发展在经济高质量发展中的重要性越来越突出，这意味着数字经济与实体经济之间的协作已经成为产业转型升级的重要抓手。中小企业是我国现代国民经济体系的重要组成部分，也是实体经济转型升级的关键。支持中小企业数字化转型，是中小企业实现快速成长和可持续发展的新路径。在全球经济发展不确定性增加、经济下行压力加大背景下，我国需要加快推动中小企业数字化转型步伐，促使其融入数字经济发展进程中，突破瓶颈和实现创新发展。在此背景下，我国对中小企业数字化转型的研究关注也越来越多。大部分学者认为，数字化转型能够有效地提升中小企业的创新发展水平。但也有部分学者认为，要想充分发挥出数据资源的创新激励效应，还存在着诸多限制因素。例如，谢康等（2020）[196]通过研究发现，采用大数据分析能够有效提升企业的绩效管理水平，但仅仅应用单独的大数据资源并不能直接促进企业创新能力的提升。因此，对于中小企业来说，数字化转型需要更为全面的策略规划和实施方案。

2018 年 11 月，工信部、发改委、财政部和国资委联合印发了《促进大中小企业融通发展三年行动计划》（简称《行动计划》），旨在营造大中小企业融通发展的产业生态，强调大企业向中小企业开放资源、共享能力，以数据和资源赋能中小企业，支持中小企业数字化转型。《行动计划》不仅有利于通过数据和资源赋能中小企业，还对突破"卡脖子"困境有重要意义。近年来，随着政策层面对企业数字化转型发展的重视程度提高，理论层面的研究关注也越来越多。现有对数字化影响企业发展的微观经济效果的研究呈现出如下特点：①研究内容涉及高质量发展（Legner et al.，2017；余菲菲等，2022）、对资本市场的影响（吴非等，2021；邵剑兵、王露晔，2023[197]）、对就业的影响（戚聿东等，2020）[198]等；②研究对象主要为制造业企业，多数文献使用制造业上市公司样本（陈庆江等，2021）；③研究方法包括实证研究方法（贺正楚等，2023）[199]和案例研究方法（Urbinati et al.，2020）[200]。以上文献表明，现有研究重点分析数字化对微观企业产生的积极效果，从政策视角探究数字化对中小企业创新的效应还较少。当前我国企业数字化转型成功率还不高（尚洪涛、宋岸玲，2023）[201]，资源约束严重的中小企业面临更严峻数字化转型困境。因此，发挥数字化转型在中小企业创新中的激励作用，离不开有效的数字化扶持政策。探讨数字化政策对中小企业创新的效应，不仅可以丰富中小企业数字化转型的研究文献，还可以为我国政府制定出台相关扶持政策提供理论层面的参考。

本章基于我国中小板和创业板上市中小企业微观样本，以《行动计划》印发为准自然实验，运用双重差分方法实证检验《行动计划》对我国中小企业创新发展的作用效果，以揭示数字化政策对中小企业创新的影响机制和作用路径，为扶持中小企业数字化转型和支持中小企业创新发展提供理论参考与借鉴。

7.2　中小企业数字化政策背景与理论分析

7.2.1　中小企业数字化政策背景

数字化政策不仅注重培育新兴技术与产业，也强调数字技术和传统产业的深度融合。近年来，我国高度重视大中小企业融通发展，大中小企业融通创新是提升产业链、供应链稳定性和竞争力的重要途径，是构建现代化经济体系的重要组织形式。为此，工业和信息化部联合国家发展改革委、财政部、国务院国资委于 2018 年印发了《促进大中小企业融通发展三年行动计划》，旨在鼓励大中小企业创新组织模式、重构创新模式、变革生产模式、优化商业模式，进一步推动大中小企业融通发展。同时，中国的数字经济规模也在不断扩大，根据《中国数字经济发展白皮书（2022 年）》，2021 年中国数字经济规模达到 45.5 万亿元，同比名义增长 16.2%，数字经济在国民经济中的地位进一步凸显。数字经济的蓬勃发展为大中小企业融通发展创造了有利条件，大企业可以通过数字技术和资源赋能中小企业，中小企业则能够快速迭代创新并为大企业注入活力，从而推动形成大中小企业融通发展的新格局。

《行动计划》是一套体系，与中小企业数字化转型发展存在紧密的联系，包括以下要点：一是强调激发中小企业创新潜力，通过大企业带动促进产业链上中下游的融通创新，发挥中小企业强链固链补链的作用；二是强调推动大企业生产要素资源开放、共享，以数据和资源赋能中小企业，形成以创新为纽带的紧密连接；三是强调数据协同共享，以提高中小企业获取和利用数据的能力，推动数据平台建设以支持中小企业数字化转型，让数据成为中小企业发展的重要驱动力；四是强调创新资源开放、共享，降低中小企业的创新成本，缓解中小企业创新资源约束，提高创新转化效率；五是强调加强知识产权管理服务，通过完善知识产权管理制度，为创新成果转化利用保驾护航，同时也提高企业共创的意愿。《行动计划》不仅为中小企业数字化转型带来了新的契机，也带动了一系列政策相继出台，为中小企业创新发展创造了新的可能和新的条件，激发其开展创新变革。为此，本章将以《行动计划》颁布为准自然实验，实证检验《行动计划》的政策效果。

7.2.2 数字化政策影响中小企业创新的直接效应假设

数字化政策是政府为了推动数字化转型发布的一系列政策的总称。数字化政策旨在为企业数字化转型提供良好的外部环境，以助力中小企业创新发展。数字化政策能通过政府补贴、信贷支持以及技术人才等渠道加速企业对转型资源的获取，为企业数字化转型筑牢技术和资金“底座”，进而促进中小企业创新。具体而言：首先，随着数字化政策的出台，对于大力推行智能化工厂、工业互联网改造等在内的数字化普及、智能化提升项目，地方政府将给予开展此类项目的企业一定的补贴，从而发挥财政资金的“撬动作用”（樊铁侠、徐昊，2020）[202]。转型企业在政府补贴的加持下将具备更强的资金周转和抗风险能力，可缓解中小企业创新风险高、周期长所导致的动力不足问题。其次，数字化政策不断出台的背景下，地方政府为推动数字技术同各产业深度融合将引导银行等金融机构为企业提供资金支撑，这将直接提升企业的融资规模与融资水平，破解中小企业创新过程中存在的“融资难”“融资贵”等问题，进而促进中小企业创新（余长林等，2021）[203]。最后，中小企业要实现数字化转型，吸引具有数字技术应用和研发能力的技术人才至关重要。数字化政策的实施也将创造更多的高技能岗位，吸引更多的数字技术人才，为中小企业创新提供必要的人才支持。数字化政策将促进相关数字产业的发展，诱发地区劳动力需求结构的转变，进而促进数字人才的快速聚集和增加，为企业的数字化转型和创新发展提供必要的人才保障（钞小静、薛志欣，2022）[204]。综上所述，数字化政策的出台和实施，可以帮助中小企业破解创新发展过程中的障碍，为中小企业创新提供更好的支持和保障，从而促进中小企业创新发展。由此，本章提出如下研究假设：

H7-1：数字化政策能够显著地促进中小企业创新。

7.2.3　数字化政策影响中小企业创新的中介效应假设

创新是中小企业发展的重要动力。然而，需求不确定性、创新外部性等问题，会影响中小企业研发投入信心，研发投入不足也困扰着中小企业创新。数字化相关政策的制定实施，使得中小企业可更有效地利用数字技术实现内外部信息互通，提高信息传递和沟通的效率，并借助数字技术对有关信息进行整理、分析，更加精准地把握市场需求，降低需求不确定性可能造成的负面影响，进而提高创新积极性。此外，在创新决策过程中，数字化政策能够帮助中小企业更好地利用外部信息，化解信息不对称对于企业创新决策造成的风险，有助于提高中小企业的风险承担能力，缓解创新投资不足的问题。数字化政策还可以改善中小企业内外部环境结构，提升优化治理水平，增强对管理者任期内投资管理行为的有效监督，有助于减少研发投入不足的问题。简言之，数字化政策可以为中小企业创新提供支持和决策依据，提高中小企业风险承担能力和公司治理水平，从而改善研发投入不足的问题，进而促进中小企业创新发展。基于此，提出如下假设：

H7-2：研发投入在数字化政策与中小企业创新之间具有中介效应，即数字化政策可以通过提高研发投入促进中小企业创新。

数字化政策的颁布为中小企业数字化转型创造了良好的环境。然而，数字化转型并不仅仅是硬件资产升级，还需要人力资本支持，因为员工的知识和技能对于企业数字化转型成功至关重要。随着企业数字化转型的推进，企业面临着如何将数字化技术与员工融合并发挥其积极作用的挑战(谢小云等，2021)[205]。数字化政策实施会对中小企业人力资本产生重要影响，具体来说：一是数字化政策实施推动企业数字化转型，而数字化转型的推进势必带来企业技术、设备的升级，减少对低技能人才的需求，提高对高技能人才的需求（Wang et al.，2021)[206]，一定程度上将提升高技能人才比例，从而优化人力资本结构；二是随着中小企业数字化转型的实施，数字技术与企业经营活动将逐步深度融合，该过程也将提高对高技能劳动力的需求，即对劳动力的知识储备等提出更高的要求，呈现出技术偏向性技术进步特征（叶永卫等，2022)[207]，由此促进中小企业优化人力资本结构；三是数字化转型不仅有助于中小企业内外部信息、知识和资源的流动，还有助于推动劳动力与其他资本结合（Yami et al.，2021），强化对高技能劳动力的需求，从而改变企业人力资本结构。高技能人才具有更强的认知能力和学习能力，更高层次的人际关系和信息搜索能力，以及独特的知识、技术和经验，在中小企业的创新活动中具有重要优势，所以人力资本结构升级，可以对中小企业创新产生促进作用。综合以上分析，提出如下假设：

H7-3：人力资本结构在数字化政策与中小企业创新之间具有中介效应，即数字化政策可以通过提高人力资本结构促进中小企业创新。

7.2.4 数字化政策影响中小企业创新的异质性效应假设

从产权性质来看，国有企业面临的竞争压力不足，存在体制相对僵化的问题（肖土盛等，2022），致使其在创新转型方面动力不足，导致数字化政策产生的创新激励效应不明显。而非国有企业具有机制灵活、创新意识强等优势，但受到资源匮乏、融资难、融资贵等因素的制约，面临着较大的市场竞争压力。数字化政策的实施可以提供更加开放的市场环境和更加优质的服务支持，从而激励非国有企业积极开展技术创新和业务模式创新。非国有企业会利用数字化政策资源主动加强数字技术的应用，提升企业创新能力。因此，相对于国有企业，非国有企业有更强烈的动机和意愿实施数字化转型，所以数字化政策实施对中小企业创新的影响在非国有企业中更加明显。由此，提出如下假设：

H7-4：数字化政策对不同产权性质中小企业创新影响程度不同，即数字化政策对中小企业创新的影响具有选择效应，对非国有中小企业创新激励效果更强。

根据已有的文献研究，数字化转型存在行业异质性特征（贺正楚等，2023）。相对于非高科技行业，高科技行业需求变化的不确定性更高，产品迭代更新的速度更快，这就需要高科技行业企业能实时了解市场需求，提高创新效率和产品质量，以更好地适应不断变化的市场环境。对于高科技行业的企业而言，产品科技含量较高，它们也通常将创新作为长期发展方向。然而，高科技行业的企业创新对技术装备的要求高，所以创新需要的资金量较大。数字化政策的实施，有助于提高信息传递效率（Lin et al.，

2019），可缓解外部投资者与中小企业的信息不对称，拓宽高科技行业中小企业融资渠道，帮助中小企业化解数字化转型中的资金约束，进而更好地激励中小企业实施创新。基于此，提出如下研究假设：

H7-5：数字化政策对不同行业中小企业创新影响程度不同，即数字化政策对中小企业创新的影响具有选择效应，对高科技行业中小企业创新激励效应更明显。

我国多数中小企业长期处于价值链分工末端，利润水平比较低，通常会存在融资约束。对于融资约束较高的中小企业，创新过程中更容易面临资金不足的问题，这会限制企业的创新投入和资源配置的灵活性，降低资本和劳动等要素的边际产出，降低数字化转型对产能利用率的提升效果。相比之下，融资约束较低的中小企业具有相对充足的资金，能够为数字化转型提供良好的支撑，激发企业自身的研发与协同研发动力，也能支持生产线及时改造，实现技术创新成果的即时批量化生产。根据以上分析，相较于融资约束较高的中小企业，数字化政策的实施对中小企业创新产生的激励效果在融资约束较低的中小企业中更明显。基于此，提出如下研究假设：

H7-6：数字化政策对融资约束不同的中小企业创新程度影响不同，即数字化政策对中小企业创新的影响具有选择效应，对融资约束低的中小企业创新激励效应更强。

7.3　数字化政策影响中小企业创新的研究设计

7.3.1　模型设定与数据来源

本节以 2018 年 11 月《促进大中小企业融通发展三年行动计划》颁布为准自然实验，采用双重差分法考察数字化政策对中小企业创新的影响，回归方程如下：

$$Patent_{it}=\beta_0+\beta_1 Treat_i \times Post_t+Controls_{it}+\delta_i+\lambda_t+\varepsilon_{it} \tag{7-1}$$

其中，i 表示企业，t 表示年份。$Patent_{it}$ 表示被解释变量中小企业创新，分别使用了专利授权量和专利申请量两个变量测度。其中，$\ln PatentA$ 表示第 t 年 i 企业的专利申请量；$\ln PatentG$ 表示第 t 年 i 企业的专利授权量。为避免零值影响，对专利数采用加 1 取对数的处理方法。$Treat_i$ 用于识别中小企业是否进行数字化转型，如果中小企业进行数字化转型，赋值为 1，否则为 0。$Post_t$ 用以识别政策颁布时间，由于政策发生时间为 2018 年 11 月，将 2019 年及以后赋值为 1，2019 年以前赋值为 0。$Treat_i \times Post_t$ 的系数 β_1 为探讨的数字化政策影响中小企业创新的效应。$Controls_{it}$ 表示控制变量；δ_i、λ_t、ε_{it} 分别表示个体固定效应、年份固定效应和随机扰动项。

参考已有研究，选取 2016—2021 年中小板和创业板中小上市公司，按照如下标准筛选样本：①剔除金融类上市公司；②剔除上市不满一年的公司，以防止 IPO 效应；③剔除在研究期间被 ST、* ST、PT 或退市处理的样本；④剔除数据缺失的样本；⑤剔除不符合国家统计局对于中小企业定义的样本。为避免极端值影响，对样本中全部连续变量进行上下 1%分位数水平的缩尾处理。数据均来源于国泰安（CSMAR）和万得（Wind）数据库。

7.3.2 变量定义

（1）被解释变量。已有文献多采用专利作为衡量企业创新的主要指标（黎文靖等，2016）。专利可进一步细分为发明专利、实用新型专利和外观设计专利三种类型。为全面反映企业专利产出情况，回归模型中所使用的专利指标均为上述三类专利数量的总和。具体而言，ln*PatentA*、ln*PatentG* 分别代表中小企业当年申请专利总数、授权专利总数，在实证检验时对其加 1 后取自然对数。

（2）解释变量。以《促进大中小企业融通发展三年行动计划》颁布作为准自然实验，运用双重差分法评估该政策的实施效果。首先，设置实验组与对照组虚拟变量 *Treat*，企业进行过数字化转型，则 *Treat* 取值为 1，否则取值为 0。其次，设置政策时间虚拟变量 *Post*，若属于政策实施时间范围（2019 年及以后），则 *Post* 取值为 1，其他时间 *Post* 取值为 0。交互项 *Treat*×*Post* 是解释变量，估计系数能反映数字化政策推行对中小企业创新的净效应。

（3）中介变量。根据已有文献，通过如下方式测度两个中介变量：一是研发投入，采用中小企业研发投入占营业收入的比例来测度。二是人力资本结构升级，从受教育程度维度来刻画员工技能水平，并构建相应的企业人力资本结构指标（*LaborStruct*），用硕士及以上学历员工占比来测度。

（4）控制变量。借鉴孙鲲鹏等（2021）[208]的研究，在模型中选取了一系列控制变量，包括企业层面的净资产收益率（*ROE*）、资产负债率（*Leverage*）、企业规模（*Size*）、股权集中度（*Top*1）、账面市值比（*MB*），并加入年份和行业固定效应，行业按证监会 2012 年修订的《上市公司行业分类指引》进行分类。

主要变量定义见表 7-1。

表 7-1　主要变量定义

符号	名称	定义
ln*PatentA*	专利申请数	当年专利申请数加 1 取自然对数
ln*PatentG*	专利授权数	当年专利授权数加 1 取自然对数
Treat	企业虚拟变量	若企业进行过数字化转型，则 *Treat* 取值为 1，否则取值为 0
Post	时间虚拟变量	若属于政策实施时间范围（2019 年及以后），则 *Post* 取值为 1，否则取值为 0
DID	交互项	*DID*=*Treat*×*Post*
ROE	净资产收益率	净利润除以总资产的余额
Leverage	资产负债率	总负债除以总资产
Size	企业规模	总资产自然对数
*Top*1	股权集中度	第一大股东持股比例
MB	账面市值比	总资产/市值

7.4　数字化政策影响中小企业创新的效应检验

7.4.1　主效应检验

为保证结论的稳健性，分别采用专利申请数（ln*PatentsA*）、专利授权数（ln*PatentsG*）作为因变量进行回归估计。表 7-2 报告了数字化政策对中小企业创新的基准回归估计结果，第（1）~第（2）列仅以数字化政策（*DID*）进行简单的回归，估计系数分别为 0.503 和 0.550，且均在 1%的统计水平上显著为正；第（3）~第（4）列在之前的基础上增加了企业特征等控制变量，估计系数分别为 0.472 和 0.411，且均在 1%的统计水平上显著为正，说明在其他因素相同的情况下，数字化政策显著促进了中小企业创新，支持了 H7-1。

表 7-2　数字化政策对中小企业创新的影响：DID 模型回归结果

	(1)	(2)	(3)	(4)
	lnPatentsA	lnPatentsG	lnPatentsA	lnPatentsG
DID	0.503*** (0.085)	0.550*** (0.113)	0.472*** (0.108)	0.411*** (0.123)
ROE			0.119 (0.099)	0.229* (0.130)
Leverage			0.893** (0.423)	0.744 (0.480)
Size			-0.001 (0.001)	0.003*** (0.001)
*Top*1			0.001 (0.006)	-0.007 (0.008)
MB			-0.221 (0.229)	-0.258 (0.262)
_cons	2.590*** (0.074)	4.269*** (0.084)	2.284*** (0.384)	4.322*** (0.316)
Year FE	Yes	Yes	Yes	Yes
Industry FE	Yes	Yes	Yes	Yes
N	1351	839	1312	821
Adj_R^2	0.092	0.094	0.099	0.124

注：括号内数值为稳健标准误；*、**、***分别表示在 10%、5%、1%的水平上显著。下表同。

7.4.2　稳健性检验

（1）安慰剂检验。

为了证明估计结果的稳健性，需要进行安慰剂检验，以排除其他政策或者随机性因素的影响。参考 Cai 等（2016）[209] 的做法，通过虚构处理组进行安慰剂检验。在所有样本中随机抽取与本节处理组同等数量的企业，将其设定为“伪”处理组数字化转型企业，并将剩余企业设定为非数字化转型企业，从而构建一个安慰剂检验的虚拟变量 $Treat^{false}$。之后构建安慰剂

检验交互项 $Treat^{false}\times Post$。由于“伪”处理组是随机生成的，因此安慰剂检验交互项应该不会对模型因变量产生显著影响，即 β^{false} 的估计系数在统计上显著偏离于零则表明模型设定存在识别偏误。同时，为避免其他小概率事件对估计结果的干扰，进行了500次随机抽样，按模型（7-1）进行基准回归。图7-1报告了500次随机生成处理组的估计系数核密度以及对应p值的分布。其中，水平虚线为p=0.1的显著性水平。X轴表示“伪政策虚拟变量”估计系数的大小，Y轴表示对应的p值和核密度。估计系数的分布大部分集中在零点附近，而本章的真实回归系数估计值（0.472）在安慰剂检验中是明显的异常值，且绝大多数“伪政策”系数的p值大于0.1。综合来看，估计结果并没有因为遗漏变量导致严重偏误。

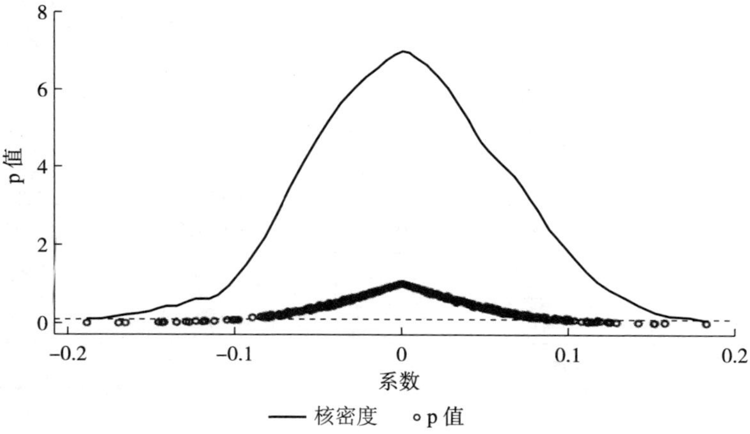

图7-1　安慰剂检验

（2）更换回归模型。

由于上市公司的专利数有大量的零值，存在截尾数据的特征，参考Lennox等（2018）[210]的研究，使用Tobit模型进一步验证数字化政策对中小企业创新的影响，回归结果如表7-3所示，第（1）~第（2）列仅以数字化政策（*DID*）进行简单的回归，估计系数分别为0.494和0.505，且均在1%的统计水平上显著为正；第（3）~第（4）列在之前的基础上增加了企业特征等控制变量，估计系数分别为0.385和0.361，且均在1%的统计水平上显著为正。说明无论是否加入控制变量，数字化政策与中小企业创新的系数都显著为正，检验结果与基准回归结果完全一致，再次印证了 H7-1。

表 7-3 Tobit 回归检验结果

	(1)	(2)	(3)	(4)
	ln*PatentsA*	ln*PatentsG*	ln*PatentsA*	ln*PatentsG*
DID	0.494*** (0.062)	0.505*** (0.081)	0.385*** (0.068)	0.361*** (0.084)
ROE			0.219** (0.099)	0.240* (0.135)
Leverage			1.281*** (0.204)	1.073*** (0.239)
Size			0.002*** (0.000)	0.005*** (0.001)
*Top*1			-0.000 (0.003)	-0.003 (0.003)
MB			-0.185 (0.149)	-0.158 (0.178)
_cons	2.391*** (0.372)	2.960*** (0.635)	1.931*** (0.402)	2.022*** (0.724)
Year FE	Yes	Yes	Yes	Yes
Industry FE	Yes	Yes	Yes	Yes
N	1351	839	1312	821

（3）更改变量测度方法。

在基准回归中，采用专利申请量和专利授权量测度中小企业创新。在稳健性检验部分，采用专利获得量（ln*PatentsH*）衡量中小企业创新，检验相关结论是否成立。回归结果如表 7-4 所示，无论是否加入控制变量，数字化政策与中小企业创新的系数都显著为正，这说明数字化政策对中小企业创新产生了显著的正向影响，与主效应的检验结果具有一致性，进一步支持了 H7-1。

表 7-4　替换因变量（专利获得数）的检验结果

	(1)	(2)
	ln*PatentsH*	ln*PatentsH*
DID	0.330*** (0.114)	0.340** (0.135)
ROE		-0.016 (0.106)
Leverage		0.600 (0.449)
Size		0.000 (0.000)
*Top*1		0.014 (0.010)
MB		-0.024 (0.260)
_cons	1.736*** (0.125)	0.908** (0.438)
Year FE	Yes	Yes
Industry FE	Yes	Yes
N	1164	1132
Adj_R^2	0.033	0.038

7.4.3　中介效应检验

（1）研发投入效应检验。

表 7-5 报告了研发投入作为中介变量的中介效应检验结果。列（1）的数字化政策（*DID*）系数显著为正，说明数字化政策促进了中小企业创新水平的提升；列（2）表明数字化政策（*DID*）显著提高了研发投入；列（3）的回归模型中加入研发投入中介变量，解释变量系数依然显著为正，但是小于列（1）的回归系数，说明研发投入起部分中介作用，数字化政策通过研发投入效应促进了中小企业创新，H7-2 得到验证。列（4）~列（6）因变量变为专利授权数，列（4）和列（6）数字化政策系数都显著为正，但列（6）的系数小于列（2），表明研发投入在数字化政策与中小企业创新之间起到了部分中介作用，H7-2 得到验证。

表 7-5　研发投入中介效应检验结果

	(1)	(2)	(3)	(4)	(5)	(6)
	ln*PatentsA*	*RD*	ln*PatentsA*	ln*PatentsG*	*RD*	ln*PatentsG*
DID	0. 472*** (0. 108)	0. 861*** (0. 297)	0. 443*** (0. 106)	0. 411*** (0. 123)	0. 861*** (0. 297)	0. 371*** (0. 116)
RD			0. 032*** (0. 007)			0. 037** (0. 016)
ROE	0. 119 (0. 099)	-2. 215*** (0. 693)	0. 208** (0. 095)	0. 229* (0. 130)	-2. 215*** (0. 693)	0. 355** (0. 137)
Leverage	0. 893** (0. 423)	0. 280 (3. 143)	0. 891** (0. 386)	0. 744 (0. 480)	0. 280 (3. 143)	0. 945** (0. 471)
Size	-0. 001 (0. 001)	-0. 002 (0. 002)	-0. 001 (0. 000)	0. 003*** (0. 001)	-0. 002 (0. 002)	0. 003*** (0. 001)
*Top*1	0. 001 (0. 006)	0. 014 (0. 020)	0. 000 (0. 006)	-0. 007 (0. 008)	0. 014 (0. 020)	-0. 007 (0. 008)
MB	-0. 221 (0. 229)	1. 454 (1. 083)	-0. 266 (0. 222)	-0. 258 (0. 262)	1. 454 (1. 083)	-0. 278 (0. 257)
_cons	2. 284*** (0. 384)	-0. 471 (2. 761)	2. 305*** (0. 358)	4. 322*** (0. 316)	-0. 471 (2. 761)	4. 031*** (0. 331)
Year FE	Yes	Yes	Yes	Yes	Yes	Yes
Industry FE	Yes	Yes	Yes	Yes	Yes	Yes
N	1312	1673	1308	821	1673	818
Adj_R^2	0. 099	0. 048	0. 124	0. 124	0. 048	0. 136

（2）人力资本升级效应检验。

表 7-6 检验了人力资本升级的中介效应。列（1）的数字化政策（*DID*）系数显著为正，说明数字化政策促进了中小企业创新水平的提升；列（2）表明数字化政策（*DID*）显著促进了人力资本升级；列（3）的回归模型中加入人力资本升级中介变量，解释变量系数依然显著为正，但是小于列（1）的回归系数，说明人力资本升级起部分中介作用，数字化政策通过促进人力资本升级进而激励了中小企业创新，H7-3 得到验证。列（4）~列（6）的因变量变为专利授权数，列（4）和列（6）数字化政策系数都显著为正，但是列（6）回归系数小于列（2），表明人力资本升级在数字化政策与中小企业创新间起部分中介作用，H7-3 得到验证。

表 7-6　人力资本升级的中介效应检验结果

	(1)	(2)	(3)	(4)	(5)	(6)
	ln*PatentsA*	*LaborStruct*	ln*PatentsA*	ln*PatentsG*	*LaborStruct*	ln*PatentsG*
DID	0.472*** (0.108)	0.439*** (0.112)	0.359*** (0.124)	0.411*** (0.123)	0.439*** (0.112)	0.391** (0.154)
LaborStruct			0.047*** (0.016)			0.042*** (0.015)
ROE	0.119 (0.099)	0.001 (0.003)	0.022 (0.093)	0.229* (0.130)	0.001 (0.003)	0.138 (0.140)
Leverage	0.893** (0.423)	−0.341 (0.498)	0.918** (0.452)	0.744 (0.480)	−0.341 (0.498)	0.755 (0.516)
Size	−0.001 (0.001)	−0.001 (0.001)	0.001 (0.001)	0.003*** (0.001)	−0.001 (0.001)	0.005*** (0.001)
*Top*1	0.001 (0.006)	0.014 (0.009)	0.000 (0.008)	−0.007 (0.008)	0.014 (0.009)	−0.006 (0.009)
MB	−0.221 (0.229)	−0.175 (0.279)	0.127 (0.260)	−0.258 (0.262)	−0.175 (0.279)	0.042 (0.299)
_cons	2.284*** (0.384)	2.488*** (0.774)	1.755*** (0.429)	4.322*** (0.316)	2.488*** (0.774)	3.603*** (0.384)
Year FE	Yes	Yes	Yes	Yes	Yes	Yes
Industry FE	Yes	Yes	Yes	Yes	Yes	Yes
N	1312	7402	1020	821	7402	644
Adj_R^2	0.099	0.023	0.118	0.124	0.023	0.151

7.4.4　异质性检验

（1）产权性质异质性。

为探讨数字化政策对不同所有制中小企业创新的影响，将中小企业分为国有企业、非国有企业两组。从表 7-7 中可以看出，第（1）、第（2）列为国有企业样本，数字化政策对中小企业创新影响不显著，第（3）、第（4）列为非国有企业样本，数字化政策对中小企业创新的影响在 1%的水平上显著为正，说明数字化政策对中小企业创新的影响具有选择效应，即对非国有中小企业创新激励效果更明显。由于银行信贷偏好，国有中小企业拥有更强的融资能力，导致其创新转型动力不足。相比之下，非国有中小企业受到资源匮乏、融资难等因素限制，其往往具有更强的创新意识，利用数字化政策开展创新动机更强烈。H7-4 得到验证。

表 7-7 产权性质异质性检验结果

	国有企业		非国有企业	
	(1)	(2)	(3)	(4)
	ln*PatentsA*	ln*PatentsG*	ln*PatentsA*	ln*PatentsG*
DID	0.485 (0.312)	0.338 (0.215)	0.422*** (0.126)	0.405*** (0.144)
ROE	-0.785 (0.900)	-2.128*** (0.461)	0.175 (0.142)	0.319 (0.218)
Leverage	1.728** (0.846)	1.836** (0.723)	0.721 (0.449)	0.620 (0.538)
Size	0.002 (0.006)	0.012** (0.006)	0.005 (0.004)	0.010*** (0.003)
*Top*1	-0.008 (0.012)	-0.033*** (0.012)	0.007 (0.008)	-0.001 (0.008)
MB	-0.527 (0.481)	0.233 (0.630)	-0.070 (0.270)	-0.337 (0.295)
_cons	3.289*** (0.452)	3.193*** (0.466)	1.989*** (0.484)	4.032*** (0.352)
Year FE	Yes	Yes	Yes	Yes
Industry FE	Yes	Yes	Yes	Yes
N	211	135	1101	686
Adj_R^2	0.191	0.389	0.097	0.126

（2）行业性质异质性。

为检验行业因素对数字化政策与中小企业创新关系的影响，将中小企业分为高科技行业中小企业和非高科技行业中小企业两类①。回归结果如表 7-8 所示，数字化政策的实施对中小企业创新的激励效应在不同行业呈现出差异。其中，数字化政策的实施对高科技行业中小企业创新有显著的正向激励效应，对非高科技行业中小企业创新的激励效应不显著。相较于

① 根据国家统计局的行业分类标准（GB/T 4754），本书将制造业中的通用设备，专用设备，交通运输设备，电气机械及器材，计算机、通信和其他电子设备，仪器仪表划为高科技行业。

非高科技行业中小企业，高科技行业中小企业有更迫切的创新需求，数字化政策的实施能更好地激发其创新动力。H7-5 得到验证。

表 7-8　行业性质异质性检验结果

	非高科技行业		高科技行业	
	(1)	(2)	(3)	(4)
	ln*PatentsA*	ln*PatentsG*	ln*PatentsA*	ln*PatentsG*
DID	0.149 (0.205)	0.233 (0.201)	0.463*** (0.120)	0.401*** (0.153)
ROE	0.365 (0.321)	0.515 (0.353)	0.145 (0.147)	0.296 (0.246)
Leverage	1.760*** (0.553)	1.187** (0.563)	0.484 (0.482)	0.582 (0.599)
Size	-0.003 (0.003)	0.006 (0.004)	0.017*** (0.004)	0.012*** (0.004)
*Top*1	-0.008 (0.012)	-0.037** (0.017)	0.004 (0.008)	0.001 (0.008)
MB	-0.124 (0.458)	0.298 (0.362)	-0.105 (0.267)	-0.340 (0.319)
_cons	3.820*** (0.461)	4.047*** (0.640)	1.488*** (0.495)	3.771*** (0.347)
Year FE	Yes	Yes	Yes	Yes
Industry FE	Yes	Yes	Yes	Yes
N	341	204	971	617
Adj_R^2	0.092	0.272	0.158	0.108

（3）融资约束异质性。

参考以往文献的做法（Hadlock et al.，2010）[211]，采用 WW 指数衡量融资约束。WW 指数综合考虑了企业面临的内部和外部融资约束，衡量筹集外部资金所无法观察到的影子成本，并反映了外部融资相对于内部融资的成本，是融资约束风险的客观衡量指标。WW 指数的计算公式如下：

$$WW=-0.091\left(\frac{CF}{TA}\right)-0.062Divdum+0.021\left(\frac{LTD}{TA}\right)-0.044\log TA+0.102ISG-0.035SG \tag{7-2}$$

其中，*CF* 为企业年末经营净现金流量；*Divdum* 为测度现金股利支付与否的哑变量，若当年企业对现金股利进行了支付则取值为“1”，其余为“0”；*LTD* 为企业长期债务；*TA* 为企业年末总资产；*ISG* 为企业所在行业销售增长率；*SG* 为企业销售增长率。WW 值越大，意味着企业面临的融资约束越强。根据相对 WW 指数中位数的大小，将样本划分为低融资约束中小企业和高融资约束中小企业两组。估计结果如表 7-9 所示，数字化政策的实施对中小企业创新的激励效应在不同融资约束程度下具有显著差异。其中，数字化政策对低融资约束中小企业创新有显著的正向激励效应，对高融资约束中小企业创新的激励效应不显著。该实证检验结果说明，相较于融资约束较高的中小企业，数字化政策对融资约束较低的中小企业创新效应更强，反映出融资约束是影响数字化政策实施效果的重要因素。H7-6 得到验证。

表 7-9　融资约束异质性检验结果

	高融资约束		低融资约束	
	(1)	(2)	(3)	(4)
	ln*PatentsA*	ln*PatentsG*	ln*PatentsA*	ln*PatentsG*
DID	0.116 (0.139)	0.151 (0.143)	0.512*** (0.184)	0.495** (0.193)
ROE	0.158 (0.162)	0.170 (0.251)	-0.661 (0.685)	-0.405 (0.728)
Leverage	1.127** (0.555)	0.942* (0.489)	0.393 (0.628)	0.066 (0.646)
Size	0.021* (0.012)	0.018 (0.014)	0.001 (0.003)	0.008** (0.004)
*Top*1	-0.003 (0.010)	-0.014 (0.015)	0.007 (0.011)	0.001 (0.012)
MB	-0.079 (0.340)	-0.095 (0.337)	0.069 (0.320)	0.110 (0.398)
_cons	2.431*** (0.606)	2.773*** (0.699)	1.495 (1.195)	2.997*** (0.583)
Year FE	Yes	Yes	Yes	Yes
Industry FE	Yes	Yes	Yes	Yes
N	790	475	522	346
Adj_R^2	0.081	0.085	0.128	0.197

7.5　研究结论

随着数字经济发展，数字经济和实体经济不断融合，国家和地方政府纷纷制定和出台促进企业数字化转型的政策措施，以期为企业开展数字化转型和实现高质量发展起到支撑作用，但数字化政策的实施对中小企业创新的作用效果有待检验。基于此，选择我国2016—2021年中小板和创业板上市中小企业作为研究样本，以《促进大中小企业融通发展三年行动计划》的颁布作为准自然实验，通过理论分析并构建DID模型实证检验数字化政策对微观层面中小企业创新发展的影响效果，揭示数字化政策的实施影响中小企业创新的作用路径。综合本章的理论分析和实证检验结果，主要得到了如下三方面研究结论：

（1）数字化政策显著促进了我国中小企业创新，即数字化政策的实施对中小企业创新具有明显的“激励”效应。在经过安慰剂检验、替换回归模型以及替换因变量等内生性和稳健性检验后，本研究结论依然成立，进一步印证了数字化政策在推动中小企业创新发展方面所起到的积极作用。

（2）研发投入和人力资本升级是数字化政策实施影响中小企业创新的两条主要途径。在验证了数字化政策对中小企业创新的直接效应后，进一步通过构建中介效应模型，揭示数字化政策实施影响中小企业创新的中介机制。在理论分析的基础上，基于研发投入和人力资本升级两个角度，分别建立中介效应模型并实证检验了“数字化政策—（增加）研发投入—（提升）中小企业创新”和“数字化政策—（促进）人力资本升级—（引发）中小企业创新”两条渠道机制，深化了数字化政策影响中小企业创新机理的过程认知。

（3）数字化政策实施对中小企业创新的影响存在“选择”效应。由于制度环境方面的差异，数字化政策影响中小企业创新的效果具有异质性。具体来说：从行业异质性角度，数字化政策对高科技行业中小企业创新的影响更显著，因为高科技行业中小企业面临的不确定性往往更高，为应对各种不确定性事件，中小企业可能会采取更积极的创新策略；从产权的角度，数字化政策对非国有中小企业创新的影响更加显著，与国有中小企业相比，非国有中小企业通常资源比较匮乏，具有更强烈的创新意愿，以提高资源使用效率来缓解资源瓶颈；从融资约束角度，数字化政策对低融资约束中小企业的影响更显著，由于创新需要大量的资金投入，融资约束较低的中小企业可能有更多资金用于创新投入，从而有利于创新活动的开展。

第4篇 数据赋能中小企业创新的对策研究

本部分探讨数据赋能与中小企业创新“如何做”的问题，也是本书最终落脚点。作为实体经济重要构成，中小企业发展好我国经济才会好，中小企业强经济发展才有韧性。在数字化转型全球大势下，推动我国中小企业数字化转型不仅是促使其创新的重要途径，更是贯彻落实党的二十大报告提出“促进数字经济和实体经济深度融合”、构建新发展格局和推动我国经济高质量发展的内在要求。数字化转型也成为专精特新中小企业高质量发展的必然选择。近年来，我国先后出台了《中小企业数字化赋能专项行动方案》（工信厅企业〔2020〕10号）、《中小企业数字化转型指南》（工信厅信发〔2022〕33号）等政策。然而，“不想转、不愿转、不会转、不好转”问题依然困扰着中小企业，如何打通政策实施“堵点”“断点”，是充分发挥和释放政策效力，实现数据赋能中小企业创新发展的关键所在。为此，本部分基于政策文本分析方法探讨中小企业创新政策发展演变特征，基于政策工具视角进行中小企业数字化政策文本分析，深入分析政策形成背景、政策出台目的、政策之间如何实现协同，即通过政策文本解读政策意图和形成政策落实的建议，提出数据赋能中小企业创新的对策体系，为数据赋能中小企业创新和实现高质量发展对策的构建提供理论层面的指导借鉴。

第8章 中小企业创新政策的发展演变与特征分析

本章采用政策文本分析方法，对2011年以来中小企业创新相关政策进行文本计量分析。首先，在“威科先行法律信息库”“北大法宝数据库”及“北大法意数据库”检索得到与中小企业创新高度相关的63份有效政策文件，形成比较完整的分析数据集，并按内容将中小企业创新政策分为三个阶段：要素扶持（2011—2013年）、互联网+（2014—2019年）、数据赋能（2020年至今）。重点分析中小企业创新政策基本特征、中小企业创新政策主题共词网络演变特征，以及中小企业创新政策发文机构合作网络特征。其中，科技部、工业和信息化部、国家知识产权局、国务院是独立发文频率较高的部门，财政部、工业和信息化部、发改委、科技部、中国人民银行是联合发文比较频繁的机构。采用浏览编码的方式对政策文件涉及的政策工具进行主题提炼，将中小企业创新相关政策所涉及的政策主题细分为17种，并描述每种政策主题下的主要内容，绘制出政策工具网络图。进一步在政策文本分析的基础上，总结中小企业创新政策演变规律特征，以期为后续政策建议提出和中小企业创新政策制定提供参考依据。

8.1 引言

创新是引领发展的第一动力，是建设现代经济体系的战略支撑。近年来，为深入实施创新持续向更大范围、更高层次和更深程度推动，需要加快促进中小企业创新与经济社会发展深度融合，因为中小企业创新是未来技术变革的重要来源（Czarnitzki et al.，2013）[212]。2022年，我国中小微企业数量超过了5200万户，培育出7万多家专精特新中小企业①。中小企

① 中国政府网，http：//www.gov.cn/xinwen/2023-03/26/content_5748310.htm.

业在我国从要素驱动向创新驱动转型的过程中发挥着越来越重要的作用。然而，创新是具有“外部性”、不确定性、高风险性的活动，中小企业创新过程中易遭受多重约束，影响创新积极性，不利于发挥中小企业在高质量发展中的重要作用。为了促进中小企业可持续和高质量发展，国家和地方政府陆续制定出台了扶持中小企业发展的政策措施，主要涉及信贷支持、税收优惠、财政补贴、人才服务等，并取得了一定的成效，但还没有从根本上彻底改变我国中小企业创新困境。近年来，在多重风险叠加积累背景下，我国中小企业创新发展面临严峻挑战。根据中国中小企业协会发布的中小企业发展指数，自 2011 年以来中小企业发展指数持续低于 100。尤其是受新冠疫情的影响，中小企业发展指数在最近两年持续低于 90（见图 8-1）。

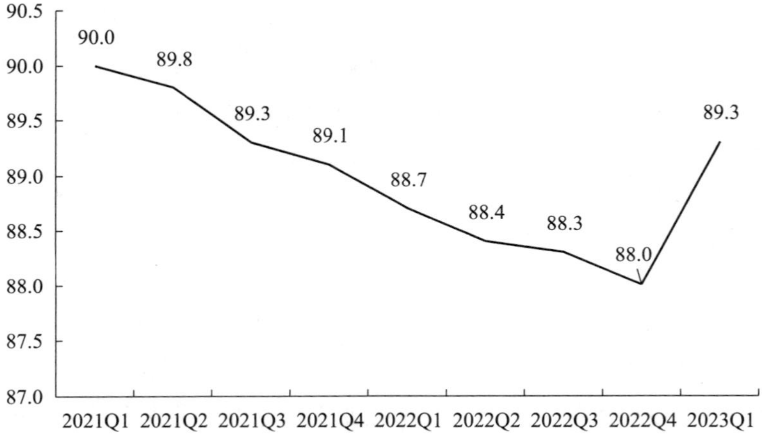

图 8-1　2021—2023 年我国中小企业发展指数①

尽管我国在促进中小企业调结构、强能力等方面制定了一系列纾困措施，以扶持中小企业摆脱困境和实现创新发展，但由于中小企业创新受多方面因素的影响，现行政策体系还不够健全，尚待完善，且部分政策门槛高、精准性不足，一定程度上弱化了政策效力，没有切实发挥出推动中小企业创新发展的作用，也削弱了中小企业在落实国家创新驱动战略方面的重要价值。

从已有的文献研究来看，主要集中为对中小企业某项或某类政策的分

① 中国中小企业协会，http：//www.ca-sme.org/category/Category/list/cid/364.

析，多采用实证方法展开。具体包括：①政府补贴。多数研究发现政府补贴对中小企业创新具有促进作用（Czarnitzki et al.，2015），但也有学者发现二者之间是一种“U”形关系（周明、吴翠青，2017）[213]。②创新基金。已有的文献研究发现技术创新基金对科技型中小企业创新质量提升有促进作用（曹虹剑等，2022），受创新基金资助企业的新产品产值、专利数等都有显著的增长（Guo et al.，2016）[214]。③税收优惠。税收优惠政策包括研发费用加计扣除、税收减免等，对解决创新外部性问题，进而刺激企业创新有重要作用（宋建、包辰，2023）[215]。近年一些文献采用政策文本方法针对某一项或某一类政策进行研究，如毛丰付等（2022）[216]以数字基础设施政策文本为基础，检验数字基础设施对企业创新的影响。综上，通过政策文本内容分析，对国家层面出台的中小企业创新相关政策的基本特征、演变发展与可能存在问题的系统性研究还不充分。为此，本章主要以 2011 年至今出台的与中小企业创新相关的政策文本为研究对象，对政策文本的基本特征、政策主题和合作网络进行挖掘与分析，客观呈现我国中小企业创新相关政策的演变，以期为我国支持中小企业创新政策完善优化提供理论层面的参考。

8.2　数据来源、研究方法与文本分类

8.2.1　政策文本收集与数据来源

为尽可能全面、一致地搜集国家层面制定出台的有关中小企业创新方面的相关政策，在政策文本收集方面主要采取了以下策略：一是根据已有的中小企业政策文本分析的相关文献，如章文光和闫蓉（2017）[217]、曹虹剑等（2022）等的研究，选取“中小企业创新”“小企业创新”“小微企业创新”“乡镇企业创新”“民营企业创新”等关键词及其不同的组合形式作为检索词。二是根据确定的检索词，在“威科先行法律信息库”“北大法宝数据库”及“北大法意数据库”进行关键词检索。这三类数据库所包含的公开政策文本较为全面，从中获取的数据能保证来源的全面性和准确性。三是为确保政策条例的准确性和代表性，确定相关政策的筛选原则：政策效力需在全国范围内，政策制定、公布主体是中央机关部门，属于全国性法律法规，剔除地方范围内的政策；保留关键词出现频率较高的

政策文本，以保证政策文本的选取具有代表性；保留政策类型为法律法规、意见、办法、通知、公告等的文件，删除批复、通报、有关讲话、司法解释以及工作报告等文本；删除在不同检索条件下重复出现的文本。四是大中小企业划型标准统一性。国家统计局根据《中小企业划型标准规定》（工信部联企业〔2011〕300号），制定出台《统计上大中小微型企业划分办法》（国统字〔2011〕75号），首次明确了统计上微型企业的划分标准。将搜集起始时间设为2011年，共搜集到从2011年起发布的政策文本275份，通读这些政策文本，将内容相关程度低、内容重复的文件剔除，最终保留与中小企业创新高度相关的63份有效政策文件，如表8-1所示。

表8-1　2011年以来中小企业创新政策列表

序号	年份	文件名称	颁发机构	颁发时间	文号
1	2011	关于进一步促进科技型中小企业创新发展的若干意见	科技部	2011年5月12日	国科发政〔2011〕178号
2	2012	科技部关于印发进一步鼓励和引导民间资本进入科技创新领域意见的通知	科技部	2012年6月18日	国科发财〔2012〕739号
3	2013	国务院办公厅关于强化企业技术创新主体地位全面提升企业创新能力的意见	国务院办公厅	2013年1月28日	国办发〔2013〕8号
4	2014	国家发展改革委办公厅关于进一步做好支持创业投资企业发展相关工作的通知	国家发展和改革委员会	2014年5月13日	发改办财金〔2014〕1044号
5	2014	中国银监会关于完善和创新小微企业贷款服务提高小微企业金融服务水平的通知	中国银行保险监督管理委员会	2014年7月23日	银监发〔2014〕36号
6	2015	中共中央、国务院关于深化体制机制改革加快实施创新驱动发展战略的若干意见	中共中央、国务院	2015年3月13日	国发〔2014〕52号
7	2016	关于推动小型微型企业创业创新基地发展的指导意见	工业和信息化部等	2016年12月5日	工信部联企业〔2016〕394号
8	2018	国务院关于推动创新创业高质量发展打造“双创”升级版的意见	国务院	2018年9月18日	国发〔2018〕32号
……	……	……	……	……	……
61	2021	关于支持“专精特新”中小企业高质量发展的通知	财政部、工业和信息化部	2021年1月23日	财建〔2021〕2号

续表

序号	年份	文件名称	颁发机构	颁发时间	文号
62	2022	关于知识产权助力专精特新中小企业创新发展的若干措施	国家知识产权局等	2022 年 10 月 13 日	国知发运字〔2022〕38 号
63	2022	关于中央企业助力中小企业纾困解难促进协同发展有关事项的通知	国务院国有资产监督管理委员会	2022 年 5 月 19 日	国资发财评〔2022〕40 号

注：限于篇幅，只列示部分政策文本。

8.2.2　政策文本整理与研究方法选择

（1）政策文本整理。

本章对政策文本的整理主要参考赵勇、赵筱媛（2016）[218] 使用“文献管理方法”，涉及以下步骤：一是按时间先后顺序对提取的与中小企业创新相关的有效政策文件进行编号；二是提取政策文件的关键信息，包括政策名称、发文时间、发文机构、政策文号等，统一在 Excel 表格中进行编码处理；三是清理归并政策发文机构发生变更的内容，统一为最新的发文机构名称，以确保前后的一致性。

（2）研究方法选择。

近年来，政策文本分析方法得到了越来越广泛的关注。政策文本分析法是把政策文本作为研究对象，利用统计学、网络分析等方法和工具，对政策文本的数量特征、发文机构、政策主题等进行分析的一种方法。通过对政策文本的定量与定性分析，帮助研究者全面系统了解政策文本规律特征和演进路径，从而实现对政策趋势的预判（赵勇等，2016）。根据以上说明，本章采用政策文本分析相关软件和网络分析方法相结合的方式，分别从政策文本基本特征、发文机构关系、政策工具主题等方面，对我国中小企业创新相关政策展开分析。具体包括：政策文本的基本特征分析，使用 Excel 制图的方式，对政策文本类别、政策文本数量、政策发文机构等内容进行基本的描述性统计；政策工具主题分析，采用了共词分析方法，即根据政策主题词在文本中的出现情况，构建形成政策文本主题词共现网络，以图谱形式清晰展示政策文本主题词之间的关系；政策发文机构分析，同样选择网络分析方法，构建形成政策发文机构间的网络，主要研究不同发文主体协同性，为中小企业创新政策实施提供参考。

8.2.3 政策文本分类及信效度分析

（1）政策文本分类。

本节基于前述搜集整理得到的我国2011年之后的有关中小企业创新方面的政策，结合已有的政策文本研究文献，对筛选得到的63份有效政策文件，采用浏览编码方式进行政策工具主题提炼。同时，依据《中华人民共和国中小企业促进法》以及国家中小企业政策信息互联网发布平台中关于中小企业政策的类别划分①，进一步结合相关政策文本研究的分类方式，对有关中小企业创新的政策文本进行划分，具体分类及内容如表8-2所示。

表8-2 我国中小企业创新相关政策及关键内容

序号	政策类别	政策内容
1	自主创新	涉及技术自主研发、技术改造升级、技术引进等各种形式的创新活动
2	金融环境	为中小企业创新提供信用贷款、权利质押、专项贷款、普惠贷款等
3	税费优惠	为中小企业技改、研发投入、成果转化等提供税费减免、税收抵扣等
4	财政资金	通过财政预算、专项资金、创新基金设立、政府采购等支持中小企业创新
5	市场拓展	包括对国内市场、海外市场的拓展等
6	人才支持	包括人才规划、人才培训、人才引进等有关人才支持政策
7	知识产权	依法为通过创新活动产生的知识产权、专利、商标等成果提供保护
8	交流合作	包括国内外科技项目合作，大中小企业产学研合作等交流活动
9	公共服务	包括简政放权、创新中介服务等各种类型的公共服务活动
10	基础设施	包括孵化器、科技产业园区、创新示范区、重点实验室等
11	产业集群	涉及中小企业集群、产业链协同
12	创业环境	涉及提供创新创业活动有关的人才、资金、场地等支持环境
13	市场环境	涉及消除隐性市场壁垒，建立公开公平透明的创新环境
14	数据服务	通过宽带网络、数据中心、云平台等为中小企业提供数据服务等
15	企业培育	科技型中小企业、专精特新中小企业、专精特新小巨人企业等培育
16	其他政策	诸如管理方式创新等非技术类的相关内容

注：由于政策文件关键词未直接提出，本研究选用主题法对关键词进行标注，结合关键词建立政策工具节点，对全部政策文件进行编码。

① 国家中小企业政策信息互联网发布平台，https：//www.sme-service.cn/#/.

（2）编码的信效度分析。

为保证编码结果具有可靠性，需要进行编码的信度和效度分析。根据政策类别的划分标准和政策文本的内容，将每份政策文本标注了具体类别。为了保证分析的可靠性，参考 Kolbe 等（1991）[219]的研究，使用编码的一致性程度指标进行检验。本章的政策文本编码由三名青年研究学者独立完成，编码的一致性系数均超过 0.85，在可以接受的范围之内。另外，进一步采用 Krippendorff α 系数对政策分类的信度进行检验，中小企业创新政策文本分类结果的 Krippendorff α 系数为 0.80，根据 Krippendorff α 系数的判别标准（Krippendorff，2004）[220]，对中小企业创新政策文本的分类具有可信性。

通常情况下，内容分析的效度用“内容效度比”来评定。根据该测度指标，邀请三名中小企业创新研究领域的青年研究人员对编码结果进行检验，“内容效度比”的检验结果为 1，所以对中小企业创新政策文本的编码结果具有良好的内容效度。

8.3　中小企业创新政策文本分析结果

8.3.1　中小企业创新相关政策的基本特征

（1）中小企业创新相关政策的类别分布。

本章筛选得到的中小企业创新相关政策的数据集，包括 63 份有效政策文件，这些政策文件的类别分布如图 8-2 所示。从图 8-2 的数据统计结果可以看出，中小企业创新相关政策的分类涉及面越来越广泛，如税费优惠、公共服务、金融环境、人才支持、知识产权等，主要集中在自主创新、知识产权、金融环境、基础设施等方面。对已有中小企业创新相关政策分类结果表明，政策涉及中小企业创新发展的多个方面，一定程度上反映出我国在促进中小企业创新发展方面的政策体系越来越完善。同时，对中小企业创新的支持着重强调了自主创新，也体现出国家对推动中小企业创新发展的重视程度越来越高。

（2）中小企业创新相关政策的数量特征。

根据已有的文献研究，政策数量变化在一定程度上是政府对某类问题

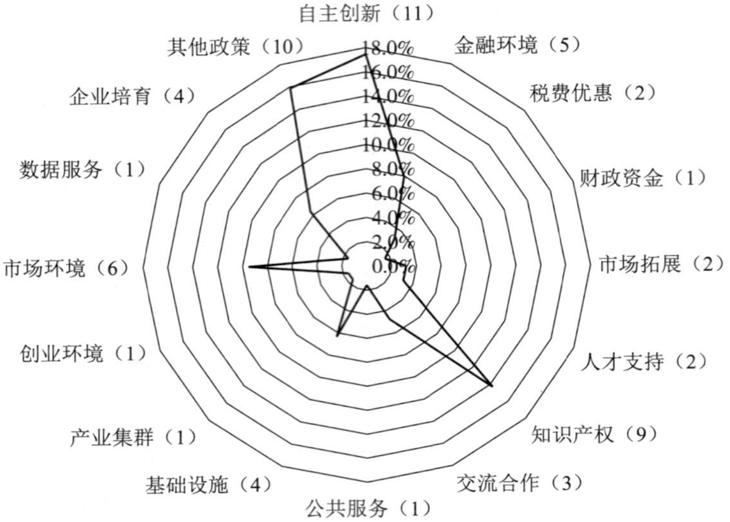

图 8-2　中小企业创新相关政策的分类

关注程度的一种重要体现。基于这一理解，中小企业创新相关政策的数量方面的变化，也是政府对中小企业创新发展关注程度的重要量化指标，体现了在促进中小企业创新发展方面的政策供给状况。同时，也有助于发现中小企业创新相关政策的阶段性特征。由此，对前述筛选得到的 63 份中小企业创新相关政策文本，按年度政策发文数量和累计发文数量分别进行统计，绘制得到我国中小企业创新相关政策数量的变动趋势图，如图 8-3 所示。

（3）中小企业创新相关政策的发文机构特征。

通过对 2011—2022 年中小企业创新相关政策发文机构的数量进行统计，涉及中小企业创新政策制定的发文机构共有 35 个。同时，遴选出了发文数量在 2 次及以上的政府机构，以及机构独立颁发的中小企业创新相关政策的数量，统计结果如表 8-3 所示。根据表 8-3 统计的结果，首先，从发文机构分布来看，我国中小企业创新相关政策文本的发文机构主要涉及国务院以及主要行政职能的部委机关，以国务院为主体的政府机构是我国中小企业创新相关政策主要发文单位；其次，从发文机构数量来看，科技部、工业和信息化部是制定中小企业创新相关政策的主要政府部门，累计颁发政策 40 份；最后，从是否独立颁发政策数量看，科技部、工业和信息

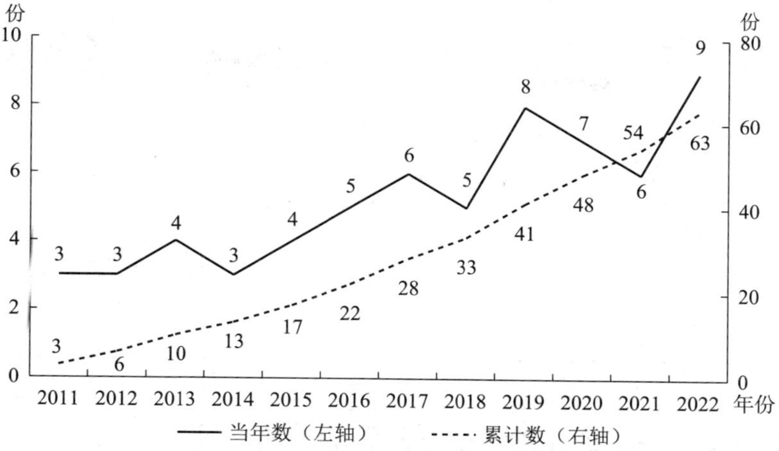

图 8-3　2011—2022 年我国中小企业创新相关政策数量的变化趋势

化部、国家知识产权局、国务院是独立发文频率较高的政府机构。其中科技部独立颁发了 12 份与中小企业创新相关的政策文件，工业和信息化部独立颁发了 8 份与中小企业创新相关的政策文件，国家知识产权局独立颁发了 5 份与中小企业创新相关的政策文件。

表 8-3　中小企业创新相关政策发文机构及数量

政策发文机构名称	非独立颁发政策数量	独立颁发政策数量
科技部	20	12
工业和信息化部	20	8
国家知识产权局	12	5
国务院	11	5
国家发展和改革委员会	11	1
财政部	11	
国务院办公厅	6	1
中国银行保险监督管理委员会	6	
中国人民银行	6	
中共中央办公厅	5	
人力资源和社会保障部	5	
国家税务总局	4	
中华全国工商业联合会	4	

续表

政策发文机构名称	非独立颁发政策数量	独立颁发政策数量
国家市场监督管理总局	4	
国务院国有资产监督管理委员会	4	
中国工程院	3	
中国证券监督管理委员会	3	
商务部	2	
农业农村部	2	

8.3.2 中小企业创新相关政策的阶段特征

从图 8-3 中可以看出，2011—2022 年，中小企业创新相关政策，无论是当年数量还是累计数量，总体上呈现出增长趋势。根据中小企业创新政策的数量变动趋势，进一步结合中小企业创新发展的关键事件，可将该时期中小企业创新相关政策划分为三个阶段，具体的阶段划分方法及结果如图 8-4 所示。

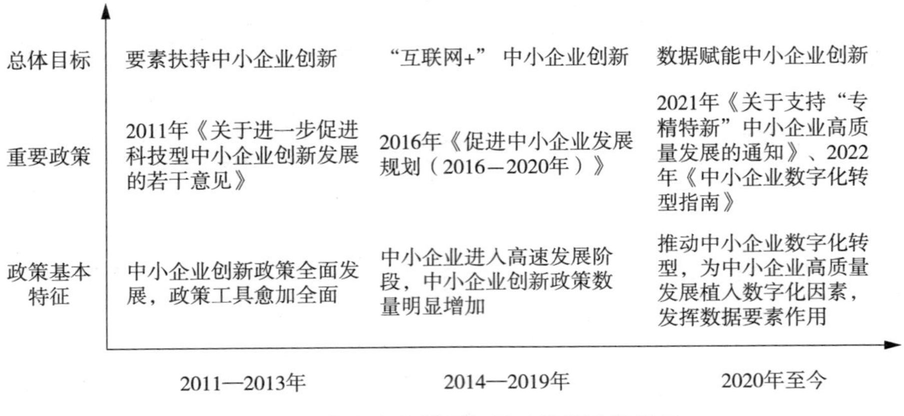

图 8-4 中小企业创新相关政策的阶段特征

（1）要素扶持中小企业创新。

2011—2013 年，中小企业创新政策全面发展，政策工具越来越全面，覆盖面更加广泛。2011 年科技部颁发的《关于进一步促进科技型中小企业创新发展的若干意见》，从产学研合作、集群发展、公共服务、融资渠道、技术创新投入、政策环境六个方面提出 21 条政策意见促进科技型中小企业创新发展。2011 年科技部等八部门发布《关于印发国家中长期科技人才发展规划（2010—2020 年）的通知》，2012 年中共中央和国务院颁发《关于深化科技体制改革加快国家创新体系建设的意见》，在一些国家总体规划性文件中提及了中小企业创新发展的问题。2013 年国务院颁发《国务院关于进一步支持小型微型企业健康发展的意见》，从加大财税支持力度、缓解企业融资困难、推动企业创新发展和结构调整、支持开拓市场力度、提高企业经营管理水平、促进集聚发展、加强公共服务七个方面提出 29 条政策意见支持小型微型企业健康发展。

（2）“互联网+”中小企业创新。

2014—2019 年，“互联网+”成为高频热词。2014 年李克强总理在夏季达沃斯论坛提出了“大众创业、万众创新”，在之后的一段时间内有关中小企业创新方面的政策数量快速增加。《国务院关于扶持小型微型企业健康发展的意见》（国发〔2014〕52 号）、《国务院关于大力推进大众创业万众创新若干政策措施的意见》（国发〔2015〕32 号）、《国务院关于积极推进“互联网+”行动的指导意见》（国发〔2015〕40 号）、《工业和信息化部关于进一步推进中小企业信息化的指导意见》（工信部企业〔2016〕445 号）、《国务院关于推动创新创业高质量发展打造“双创”升级版的意见》（国发〔2018〕32 号）、《中共中央办公厅、国务院办公厅关于促进中小企业健康发展的指导意见》（2019 年）明确指出要推进发展“互联网+中小企业”。在此期间，主要是强调了互联网技术、信息技术等新兴技术在中小企业创新发展中的应用，这也为下一阶段的数字化转型提供了良好的前期储备。

（3）数据赋能中小企业创新。

2020—2022 年，受新冠疫情等重大突发公共卫生事件影响，数字技术得到了广泛的关注和应用。在此期间，高效推动中小企业数字化转型发展成为该时期的政策关注重点。如《关于科技创新支撑复工复产和经济平稳运行的若干措施》（国科发区〔2020〕67 号），强调推广应用智慧物流、数字政务等新技术新产品，促进企业健康发展；工信部印发《中小企业数字化赋能专项行动方案》（工信厅企业〔2020〕10 号），强调以新一代信息技术与应用为支撑，赋能中小企业高质量发展；2021 年，工信部等 19

个部门印发《"十四五"促进中小企业发展规划》，加强中小企业数字化有关工作的顶层设计；2022 年工信部办公厅印发了《中小企业数字化转型指南》（工信厅信发〔2022〕33 号），为中小企业数字化转型指明了方向，也是数字化转型推动中小企业综合竞争力提升政策的落实。

8.3.3 中小企业创新相关政策主题的共词网络

根据工信部的统计数据，到 2022 年我国已培育出 7 万多家专精特新中小企业，约 9000 家专精特新"小巨人"企业，这些新的发展变化离不开政策支持。过去十几年间，我国在中小企业创新方面的政策供给力度增长快，这些政策供给为中小企业创新提供了重要支撑。政策主题会表现出明显的社群属性，即同一个社群内的政策主题具有紧密的联系，而不同的社群之间的政策主题根据相关性可能联系稀疏也可能较为紧密。为更好地把握中小企业相关政策主题的特征，将主题内容与中小企业创新相关政策主题进行集合映射，计算政策主题共现矩阵，并利用 UCINET 软件绘制网络关系图，形成政策主题的共词网络。

（1）2011—2022 年中小企业创新相关政策主题的共词网络

图 8-5 为 2011—2022 年中小企业创新相关政策主题的共词网络。在所有的中小企业创新相关政策主题组成的网格关系中，知识产权、自主创新处于核心位置，且金融环境、公共服务、知识产权、市场环境、自主创新、产业集群、基础设施之间的连线较粗，一定程度上反映出目前扶持中小企业创新的政策主题比较多样。根据 UCINET 软件计算得到不同政策主题的程度中心性，金融环境政策主题程度中心性最高，占比为 12.8%。其余占比较高的政策主题包括公共服务、知识产权、市场环境，一定程度上反映出我国对中小企业创新的扶持既涉及直接的要素供给，也注重创新环境的塑造。

（2）2011—2013 年中小企业创新相关政策主题的共词网络。

图 8-6 为 2011—2013 年中小企业创新相关政策主题的共词网络。从图 8-6中各政策主题的网络关系来看，公共服务、市场环境、产业集群、自主创新等政策主题之间的连接比较紧密，是该阶段促进中小企业创新使用的主要政策工具类型。根据 UCINET 软件计算得到不同政策主题的程度中心性，公共服务政策主题程度中心性最高，占比为 23%，反映出简政放

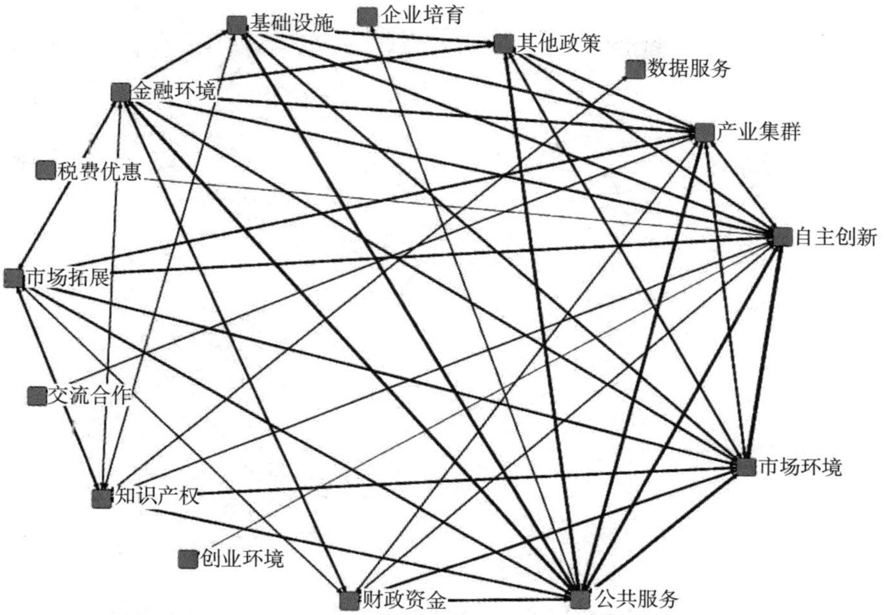

图 8-5　2011—2022 年中小企业创新相关政策主题的共词网络

权在中小企业创新发展中的重要性。另外，市场环境、产业集群以及自主创新政策主题的程度中心性也比较高，占比分别为 17.8%、12.4%、12.2%。可以看出，这一阶段包括 10 种政策主题，说明政府对中小企业创新支持政策较丰富。但知识产权、数据服务、交流合作方面的政策主题还没有形成体系，不同政策主题之间的连接相对较稀疏。

（3）2014—2019 年中小企业创新相关政策主题的共词网络。

图 8-7 为 2014—2019 年中小企业创新相关政策主题的共词网络。从图 8-7中各政策主题的网络关系看，公共服务、金融环境、市场环境、产业集群、市场拓展、自主创新、基础设施等政策主题之间的连接比较紧密，是该阶段促进中小企业创新使用的主要政策工具。根据 UCINET 软件计算得到了不同政策主题的程度中心性，公共服务政策主题程度中心性最高，占比为 16.6%。其中，金融环境、市场拓展是这一阶段新形成的政策主题，在一定程度上反映出政策层面对解决中小企业融资问题的重视程度增加。知识产权、交流合作等政策主题的使用程度还不高，与其他政策主题的连接相对比较稀疏。

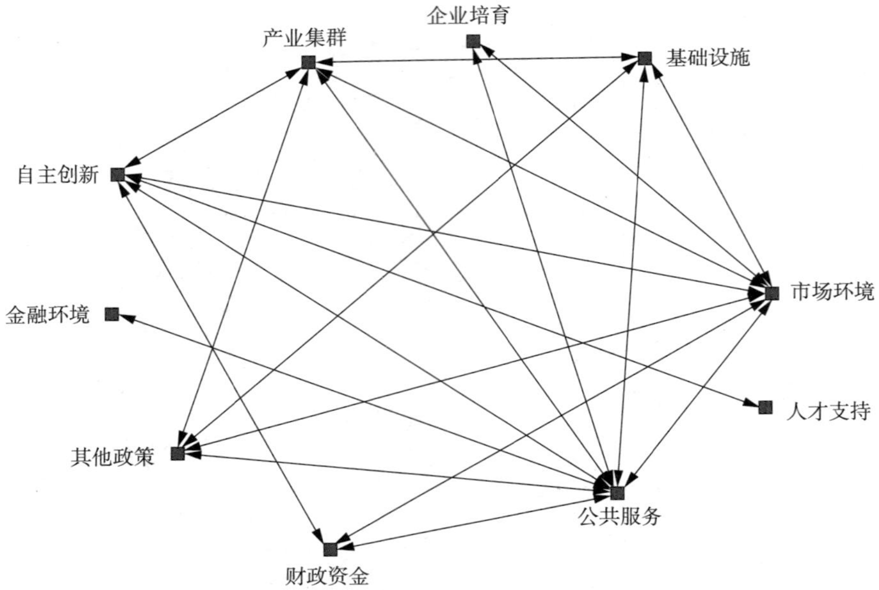

图 8-6　2011—2013 年中小企业创新相关政策主题的共词网络

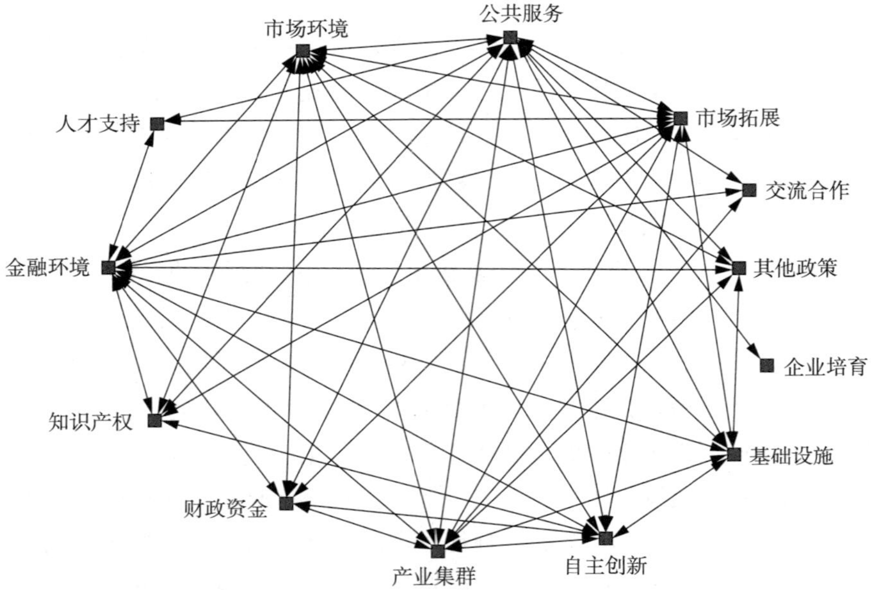

图 8-7　2014—2019 年中小企业创新相关政策主题的共词网络

（4）2020—2022 年中小企业创新相关政策主题的共词网络。

图 8-8 为 2020—2022 年中小企业创新相关政策主题的共词网络。从图 8-8中各政策主题的网络关系看，公共服务、金融环境、自主创新、市场环境、知识产权、产业集群、基础设施、其他政策等政策主题之间的连接比较紧密，是该阶段促进中小企业创新使用的主要政策工具。根据 UCINET 软件计算得到了不同政策主题的程度中心性，公共服务政策主题程度中心性最高，占比为 16.6%，依然是该阶段最重要的政策主题。知识产权、交流合作是该阶段新形成的政策主题，反映出中小企业发展呈现出新形态，知识产权保护在政策层面开始受到重视，这对激励数字化背景下的中小企业创新具有重要作用。

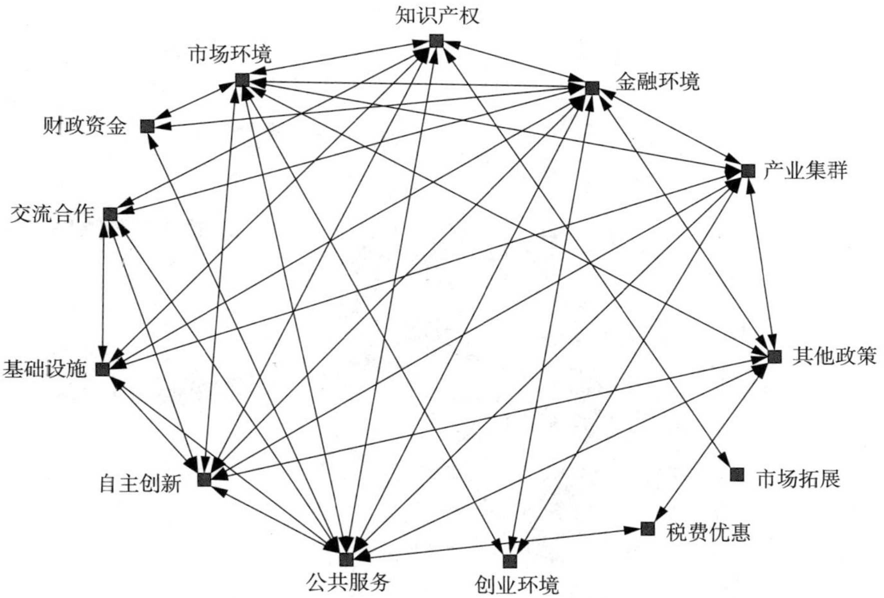

图 8-8　2020—2022 年中小企业创新相关政策主题的共词网络

8.3.4　中小企业创新相关政策发文机构的共词网络

为了充分分析政策发文机构深层次的关联性，对政策发文机构构建共现矩阵，并借助社会网络分析软件 UCINET 进行可视化处理，编制出政策发文机构的合作网络图谱。接下来分别分析 2011—2022 年相关政策发文机构的共词网络，以及2011—2013年、2014—2019年、2020—2022年三个具有不同阶段特征时期的政策发文机构共词网络，以期揭示不同政策发文机构之间的网络关系特征。

（1）2011—2022年中小企业创新相关政策发文机构的共词网络。

图8-9为2011—2022年中小企业创新相关政策发文机构的共词网络。从图8-9展示的政策发文机构的网络关系可以看出，在这一期间涉及中小企业创新相关政策的发文机构有27家，涉及的部门数量较多。根据不同政策发文机构之间的连线数量和连线频率来看，不同机构间的联合发文现象较多，涉及联合发文的政策有22份，其中《关于健全支持中小企业发展制度的若干意见》共有15家机构共同参与，是参与合作机构最多的政策文件。

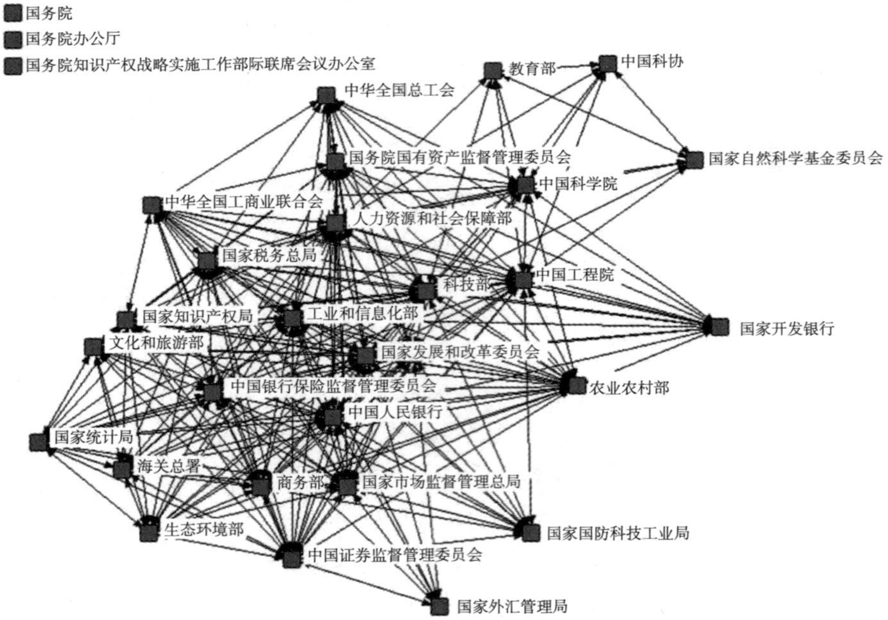

图8-9　2011—2022年中小企业创新相关政策发文机构的共词网络

根据UCINET软件计算得到合作发文机构的程度中心性，程度中心性体现了某一发文机构在全部发文机构中的重要性程度。表8-4列出了程度中心性前十的联合发文机构，其中工业和信息化部、财政部的程度中心性最高，分别有 73 条关系，标准化程度中心性数值均为 22.813，占比为 8.2%。此外，2011—2022 年发文机构合作关系呈现出多中心化现象，财政部、工业和信息化部、国家发展和改革委员会、科技部、中国人民银行等都是参与联合发文数量较多的机构。

表 8-4　2011—2022 年发文机构的程度中心性计算结果

发文机构名称	关系	程度中心性	占比（%）
财政部	73	22.813	8.2
工业和信息化部	73	22.813	8.2
国家发展和改革委员会	70	21.875	7.9
科技部	64	20.000	7.2
中国人民银行	63	19.688	7.1
人力资源和社会保障部	50	15.625	5.6
中国银行保险监督管理委员会	46	14.375	5.2
国家市场监督管理总局	45	14.063	5.1
国家知识产权局	41	12.813	4.6
中华全国工商业联合会	36	11.250	4.1

（2）2011—2013 年中小企业创新相关政策发文机构的共词网络。

根据前述阶段划分，分析揭示处于不同阶段中小企业创新相关政策发文机构的关系特征。利用 UCINET 软件绘制了 2011—2013 年，即要素扶持中小企业创新发展阶段的政策发文机构共词网络（见图 8-10）。

2011—2013 年中小企业创新相关政策的发文机构有 7 家，涉及部门数量较少。从联合发文机构情况来看，科技部是该阶段中小企业创新相关政策制定的核心部门，参与合作发文的数量最多。这一阶段的政策发文机构的合作网络稀疏，相关政府部门对中小企业重视程度提升，但相关配套政策仍有待于进一步健全完善。从不同政策发文机构之间的连线数量和连线频率来看，不同机构之间联合发文现象不多，涉及联合发文的政策文件有 2 份，其中《关于印发国家中长期科技人才发展规划（2010—2020 年）的通知》有 7 家机构参与，是参与合作机构最多的文件。

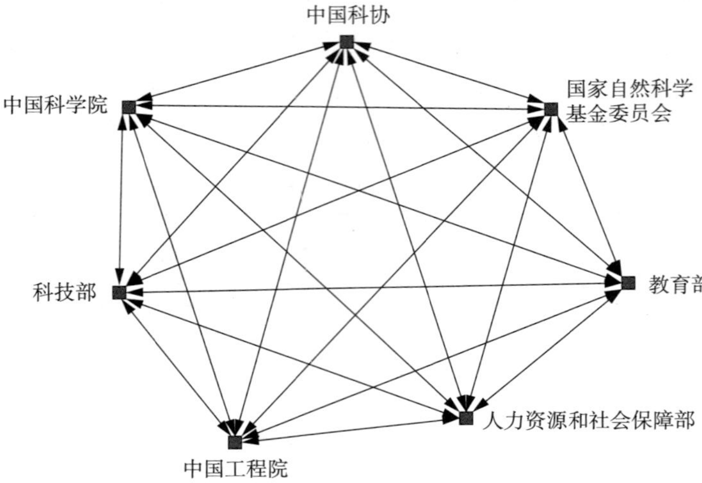

图 8-10　2011—2013 年中小企业创新相关政策发文机构的共词网络

（3）2014—2019 年中小企业创新相关政策发文机构的共词网络。

2014 年我国提出“大众创业、万众创新”之后，“互联网+”成为政策文件的热词，关于中小企业创新方面的政策数量快速增加。图 8-11 报告了 2014—2019 年中小企业创新相关政策发文机构的共词网络，相较于前一阶段的政策发文部门数量迅速增加。同时，从图 8-11 中政策发文机构之间的连线数量和连线频次可知，2014—2019 年不同机构间联合发文现象有了比较明显的增多。该阶段涉及联合发文的政策有 12 份，其中《关于印发〈发挥民间投资作用推进实施制造强国战略指导意见〉的通知》有 14 家机构参与，是参与合作机构最多的政策文件。

根据 UCINET 软件计算得到 2014—2019 年合作发文机构的程度中心性。表 8-5 给出了程度中心性前十的联合发文机构，其中中华全国工商业联合会的程度中心性最高，有 40 条关系，标准化程度中心性数值为 25，占比为 6.1%。此外，2014—2019 年发文机构合作关系呈现出了多中心化现象，中国人民银行、财政部等单位也是参与联合发文数量较多的机构。总体上，该阶段合作发文的数量增长明显，参与合作发文的机构数量也有所增多，不同发文机构之间的合作更加紧密，并呈现出多核心部门的分散化特征。

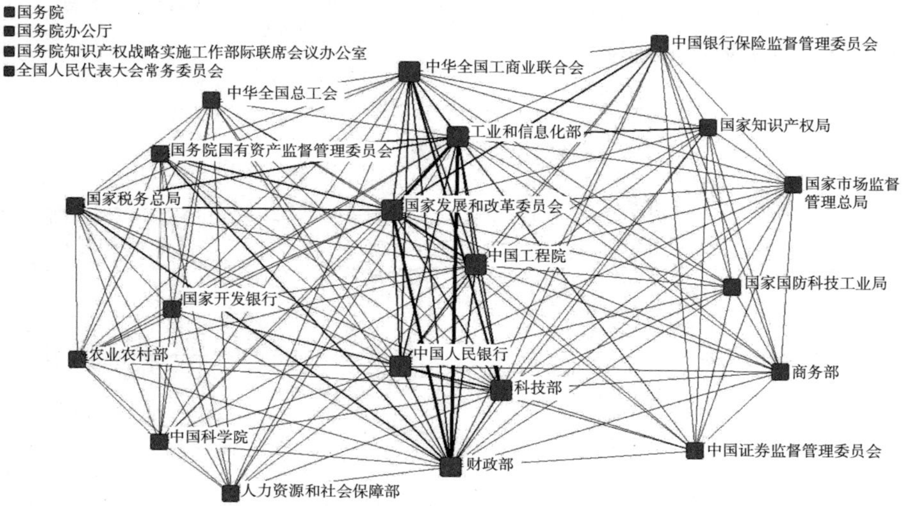

图 8-11　2014—2019 年中小企业创新相关政策发文机构的共词网络

表 8-5　2014—2019 年发文机构的程度中心性计算结果

发文机构名称	关系	程度中心性	百分比
中华全国工商业联合会	40	25.000	6.1
中国人民银行	38	23.750	5.8
财政部	36	22.500	5.5
工业和信息化部	33	20.625	5.0
国家发展和改革委员会	32	20.000	4.9
科技部	30	18.750	4.6
商务部	30	18.750	4.6
国务院办公厅	26	16.250	4.0
中国工程院	25	15.625	3.8
国家市场监督管理总局	24	15.000	3.7

（4）2020—2022 年中小企业创新相关政策发文机构的共词网络。

数字技术得到了广泛关注和应用，中小企业数字化转型和数据赋能中小企业高质量发展在政策层面得到了高度重视。图 8-12 为 2020—2022 年中小企业创新相关政策发文机构的共词网络，该阶段参与政策发文部门数量为 17 家。同时，8 个文件为多家机构联合发文，其中《关于健全支持中小企业发展制度的若干意见》由 17 家机构联合发文，是该阶段参与联合发文机构数量最多的文件。

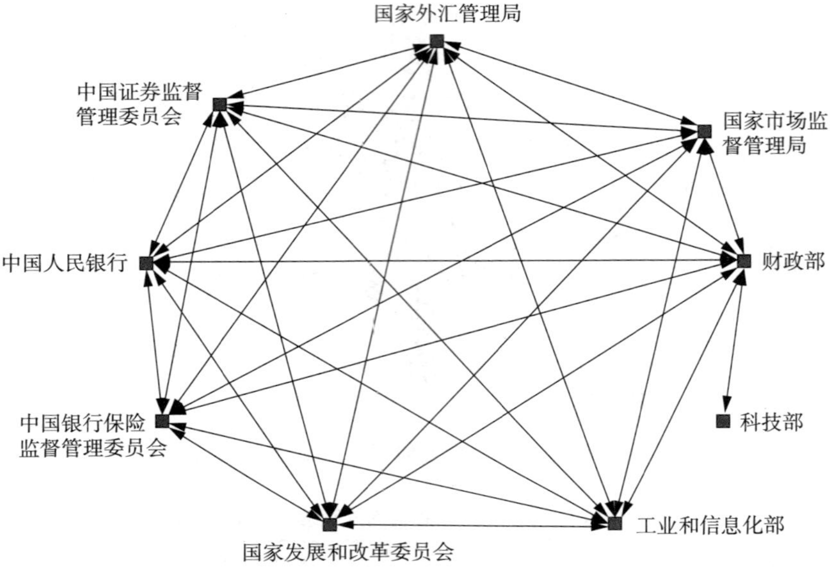

图 8-12　2020—2022 年中小企业创新相关政策发文机构的共词网络

根据 UCINET 软件计算得到 2020—2022 年合作发文机构的程度中心性。表 8-6 给出了程度中心性前五的联合发文机构，其中财政部的程度中心性最高，有 9 条关系，标准化程度中心性数值为 15，占比为 15%。此外，2020—2022 年发文机构合作关系呈现出了多中心化现象，工业和信息化部等也是参与联合发文数量较多的机构。此外，该阶段联合发文机构的数量明显降低，表明不同政策机构关系更加简化，有助于降低政策的烦琐程度，改善中小企业创新效率。

表 8-6　2020—2022 年发文机构的程度中心性计算结果

发文机构名称	关系	程度中心性	百分比
财政部	9	15.000	15
工业和信息化部	8	13.333	13.3
国家发展和改革委员会	7	11.667	11.7
中国人民银行	7	11.667	11.7
中国银行保险监督管理委员会	7	11.667	11.7

8.4　研究结论

推动中小企业创新发展，已逐步成为强链补链固链，解决我国技术“卡脖子”问题的重要途径，对我国经济高质量发展有重要意义，我国在政策层面对中小企业创新的扶持也逐渐增多。本章基于政策文本分析方法，主要对中小企业创新的相关政策分三个阶段展开研究，在政策基本特征、政策主题、发文机构合作网络方面得到以下研究结论：

（1）政策基本特征。一是从政策主题的类型来看，有关中小企业创新政策类型比较全面，目前已经形成以化解中小企业创新资金约束为主的金融支持政策，以鼓励中小企业创新为主的自主创新政策、知识产权政策、人才供给政策等，一定程度上反映出我国中小企业创新方面的政策越来越多元化，支持中小企业创新的政策手段也与时代发展特征紧密结合，如发挥数据要素作用的数据服务政策等；二是从政策数量来看，2011—2022 年政策数量呈逐年增长趋势，反映出我国对中小企业创新的关注度日益提高，中小企业作为创新主体的地位也在政策层面得到了认可，这对发挥中小企业在经济社会发展中的作用有重要意义；三是从政策发文机构来看，我国中小企业创新相关政策涉及的发文机构较多，相对来说以科技部、工信部发布的中小企业创新相关政策最多，且科技部、工信部也是独立颁发政策和联合颁发政策最多的主体，一定程度上有助于政策统一和形成政策合力。

（2）政策主题。一是 2011—2022 年，中小企业创新相关政策主题关系网络中，出现了金融环境、公共服务、知识产权、市场环境、自主创新等 16 个主题内容，彼此之间的连线较粗，反映我国在中小企业创新扶持方面的政策主题具有多样性，既有对中小企业创新直接的要素供给政策主题，也有为中小企业创新塑造良好外部环境的政策主题，对中小企业创新发展起到了重要作用；二是根据对中小企业创新相关政策的三个不同阶段的网络关系分析，公共服务主题的程度中心性最高，连接关系最多，反映出该主题是中小企业创新过程中使用的主要政策工具类型，体现出简政放权、中介服务等对中小企业创新的重要性；三是随着对中小企业创新政策支持的增加，从要素扶持中小企业创新第一阶段到数据赋能中小企业创新第三阶段，政策主题随着时代变化呈现出演进特征，例如，一些新政策主题不断出现，前期一些程度中心性较小的政策主题的程度中心性随着时间的推移不断增强。

（3）政策发文机构。一是2011—2022年，我国中小企业创新的发文机构数量增多，主要是工信部、科技部、财政部等相关部门发布的文件，既有独立发文，也有多部门的联合发文，相对来说联合发文的情况要多于独立发文的情况，进一步从发文机构的网络图谱关系来看，不同发文主体之间的连接关系从稀疏到紧密，合作关系也从简单趋向复杂；二是根据对三个阶段不同发文部门连接关系的网络图谱分析可以看出，不同阶段参与合作的核心部门存在差异，联合发文的合作机构数量在增多，且不同部门之间的合作关系也呈现出多样化特征，但还没有形成比较稳定的发文机构合作网络；三是发文主体也随着时代变化呈现出演进特征，例如，第一阶段主要是以科技相关发文机构为主，而在第三阶段则出现了较多金融监管机构，一定程度上反映出我国越来越关注中小企业创新发展的金融环境等相关的问题，这也是制约中小企业创新的核心问题之一。

第9章 政策工具视角的中小企业数字化政策文本分析

数字化转型已是全球大势所趋，加快数字化转型是贯彻新时代发展理念、构建新发展格局和推动我国经济高质量发展的内在要求，也是推进中国式现代化的驱动力。根据中国信通院发布的《中国数字经济研究报告2023》，2022年我国数字经济的规模已达到50.2万亿元，数字经济全要素生产率达到了1.75，体现出数据要素价值效应已经越来越明显。中小企业作为实体经济的重要构成部分，如何推动数字化转型既是重点也是难点。2022年11月，工业和信息化部印发《中小企业数字化转型指南》（工信厅信发〔2022〕33号）（以下简称《指南》），旨在以数字化转型推动中小企业综合竞争力提升，为中小企业数字化转型提供引领。本章以《指南》作为文本分析对象，基于政策工具视角将《指南》分为三大类共四十九项内容，采用内容分析和定量分析相结合方式，对政府支持中小企业数字化转型的政策工具进行分析，并将政策文本置于政策工具、政策目标和政策执行主体的三维框架中，以更好地把握中小企业数字化转型政策的本质规律，从而为后续章节构建数据赋能中小企业创新的对策体系提供参照。

9.1 引言

近年来，党中央、国务院提出要加快数字化发展的重大战略决策部署，有关数字经济政策密集制定出台。党的二十大报告指出，要营造有利于科技型中小微企业成长的良好环境，支持中小微企业发展，支持专精特新企业发展。习近平总书记强调要把握数字化、智能化和网络化的方向。这些重要论述为我国推动中小企业数字化转型指明了方向。埃森哲公司发布了中国企业数字化转型指数（见图9-1），该指数的取值范围为0~100。可以看出，2018—2022年企业数字化转型指数基本保持增长趋势，但增速较平缓。同时，领军企业与其他企业数字化差异呈现出扩大趋势，差值从2018年的31扩大到2022年的38，在一定程度上反映出我国企业在数字化方面保持相对审慎的态度且存在不均衡现象，也体现出我国中小企业在数字化转型方面还比较薄弱。中小企业作为我国实体经济的重要组成部分，如何推动其数字化转型不仅对其实现专精特新发展，也对我国数字经济高质量发展具有重要影响。因此，在推动中小企业数字化转型方面，需要发挥有为政府的作用，解决中小企业数字化转型过程中的难点，更好地推动中小企业数字化转型赋能企业高质量发展。因此，本章以《指南》为研究对象，基于政策工具视角，采用内容分析和定量分析相结合方式，深入研究政策关注重点和特征，为把握政策如何有效为中小企业数字化转型提供理论支持。关于《指南》的文本研究不仅有助于提高政策工具在中小企业数字化转型过程中适配度，也可为厘清中小企业数字化转型政策，进一步促进中小企业数字化转型提供重要参考借鉴。

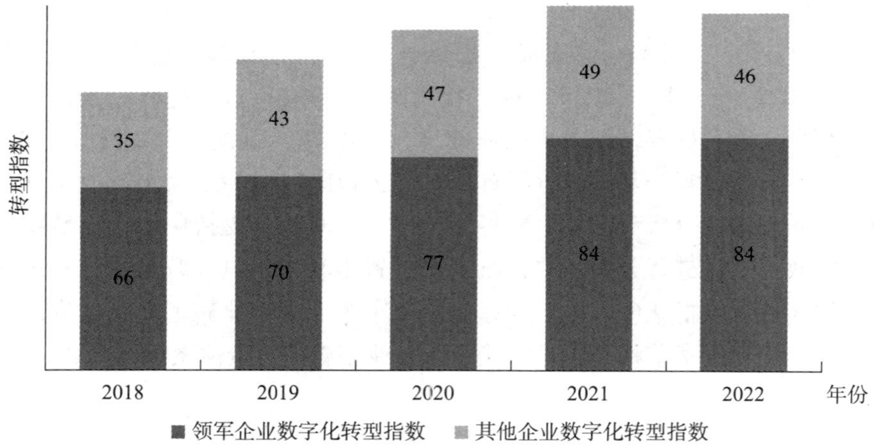

图9-1　2018—2022年中国企业数字化转型指数①

9.2　文献综述

随着数字经济的快速发展，以及国家在政策层面的推进，学术界围绕

① 埃森哲商业研究院. 数字化转型：可持续的进化历程（2022埃森哲中国企业数字化转型指数）[EB/OL]. https：//www.accenture.cn/cn-zh/insights/strategy/china-digital-transformation-index-2022.

中小企业数字化转型问题进行了多维度、多领域的探讨。在中小企业数字化转型问题及对策方面，刘涛、张夏恒（2021）[221]采用问卷调查的方式，发现中小企业普遍存在数字化转型思维匮乏、数字化基础薄弱、数字化转型障碍大等问题，并提出了政府出台扶持政策、完善基础设施等建议。李勇坚（2022）[222]基于中小企业数字化发展理论基础研究发现，中小企业数字化转型还面临缺乏数据文化和数据管理实践、缺乏明确的成本与收益分析框架、政策支持精准度不够等现实困境，应加快为中小企业数字化转型创造良好的政策环境。对于中小企业数字化转型的影响因素，张新等（2022）采用组态思维和模糊集定性比较分析法（fsQCA）探索中小企业数字化转型影响因素的组态效应，发现数字战略、高层管理者、政策支持、合作伙伴关系以及价值共创在中小企业数字化转型中起到核心作用。Li 等（2018）发现企业家在第三方平台支持下可通过管理认知升级、团队能力建设、组织能力建设等推动中小企业数字化转型。对于数字化转型产生的经济后果，Ko 等（2022）通过定性和定量研究相结合方法，分析数字敏捷性、数字竞争力对提高中小企业创新绩效的作用，揭示出数字化转型对中小企业创新发展的重要性。Matarazzo 等（2021）从动态能力角度使用多案例研究方法揭示了中小制造企业的数字化转型与顾客价值创造的关系，发现数字化转型是企业创造和交付价值的新途径。关于中小企业数字化转型对经济高质量发展的影响，吕铁等（2022）从定性分析的角度，指出推动中小企业数字化转型是实现中国制造迈向高质量发展的可行途径。董志勇等（2021）通过规范分析方法发现，中小企业数字化转型尤其是推动专精特新企业数字化能够提升产业链、创新链韧性和竞争力，是我国经济增长的新动能。

现有文献剖析了中小企业数字化转型存在的困难与阻碍并提出相关政策性建议，采用定性分析法探究中小企业数字化转型的影响因素，以及中小企业数字化转型的效果，揭示了中小企业数字化转型的路径，这些研究为我国中小企业数字化转型提供了参考借鉴。现有研究侧重于理论分析和实证检验，或者是对案例的总结归纳，缺乏对支持中小企业数字化转型政策文本的深入剖析，尤其是对政策的深层次含义、政策工具如何配置使用，仍缺乏详细深入的解读，使得相关政策建议对实践的指导不够深入。因此，有必要在现有基础上，对中小企业数字化转型政策的深刻背景与含义、政策推出基于哪些考虑、下一步政策制定要突出哪些等展开分析，以期通过政策工具分析解读，为政策全面落实提供建议。基于此，本章在已有研究基础上，基于“政策工具—适用领域”框架对《指南》进行文本分析，对具体政策条文进行详细分析解读，明确支持中小企业数字化转型政策工具的分类方式及其具体特征与含义，以期为中小企业数字化转型实践提供理论和实践参考。

9.3 政策工具视角的中小企业数字化政策分析框架

9.3.1 研究方法选择

政策工具又称为政策手段，是政府在贯彻执行政策和达成政策目标时的重要举措。政策工具是连接政策目标、政策执行和政策结果的桥梁（宋敏、龙勇，2022）[223]，其有效运用对政策落实具有十分重要的作用。进行政策工具研究的前提是合理的政策工具分类，比较有代表性的几种划分方式包括：一是从政策执行方式角度，分为权威型、诱因型、能力型、劝说型、学习型（Schneider et al.，1993）[224]；二是从政策干预的角度，分为强制型、混合型和自愿型（Howlett et al.，1997）[225]；三是从影响政策执行因素的角度，分为供给型、需求型、环境型（Rothwell et al.，1985）。从已有的政策工具视角的文献研究看，由于不同类型的政策工具都有情境适用性和合理性，所以对政策工具分类方式的选择，需要结合研究主题的情境。结合《指南》政策文本特点，借鉴 Rothwell 等（1985）提出的供给型、环境型、需求型政策工具分类，对《指南》进行分析研究。该政策工具分类方法在我国各类不同情境中得到了较为广泛的应用，如徐硼和罗帆（2020）[226]、姜楠等（2023），使用供给型、环境型、需求型政策工具分类方法，既具有理论上的合理性，又具有现实中的适用性。在此基础上，本章以《指南》作为内容分析文本，根据政策工具的一般理论确立支持中小企业数字化转型的分析框架，并对文本内容进行分类整理，对政策工具进行编码，然后将政策编号导入分析框架进行分析，最后得出结论。

9.3.2 分析框架构建

根据前述分析，按照 Rothwell 等（1985）所提出的政策分类方法，将政策工具分为供给型、环境型、需求型，有助于政策工具选择更好地匹配适用领域的政策目标，还可将政策进行降维，这也是理论框架构建的 X 维度，即政策工具维度。在政策工具分类基础上，进一步将其与政策目标相结合，并将其作为 Y 维度。此外，中小企业数字化转型涉及政府、第三方组织等不同利益主体，故将政策执行主体作为 Z 维度。具体分析框架如图 9-2所示。

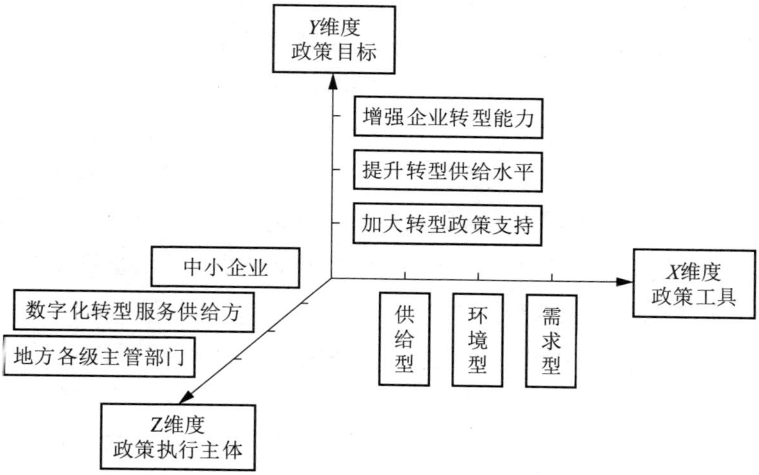

图 9-2　中小企业数字化转型政策三维分析框架

（1）X 维度：政策工具。

根据 Rothwell 等（1985）的三分类政策工具理论，将中小企业数字化转型政策工具分为供给型、环境型和需求型。其中，供给型政策工具主要表现为政策对中小企业数字化转型的推动力，包括技术支持、资金支持、人才培养和公共服务等；环境型政策工具表现为政策对中小企业数字化转型的影响力，包括目标规划、法律规范、金融支持、税收优惠和产权保护等；需求型政策工具表现为政府为减少市场的不确定性，积极开拓并稳定新技术应用的市场，拉动中小企业数字化转型，包括政府采购、用户补贴、应用示范等。

（2）Y 维度：政策目标。

从政策工具角度很难明确政策具体指向，结合政策目标更容易解读政策指向。《指南》旨在贯彻落实党中央、国务院对中小企业数字化转型决策部署，引领中小企业数字化转型以促进实体经济高质量发展，为有关部门推进中小企业数字化转型工作提供指引，也为中小企业数字化转型提供指导，应成为中小企业数字化转型政策文本分析的主要维度。在“增强企业转型能力”方面，《指南》在开展数字化评估、推进管理数字化、开展业务数字化、融入数字化生态、优化数字化实践方面提出转型路径，旨在充分激发中小企业转型的动能，按照“评估—规划—实施—优化”的逻辑闭环，科学高效开展数字化转型。在“提升转型供给水平”方面，《指南》提出要增强供需匹配度、开展全流程服务、研制轻量化应用、深化生态级协作四项内容，旨在引导供给方聚焦中小企业特征和实际需求，提升面向中小企业数字化转型的产品和服务水平。在“加大转型政策支持”方面，《指南》提出加强转型引导、加大资金支持、推广试点应用、完善配套服务、优化发展环境等要求，旨在推动有关部门在技术、资金、服务、人才等方面加强中小企业数字化转型资源支持，以数字化转型推动中小企业高质量发展。

（3）Z 维度：政策执行主体。

由《指南》内容可知，中小企业数字化转型的政策执行主体包括：中小企业、数字化转型服务供给方、地方各级主管部门。中小企业应当明确自身管理水平，构建适配的管理架构以促进数字化转型，同时基于自身数字化基础水平，发展基于数字化产品的增值服务，还要积极对接数字化转型标杆企业，利用数字服务平台提升数字化转型能力。数字化转型服务供给方需要根据中小企业的特征与实际需求，为中小企业提供精准化的服务，发挥有效市场的作用，助力中小企业深入开展数字化转型。地方各级主管部门应充分发挥有为政府的作用，积极配套落实政策举措，构建完善数字化转型公共服务体系，优化转型发展环境，加速中小企业数字化转型进程。

9.4 《指南》的政策工具分析

政策文本中承载的政策工具成为分析我国中小企业数字化转型政策的主要途径，也是揭示中小企业数字化转型政策主要内容的重要分析维度。根据 Rothwell 等（1985）的分类，将政策工具划分为供给型、环境型及需求型并将政策文本内容与之对应，便于清晰地了解和把握政策，有助于中小企业数字化转型方案的落实。

9.4.1 《指南》政策文本内容编码

样本的分析类目包括“人才培养”“基础设施”“资金支持”“公共服务”“技术支持”“信息支持”“金融支持”“策略性措施”“政策落实”“应用示范”“精准服务”。分析单元对应《指南》文本中的有关条款。《指南》分为“利用数字化服务体系”“激励中小企业创新”“健全保障措施”三部分，共四十九项内容，体现了政府通过政策工具激励中小企业数字化转型的政策目标。首先对三大部分四十九项内容进行编码，再对每一项内容中所包含的政策单元进行编码，最终形成基于政策工具的中小企业数字化转型政策文本内容分析单元编码表（见表 9–1）。

表 9–1 《指南》政策文本分析单元编码表

政策名称	政策项目	政策文本内容分析单元	编码
健全保障措施	建立健全评估机制	结合《中小企业数字化水平评测指标》等标准规范，中小企业与数字化转型服务商、第三方评估咨询机构等开展合作，评估数字化基础水平和企业经营管理现状，构建评估指标数据管理机制，支撑转型需求分析和转型成效评估	1–1–1
		联合数字化转型服务商或第三方评估咨询机构等开展转型成效评估，重点开展业务环节数字化水平评估和企业经营管理水平行业横向和纵向对比分析	1–1–2
		建设完善地方营商环境评估体系，将中小企业数字化转型成效纳入考核范围	1–1–3
		评估研产供销服等环节转型的潜在价值和可行性，明确数字化转型优先级，定期结合企业发展实际调整转型策略，有效确保数字化转型投入产出比	1–1–4
	健全管理制度	实施企业数字化转型“一把手”负责制，构建与数字化转型适配的组织架构，制定绩效管理、考核方案和激励机制等配套制度	1–2–1
		应用财务流程自动化、协同办公平台、标准化人力资源管理产品等，实现财务、办公、人力资源等管理环节数字化转型，提升企业管理精细化水平	1–2–2
		开展产品全生命周期管理，构建产品数字镜像，提升产品数据管理水平	1–2–3

续表

政策名称	政策项目	政策文本内容分析单元	编码
健全保障措施	人才培养	定期组织企业经营管理者和一线员工参加数字化培训，深化数字化转型认知，提升数字素养和技能	1-3-1
		电信运营商、智能硬件企业、数字化转型服务商等帮助中小企业开展网络建设、硬件改造连接和软件应用部署等，开展配套数字技能培训	1-3-2
		支持职业院校、大型企业等建设数字人才实训基地，提升中小企业数字人才供给	1-3-3
	部门整合	引导业务部门和技术部门加强沟通协作，形成跨部门数字化转型合力。有条件的企业可探索设立专门的数字化转型部门	1-4-1
	政策落实	加强中小企业数字化转型相关政策衔接，落实工信部和财政部联合开展的中小企业数字化转型试点等工作	1-5-1
		结合当地实际出台配套措施，加强分类指导和跟踪服务，确保政策落地见效。有条件的地方可探索分行业分领域推动中小企业数字化转型	1-5-2
		基于地方中小企业数字化转型实际，优化财税金融、人才培养等政策措施，稳定中小企业转型政策预期	1-5-3
	推动应用示范工作	结合当地重点行业和关键领域，遴选中小企业数字化转型试点示范，培育推广中小企业数字化转型案例标杆，鼓励中小企业“看样学样”	1-6-1
		支持专精特新中小企业开展数字化转型，发挥引领示范作用，带动更多中小企业数字化发展	1-6-2
		培育和遴选一批可复制的产业链供应链上下游协同转型的典型模式，推广大中小企业融通创新模式，有效支撑产业链供应链补链固链强链	1-6-3
	加强基础设施建设	加大工业互联网、人工智能、5G、大数据等新型基础设施建设力度，优化中小企业数字化转型外部环境	1-7-1
利用数字化服务体系	应用公共服务平台	应用工业互联网平台推动各环节数据综合集成、可视化和智能分析，优化企业经营管理决策	2-1-1
		应用订阅式产品服务，推动研发设计、生产制造、仓储物流、营销服务等业务环节数字化，降低一次性投入成本	2-1-2
		应用产业链供应链核心企业搭建的工业互联网平台，融入核心企业生态圈，加强协作配套，实现大中小企业协同转型	2-1-3
		积极对接中小企业公共服务平台等载体，参加政策宣贯、供需对接、咨询诊断、人才培训等活动	2-1-4
		工业互联网平台、数字化转型服务商和大型企业等各方主体，推动产业链供应链上下游企业业务协同、资源整合和数据共享，助力中小企业实现“链式”转型	2-1-5

续表

政策名称	政策项目	政策文本内容分析单元	编码
利用数字化服务体系	应用公共服务平台	工业互联网平台企业汇聚工业 APP，沉淀工业技术、知识和经验，建设工业 APP 商店，加速工业 APP 交易流转应用	2-1-6
	支持汲取大企业成功经验	应用行业龙头企业输出的行业共性解决方案，加速提升自身数字化水平	2-2-1
	充分利用网络化协作	基于园区/产业集群开展网络化协作，发展订单共享、设备共享、产能协作和协同制造等模式，弥补单个企业资源和能力的不足	2-3-1
		积极接入园区/产业集群的数字化创新网络，利用共性技术平台开展协同创新	2-3-2
	支持大小企业协同发展	遵循"大企业建平台、中小企业用平台"思路，大型企业打造面向中小企业需求的工业互联网平台，输出成熟行业数字化转型经验，带动产业链供应链上下游中小企业协同开展数字化转型	2-4-1
		大型企业搭建或应用工业互联网平台，面向上下游中小企业开放订单、技术、工具、人才、数据、知识等资源，探索共生共享、互补互利的合作模式	2-4-2
		实施中小企业数字化转型促进工程，深入开展大中小企业"携手行动"，推动产业链供应链上下游、大中小企业融通创新	2-4-3
	完善公共服务体系	构建完善中小企业数字化转型公共服务体系，加强中小企业数字化转型公共服务平台建设，提升政策宣传、诊断评估、资源对接、人才培训、工程监理等公共服务能力	2-5-1
	提供精准服务	结合现阶段企业内外部数字化转型资源，制定调整下一阶段数字化转型策略，选择与下一转型阶段相匹配的数字化产品和服务，提升转型策略与发展现状的适应性	2-6-1
		数字化转型服务商和第三方评估机构等主体，聚焦中小企业个性化转型需求，帮助中小企业制定数字化转型策略	2-6-2
		基于中小企业阶段性转型需求，数字化转型服务商整合生态资源，为中小企业匹配与现阶段需求适配的产品和服务，推动中小企业转型逐步深入	2-6-3
		数字化转型服务商聚焦中小企业转型痛点难点，提供"小快轻准"的产品和解决方案	2-6-4
		发展订阅式软件服务，有条件的数字化转型服务商可面向中小企业提供免费试用版服务，探索发展以数字化转型收益支付服务费用等方式，降低中小企业数字化转型顾虑和成本	2-6-5
		组织开展中小企业数字化转型"问诊"服务，组织专家深入中小企业一线开展"入驻式"诊断服务	2-6-6
		开展中小企业数字化转型相关会议和活动，营造良好发展氛围	2-6-7

续表

政策名称	政策项目	政策文本内容分析单元	编码
激励中小企业创新	支持数字研发	研发即时沟通、远程协作、项目管理、流程管理等基础数字应用	3-1-1
		细分行业数字化转型服务商研发推广具备行业特性的产品服务	3-1-2
		低代码服务商持续提升产品的可拓展性，帮助业务人员自主高效构建数字化应用，满足即时个性化需求	3-1-3
		研发推广低代码产品服务，助力中小企业自行创建、部署、使用和调整数字化应用，提升中小企业二次开发能力和需求响应能力	3-1-4
		发展数字化产品增值服务，拓展业务范围，创新盈利模式	3-1-5
	提高创新意识	数字化转型服务商、互联网平台企业、工业互联网平台企业等通过线上线下相结合的方式，展示场景融合应用和转型方法路径，增强中小企业数字化转型意识和意愿	3-2-1
	加强金融支持	工业互联网平台、数字化转型服务商和金融机构加强合作，开展物流、资金流和数据流等交叉验证，创新信用评估体系和风险控制机制，提升中小企业融资能力	3-3-1
		鼓励金融机构提供面向中小企业数字化转型的专项产品或服务，设立中小企业数字化转型专项贷款，拓宽中小企业转型融资渠道	3-3-2
	加强资金支持	按照“企业出一点、平台让一点、政府补一点”的思路，降低中小企业数字化转型门槛，有条件的地方可鼓励平台减免转型共性需求支出	3-4-1
		发挥地方政府专项资金作用，支持对中小企业转型带动作用明显的“链主”企业和转型成效突出的“链星”中小企业	3-4-2
		发挥政府引导基金作用，带动社会资本支持中小企业数字化转型服务商做大做强	3-4-3

注：根据政策文本分析编码方法和《指南》内容编制而成。《指南》文本来源于工业和信息化部官网，https：//www. miit. gov. cn/zwgk/zcwj/wjfb/tz/art/2022/art_9b2c8d695f4e43189588a6716923ce39. html.

9. 4. 2 《指南》政策工具分析

《指南》兼顾供给型、环境型和需求型政策工具的运用，为推进中小企业数字化转型提供多方面激励和支持。通过定量统计分析，供给型政策工具占了一多半的比例（51%），其次是环境型政策工具（29%），而需求型的政策工具使用最少（20%）（见表 9-2）。

表 9-2 《指南》政策工具分布

政策工具类型	政策工具名称	政策工具条文编号	总计	比例（%）
供给型	人才培养	1-3-1、1-3-2、1-3-3	3	51
	基础设施	1-7-1、2-1-1、2-1-2、2-1-3	4	
	资金支持	3-4-1、3-4-2、3-4-3	3	
	公共服务	2-5-1、2-1-4、2-1-5	3	
	技术支持	3-1-1、3-1-2、3-1-3、3-1-4、3-1-5、2-1-6	6	
	信息支持	2-2-1、2-3-1、2-3-2、2-4-1、2-4-2、2-4-3	6	
环境型	金融支持	3-3-1、3-3-2	2	29
	策略性措施	1-1-1、1-1-2、1-1-3、1-1-4、1-2-1、1-2-2、1-2-3、1-4-1、2-6-1	9	
	政策落实	1-5-1、1-5-2、1-5-3	3	
需求型	应用示范	1-6-1、1-6-2、1-6-3、3-2-1	4	20
	精准服务	2-6-2、2-6-3、2-6-4、2-6-5、2-6-6、2-6-7	6	

（1）供给型政策工具的选用旨在对中小企业数字化转型产生直接推动力，充分发挥政府在企业数字化转型过程中的主体作用。首先，由于数字化转型较多依靠新兴技术支持，因此供给型政策工具中信息支持与技术支持工具较多。比如应用工业互联网等数字服务平台实现中小企业“链式”转型，研发数字应用提升创新能力。其次，基础设施工具使用较多，以加大新型基础设施建设力度，夯实中小企业数字化转型基础。供给型政策工具中，对公共服务、人才培养以及资金支持工具的使用力度不够，如何完善公共服务体系、更好地为企业发展提供资金支持、储配专业人才等成为中小企业数字化转型进一步要解决的问题。

（2）环境型政策工具的选用旨在为中小企业数字化转型提供良好的发展环境。其中策略性措施工具使用最多，比如建立健全评估机制、健全管理机制以提升企业管理水平，提高企业管理效率。金融支持与政策落实工具使用较少，应适当放低融资门槛，解决中小企业融资难的问题，提供一个相对宽松的资金环境；加强政策落实，为中小企业提供稳定的政策环境，助推中小企业数字化转型。

（3）需求型政策工具的确定与选用主要以中小企业需求为出发点，培育推广中小企业数字化转型案例标杆，为经验较少的企业提供应用示范；聚焦中小企业数字化转型的痛点难点以及不同阶段需求提供精准服务。

9.4.3 X-Y 维度关联分析

通过对 X 维度，即政策工具维度的分析，发现《指南》各类政策工具使用比例各不相同，进一步对政策工具维度与政策目标维度进行交叉分析（见图 9-3），以探讨政策工具使用与政策目标达成的关系。在 X 维度的基础上分析 Y 维度，可以发现《指南》中政策工具与中小企业数字化转型政策目标的交互关系。根据图 9-3 所示结果：①提升转型供给水平的政策工具使用最多，共有 24 条，占全部政策工具的比例为 49.0%。其中，提升转型供给水平的供给型政策工具为 15 条，占提升转型供给水平的政策工具比例为 62.5%，提升转型供给水平的需求型政策工具为 5 条，提升转型供给水平的环境型政策工具有 4 条。提升转型供给水平的供给型政策主要是公共服务、基础设施、技术支持方面的政策，而需求型政策主要是精准服务方面的政策。这表明在中小企业数字化转型过程中，政府希望更多的主体参与，共同支持中小企业数字化转型，实现经济高质量发展。②加大转型政策支持的政策工具主要是供给型和环境型工具，其中供给型政策工具为 3 条，环境型政策工具为 4 条，需求型政策工具为 1 条。可知，政府在支持中小企业数字化转型方面，注重全方位的政策实施，而不是侧重某一方面的政策。③增强企业转型能力的政策工具共有 17 条，这在一定程度上表明，在支持中小企业数字化转型早期阶段，更加注重有为政府的作用发挥。

9.4.4 X-Z 维度关联分析

政策工具与政策执行主体的关联关系分析如图 9-4 所示。从参与主体角度，中小企业、数字化转型服务供给方、地方各级主管部门各自扮演着不同的角色，承担不同任务和发挥不同的作用。根据图 9-4 的分类结果：①需要数字化转型服务供给方落实的政策工具最多，占政策工具总量的 38.8%。其中，供给型政策工具有 11 条，需求型政策工具有 7

	供给型	环境型	需求型
加大转型政策支持	2-5-1、3-4-1、3-4-2	1-1-3、1-5-1、1-5-2、1-5-3	1-6-2
提升转型供给水平	1-3-2、1-3-3、1-7-1、2-1-3、2-1-4、2-1-5、2-1-6、2-3-1、2-3-2、2-4-1、2-4-2、2-4-3、3-1-2、3-1-3、3-4-3	1-1-1、1-1-2、3-3-1、3-3-2	1-6-1、2-6-2、2-6-3、2-6-5、2-6-7
增强企业转型能力	1-3-1、2-1-1、2-1-2、2-2-1、3-1-1、3-1-4、3-1-5	1-1-4、1-2-1、1-2-2、1-2-3、1-4-1、2-6-1	1-6-3、2-6-4、2-6-6、3-2-1

图 9-3　X-Y 维度关联分析

条，环境型政策工具有 1 条，供给型政策工具在数字化转型服务供给方相关政策中占比为 57.9%，这表明数字化转型服务供给方在推进中小企业数字化转型过程中的重要作用，数字化转型服务供给方为中小企业数字化转型提供充足保障是转型成功的重要基础。②需要中小企业落实的政策工具主要是供给型和环境型，其中供给型政策工具有 8 条，环境型政策工具有 8 条，这在一定程度上说明政府更希望激发中小企业实施数字化转型的主动性和动力。同时，也需要中小企业主动为实施数字化转型创造环境条件，中小企业主动实施数字化转型有助于更好地确保数字化转型政策的有效落地。③需要地方各级主管部门落实的政策工具包括供给型、需求型和环境型三类。其中供给型政策工具有 6 条，环境型政策工具有 5 条，需求型政策工具有 3 条，这在一定程度上反映出国家层面出台中小企业数字化转型政策，需要地方政府配合落实，才能取得预期的效果。

	供给型	环境型	需求型
地方各级主管部门	1–3–3、1–7–1、2–5–1、3–4–1、3–4–2、3–4–3	1–1–3、1–5–1、1–5–2、1–5–3、3–3–2	1–6–1、1–6–2、1–6–3
数字化转型服务供给方	1–3–2、2–1–3、2–1–5、2–1–6、2–3–1、2–3–2、2–4–1、2–4–3、3–1–2、3–1–3、3–1–4	3–3–1	2–6–2、2–6–3、2–6–4、2–6–5、2–6–6、2–6–7 3–2–1
中小企业	1–3–1、2–1–1、2–1–2、2–1–4、2–2–1、2–4–2、3–1–1、3–1–5	1–1–1、1–1–2、1–1–4、1–2–1、1–2–2、1–2–3、1–4–1、2–6–1	

图 9–4　X–Z 维度关联分析

9.5　研究结论

政策工具合理有效应用是确保政策目标实现的重要手段，通过政策工具视角分析中小企业数字化转型政策在推进中小企业数字化转型方面的作用，能够更加清晰、全面地了解和把握中小企业数字化转型政策的脉络，有助于推动政策更好地落实和发挥效能。前述对《指南》进行的政策文本分析，主要得到以下结论：

（1）从政策工具角度，供给型政策工具使用最多，占全部政策工具的51%，这表明政府在推进中小企业数字化转型的过程中，充分运用鼓励支持类政策，通过积聚各种资源推动中小企业数字化转型，以实现经济高质量发展。信息支持和技术支持政策工具是供给型政策工具中使用最多的两种，累计占到供给型政策工具数量的48%，可见政府在促进中小企业数字化转型过程中，更注重巩固中小企业数字化基础、增强中小企业数字化转型能力建设，为中小企业提供充足的数字化转型动力。供给型政策工具当前主要还是方向性和条文性的指导，可量化和可操作的具体措施还不够完善。环境型政策工具与需求型政策工具使用相对较少，面向中小企业数字化转型的供给型政策工具仍有进一步优化空间。

（2）从政策目标导向角度，提升转型供给水平的政策工具使用最多，旨在通过政策引导供给方聚焦中小企业特征和数字化转型实际需求，提高应用于中小企业数字化转型的产品供给质量，提升面向中小企业数字化转型的服务水平，为中小企业数字化转型提供完善的保障和精准服务，以助力中小企业数字化转型实践。而增强中小企业转型能力的政策工具有 17 条，可以看出政府在推动中小企业数字化转型方面，不仅强调要为中小企业数字化转型提供完善的服务保障，还对中小企业数字化转型能力提升有比较高的重视程度。这是确保中小企业数字化转型成功的关键，也是利用数据赋能中小企业创新发展的重要基础。

（3）从政策执行主体角度，数字化转型服务供给方的政策工具使用最多。中小企业数字化转型过程中数字化产品的使用是基础，供给方提供的转型服务是化解中小企业数字化转型困难与障碍的重要手段。这一过程需要多主体共同参与，政策工具在地方各级主管部门、数字化转型服务供给方、中小企业三类主体中的分布相对较均衡，其中数字化转型服务供给方的政策工具较多，涉及了 19 条政策工具，其次是中小企业相关政策工具，具体包括了 16 条政策工具。这在一定程度上反映出政府希望在发挥有效市场作用的基础上，充分激发中小企业数字化转型内在动力，从根本上推动中小企业数字化转型发展。

此外，从政策工具、政策目标与政策执行主体三维关联角度，涉及数字化转型服务供给方，用于提升转型供给水平的政策工具使用更为广泛，包括供给型政策工具与需求型政策工具。所以，在推动中小企业数字化转型的进程中，引导和激励数字化转型服务供给方等第三方机构为中小企业数字化转型提供精准服务是政策关注的重点。

第10章 数据赋能中小企业创新的策略体系

在数字经济时代，数据成为影响企业发展的重要生产要素，而数字化转型是发挥数据要素价值的重要途径。推动中小企业数字化转型，让数据赋能中小企业创新发展，对落实国家创新驱动发展战略、增强经济韧性和实现高质量发展有关键作用。数据赋能中小企业创新发展必然需要政策引导和政策保障，而这离不开完整的策略体系。策略体系设计不是割裂的，也不是各类具体措施的简单组合，而应考虑不同策略之间的相互连接，确保对策主体和对策措施实现协同效应。基于此，构建数据赋能中小企业创新的策略体系，需要将策略体系看成通过数据连接的多元化共同体。本章基于政策工具和政策网络研究方法，从对策设计主体与工具相结合角度，在政策工具使用和执行主体之间建立合理关联，构建数据赋能中小企业创新的对策体系，可为贯彻落实以数字化转型推动中小企业增强综合实力、促进数字经济和实体经济深度融合战略部署，实现经济高质量发展提供参考借鉴。同时，为中小企业数字化转型对策的理论研究提供新思路。

10.1 数据赋能中小企业创新策略体系的分析框架

政策工具和政策网络研究方法在科技、信息资源、生态环境等领域得到了较广泛应用，并取得较好的研究成果（吴杨，2020）[227]。为此，本章借助政策工具和政策网络方法，提出数据赋能中小企业创新的策略体系分析框架，为策略体系构建提供方法论基础。

10.1.1 工具分类

政策工具的有效运用是确保政策措施落地实施的重要基础，而政策工具有效利用的前提是合理分类，通过一系列基本单元工具的合理组合可以实现政策构建（黄萃等，2011）[228]。根据已有的政策文本研究文献，参考 Rothwell 等（1985）所提出的政策工具分类方法，本章在策略体系构建过程中，也将策略工具分为供给型、需求型和环境型三类。其中，供给型政策工具指政府及相关部门为数据赋能中小企业创新提供直接的要素供给，即从要素供给角度推动中小企业数字化，如人才支持、资金投入、数字基础设施、数据开放共享等；需求型政策工具是指政府通过主动影响市场来促进中小企业数字化，如政府数字化补贴、政府购买服务、推动试点示范、提供公共服务等；环境型政策工具指政府通过创造适宜数字化发展的良好外部环境，降低不确定性对数据赋能中小企业创新的影响，如总体目标规划、良好的金融环境、税收优惠、数据治理等。在前述章节对数字化、中小企业创新政策文本分析的基础上，本章结合数字化相关研究文献、政策工具文本分析结果，整理出数据赋能中小企业创新的政策工具表，如表 10-1 所示。

表 10-1　政策工具表

类型	对策工具	定义
供给型	数字人才	为中小企业数字人才培育、人才引进等提供政策支持
	资金投入	通过财政预算、专项资金等方式为中小企业数字化投入提供政策奖补资金支持，并积极引导多方社会资本参与
	数字设施	为中小企业数字化提供工业互联网、云平台、5G 等技术与设施设备支撑
	数据治理	对中小企业数字化转型中各类数据资源实施的采集、共享、应用、安全防护、隐私保护等治理过程
需求型	政府购买	政府采购与中小企业数字化转型相关产品或服务，引导和激励中小企业“上云用数”，激发第三方机构参与动力
	应用示范	实施中小企业数字化转型示范企业、示范场景、示范园建设
	服务外包	政府将中小企业数字化相关计划委托给第三方机构
环境型	目标规划	形成与中小企业数字化发展相关的政策目标、发展规划等
	政策措施	引导中小企业数字化发展的各类产业措施
	金融环境	为中小企业数字化转型提供良好的外部融资环境
	税收优惠	给予中小企业数字化转型方面的相应税收减免
	数据服务	为数据进入市场交易，从资源向资产转化创造环境基础

10.1.2 主体分类

政策制定、政策实施过程中，政策主体是关键因素，也是政策发挥效用的基础。同时，主体之间的互动关系也成为影响政策执行效果的关键因素。所以在政策设计过程中，需要充分考虑主体行为及其交互作用，以打通政策的断点、堵点，从而充分释放政策效力和取得更好的政策作用效果。根据 Marsh 等（1992）[229]的研究，政策网络方法实际上反映出不同参与主体的资源交互过程，体现了政策主体的互动关系，这也是政策网络的关键环节。政策网络方法更关注多元化的参与主体，更加适用于复杂的政策环境。目前，我国数字化政策涉及多元化主体，存在比较复杂的交互作用关系。所以，在研究数据赋能中小企业创新的策略体系时，将政策网络作为一个维度纳入策略体系的设计框架。国内利用政策网络方法的文献研究，通常都是按照政策社群、专业网络、府际网络、生产者网络和议题网络进行分类，不同类型政策网络与政策行动者相对应（章昌平、钱杨杨，2020）[230]。在推动中小企业数字化转型的进程中，参与主体之间并不是孤立的或割裂的关系。为此，借鉴政策网络理论中有关网络类型与政策行动者对应的划分方法，对政策网络类型及其行动者主体进行界定，以此作为策略框架体系模型的一个重要维度。具体分类及其对应关系如表 10-2 所示。

表 10-2 策略体系构建中的政策网络类型及其对应主体

网络类型	对应主体	功能定位
政策社群	国务院及其各部委等职能部门	国家政策的主要制定者
府际网络	地方政府及其与中小企业相关的职能部门	政策的主要执行者，地方政策制定者
专业网络	数字化领域的专业机构、专家等	相关政策实施的主要辅助者
议题网络	社会公众、媒体机构等	政策的倡议、反馈、监督者
生产者网络	主要指中小企业	政策的主要响应者

10.1.3 模型构建

在数字化转型背景下，策略设计应考虑所有参与主体的利益诉求，对各行动者的职能和资源进行有效整合。所以形成清晰的策略体系构建模型，是提高策略建议有效性的前提。在前两节所提出的政策工具、主体分类基础上，以政策工具与政策网络为理论依据，构建数据赋能中小企业创新的二维分析框架（见图 10-1）。二维分析矩阵实际上反映了策略实施主体与策略工具之间的交互关系，其中 X 维度为策略实施主体类型，Y 维度为主要策略工具的类型。

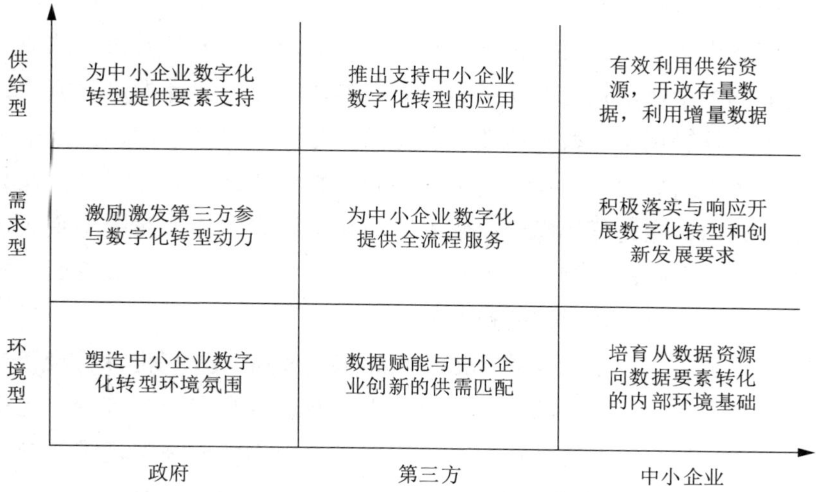

图 10-1　数据赋能中小企业创新的策略框架

10.2　政府层面的政策建议

政策是数据赋能中小企业创新的保障，中小企业数字化转型离不开政策支持和引导。从宏观层面建立科学完善的政策体系，对优化中小企业数字化转型的发展环境，促进数据赋能中小企业创新发展具有十分重要的实践价值。为此，根据前述章节的理论与实证研究结论，以及本章所提出的数据赋能中小企业创新策略体系的分析框架，从政府层面提出促进数据赋能中小企业创新发展的政策建议。

10.2.1　提供数据赋能中小企业创新支持要素

第一，制定有利于中小企业数字人才培养和数字人才引进的激励支持政策。中小企业数字化转型成功在很大程度上依赖于其拥有的数字人才，前述的实证研究结果表明，数字人才增强数据资源对中小企业创新的正向作用，所以培养和吸引数字人才对数据赋能中小企业创新具有十分积极的意义。数字人才既包括了从事数字产品开发或数字技术研发工作的人才，也包括拥有数字思维且能够利用数字技术工具或辅助工具的复合型管理人才。数字人才是数字经济发展的核心要素，在数字技术研发和数字产业化等环节中发挥重要作用。应以《“十四五”数字经济发展规划》为引领，制定形成促进培养和引进双轮驱动数字人才高质量发展的政策，从而增强数据赋能中小企业创新的人才供给能力。具体在数字人才的培养方面，需要从理念、发展规划、教育培训、制度措施等方面综合推动，提升中小企业数字人才供给规模和质量，满足中小企业数字化转型人才需求；在数字人才引进方面，应充分考虑产业数字化等特征因素，加大对中小企业数字人才引进的专项政策支持，扩大对不同类型数字人才的支持覆盖面，同时增强中小企业数字人才引进的精准度。

第二，加大对中小企业数字化转型的资金支持。数字化转型投资具有周期长、投入大、风险高的特征，而中小企业普遍存在资产较少、规模不大、抵押不足的问题，使其在数字化转型过程中仍然面临融资难、融资贵的困境，一定程度上导致中小企业在数字化转型方面出现“想转但不敢转”的现象。根据前述的实证研究，数字化投入对专精特新中小企业创新质量具有提升作用，所以需要发挥“有为政府”的力量，既要为中小企业数字化转型提供相应的财政资金支持，也要激励引导社会资本方支持中小企业数字化转型，降低转型门槛。具体来说，一是提供直接的资金支持，即通过设立中小企业数字化转型的专项支持资金，优先支持中小企业数字化转型有突出成效的企业，对其他中小企业数字化转型产生示范效应；二是提供间接资金支持，即在政府建设的公有云等数字化平台，为实施数字化转型的中小企业减免服务费；三是扩大财政资金补贴中小企业数字化转型的覆盖范围，在“以点带面”效应的影响下，激励支持更多的中小企业实施数字化转型。

第三，加强支持中小企业数字化转型的数字基础设施建设。以大数据中心、云平台、物联网等为基础的数字基础设施是企业数字化转型的底层，数字基础设施具有准公共产品的性质，社会资本往往缺乏投资建设的积极性，这就需要从政府层面推动数字基础设施建设，提升企业数字化转型公共服务和共性技术供给能力，从而为中小企业数字化转型提供技术与设施设备支撑，也为数据赋能中小企业创新提供铺垫。前述实证研究也表明，数字基础设施政策实施对中小企业创新具有显著的激励效应。具体来说，一是要持续完善数字基础设施体系，有效地释放数字基础设施建设带来的制度红利，降低中小企业数字化转型成本，激发中小企业数字化转型动力，释放数据价值，赋能中小企业创新发展；二是全面统筹、系统布局我国数字基础设施建设，由于在实证研究中发现，数字基础设施政策具有异质性，所以应考虑差异化地推动数字基础设施建设；三是促进跨区域、跨行业数字基础设施共建共享，在前述差异化布局基础上，进一步推动数字基础设施跨区域、跨行业流动，为中小企业创新协同发展创造基础条件。

10. 2. 2　激发市场服务中小企业数字化的动力

第一，加强对中小企业数字化转型相关产品或服务的政府采购。政府采购一直是政府支持中小企业发展的一种重要政策工具，其所具有的资源和信号双重属性有助于中小企业分散和降低数字化转型的风险，进而激励中小企业数字化转型。此外，政府对产业链上游企业的采购行为，还可能对产业链下游企业的数字化转型产生激励作用。前述理论分析和实证检验表明，数字化转型是促使中小企业创新发展的有效途径，所以有必要加强政府采购，以促进中小企业数字化转型。具体来说：一方面，要充分释放政府采购的直接资源效应，有效降低中小企业数字化转型边际成本，如探索支持基于中小企业数字化转型场景的政府采购新模式；另一方面，要发挥政府采购的信号传递效应，引导撬动龙头企业、社会资本等市场主体共同为中小企业数字化转型服务。

第二，加快部署开展中小企业数字化转型的专项示范行动。中小企业数字化转型已是大势所趋，但由于数字化转型是一项周期长、风险高、投入大的战略性决策行为，而中小企业自身存在资金、人才等约束，加之缺少可参考、可借鉴、可模仿的同类型成功样板，不仅会存在“不敢转”的担忧，还存在“不会转”的困境。开展中小企业数字化转型示范行动，一是遴选一批国家重点关注行业领域的中小企业数字化转型标杆，总结凝练可复制、可推广的典型转型模式，为行业内中小企业数字化转型提供样板；二是推出以“链主”为引领的大中小企业融通的数字化转型模式，形成一批具有示范效应的数字化转型场景，为中小企业数字化转型提供典型的场景解决方案；三是打造一批在关键领域或围绕特定产业主题的数字化转型示范园，利用数字化和网络化手段为中小企业创新发展赋能，从而带动吸引更多的中小企业实施数字化转型和实现高质量发展。

第三，积极探索创新政府补贴支持中小企业数字化转型的新方式。对于中小企业而言，数字化转型投入高且产出具有不确定性，尤其是制造业中小企业前期投入可能成为“沉没成本”，纯粹事后的奖补资金，不足以缓释中小企业数字化转型投入风险，所以需探索出更适合中小企业数字化转型特征的财政补贴方式。具体来说，一是可以对中小企业数字化转型过程中的数字技术、数字设备引进，以及利用数字技术对传统技术、设备的升级改造，提供一定程度的补贴；二是要注重发挥财政补贴的引导作用，为服务中小企业数字化转型的机构提供补贴，引导优势企业、优势资源为中小企业数字化转型提供支持，分散仅由中小企业承担的数字化转型风险。

10.2.3 营造中小企业数字化转型的环境氛围

第一，健全完善中小企业数字化转型方面的配套政策措施。当前中小企业数字化转型的重要性已提升至国家层面，工信部也已制定出台了《中小企业数字化转型指南》，是推进中小企业数字化转型的具体指引，但针对性的配套措施还比较缺乏。健全完善中小企业数字化转型的配套措施，应考虑如下基本原则：一是加强新出台政策和已实施政策之间的衔接，在中小企业数字化转型配套政策与《优质中小企业梯度培育管理暂行办法》《“十四五”促进中小企业发展规划》《关于开展“携手行动”促进大中小企业融通创新（2022—2025 年）的通知》等专项政策之间建立有机联系，把推动中小企业数字化转型与中小企业创新发展有机结合；二是明确中小企业数字化转型政策制定部门的核心职能，确保各职能部门职责分工明确，彼此之间的协作关系清晰，进而保障各政策有效运转，强化对中小企业转型和创新发展的科学指导和全方位支持。

第二，进一步优化中小企业数字化转型的财税金融环境。对于广大中小企业，转型中的核心问题是资金“瓶颈”，解决这一问题的关键在于利用好财税金融工具，创造适合中小企业数字化转型的财税金融环境。一是利用好财税金融政策的现实激励功能，通过政策优惠措施强化企业数字化转型或提供数字化转型服务，激励多方资金参与数字化转型，分散中小企业数字化转型投入风险；二是发挥财税金融政策信号传递导向，引导金融机构创新面向中小企业数字化转型的金融产品或金融服务，拓展中小企业数字化转型资金来源渠道；三是利用财税金融政策的激励性规制作用，推动各类型金融机构探索基于数据资源的信用贷款、质押担保等针对性金融服务，缓解中小企业数字化转型融资难的问题。

第三，加快营造统一的数据交易市场环境，为数据资源向数据资产转化和实现数据的价值创造功能奠定基础。国务院印发《关于构建数据基础制度更好发挥数据要素作用的意见》（简称“数据二十条”），是激活数据要素潜能和数据基础交易体系建设的顶层指导文件。根据前述理论与实证研究，数据并不能直接为企业带来价值，而是需要转化为生产要素才能够创造价值。所以应当加强统一的数据交易市场建设，为数据进入市场交易创造公平的环境。具体包括：一是在“数据二十条”基础上，形成针对中小企业的数据交易专项文件，为中小企业依法依规采集、存储、加工、使用数据，为数据赋能中小企业创新，提供制度保障；二是鼓励市场主体探索数据使用的新模式，推动中小企业与大型企业、中小企业与个人用户间形成共同合理应用数据的市场环境，促进中小企业创新发展。

10. 3　第三方参与的对策建议

工信部在对《中小企业数字化转型指南》进行的政策解读中指出，中小企业数字化转型不是“单枪匹马”的结果，而是需要多方协同来共同推动的过程。这表明，通过推动中小企业数字化转型来促进创新发展，不仅需要宏观政策层面的支持，还需第三方数字化转型服务提供方发挥作用。接下来，针对第三方参与者如何支持中小企业数字化转型，实现数据赋能中小企业高质量发展目标，提出以下具体对策建议。

10. 3. 1　推出支持中小企业数字化的应用

中小企业规模小、底子薄、资源少，可以直接用于数字化转型方面的投入比较有限。对大多数中小企业来说，既要拿到订单解决生存问题，也要降本增效“练好内功”。在面临资源约束的前提下，考虑各种类型数字化工具如何让中小企业“买得到”“养得起”“用得好”是推动中小企业数字化转型的关键。为此，提出以下三方面对策建议：

第一，持续增强中小企业数字化转型应用的供给能力，解决“买得到”的问题。积极提升针对中小企业数字化转型产品或服务的供给能力，开发满足中小企业转型最迫切需求的数字化应用。多数中小企业还处于信息化初期阶段，往往难以实现全流程的数字化贯通。根据前述数字技术与中小企业资源获取机制的研究，有效利用数字技术获取外部资源和利用内部资源是其提升创新绩效的重要途径。基于此，应当围绕支持中小企业获取外部资源、帮助中小企业整合内部资源，打造开发一批轻量化、小型化的低成本数字化应用，围绕中小企业的紧迫需求提供数字化转型解决方案和数字化产品，让数字化应用贴合中小企业数字化转型实际。例如，阿里、腾讯等互联网平台公司推出“平台+低代码”方式，为中小企业数字化转型提供低成本解决方案。

第二，不断降低中小企业数字化转型应用的使用“门槛”，解决“养得起”的问题。与大型企业相比，中小企业在人才、资金、技术等方面的积累都较薄弱，通常难以承载技术难度大、维护成本高的数字化应用工具，这也容易造成过高的数字化转型障碍。因此，推动中小企业数字化应降低转型“门槛”。具体来说，一是确保提供中小企业数字化转型服务的第三方机构能够供给“成本不高、交付简单、操作简便”的低门槛数字化应用，以满足中小企业数字化转型的实际需求；二是作为中小企业数字化转型的第三方供给者，需要持续推动产品或服务创新，不断降低数字化应用的使用成本，让中小企业“养得起”，支持中小企业实现低成本、高效率的数字化转型。

第三，优化提升中小企业数字化转型应用的品质，旨在解决“用得好”的问题。对于中小企业来说，可支配利用的资源有限，可获得的利润空间不高，能否快速实现降本增效对其数字化转型能否成功至关重要。这需要数字化转型服务机构能够提供有效的数字化应用，有效融入中小企业业务环节，让中小企业可以便捷地实施二次开发，帮助中小企业迅速取得数字化转型预期效果。此外，中小企业具有天生的“脆弱性”，尤其是缺乏稳定的资金链，难以承受不确定性产生的高风险，所以数字化转型服务机构应能够支持中小企业提高数字化应用的可用性，以帮助中小企业降低数字化转型的试错成本，提高转型效率，促进中小企业创新发展。

10.3.2　构建中小企业数字化服务生态模式

实践表明，现阶段我国多数中小企业还处于信息化应用的阶段，主要体现为财务管理信息化、日常办公自动化，仅有少数中小企业在生产、经营、服务等环节实现自动化，但也没有实现全流程业务贯通，数据在其中的作用也没有充分释放出来。根据第 5 章的实证研究，数据资源联网化对中小企业创新具有显著正向影响。因此，对服务中小企业数字化转型的第三方机构而言，应加快构建中小企业数字化服务生态模式，即制定创新链、供应链和数据链的数字化解决方案，支持中小企业全流程数字贯通，从而释放数据资源的重要价值，为中小企业创新发展赋能。具体对策建议包括：

第一，为中小企业打通创新链提供数字化解决方案。让数据为中小企业创新发展赋能，是破解中小企业创新“瓶颈”和实现可持续发展的重要途径。应将创新链打造作为中小企业创新服务的产品或解决方案，帮助中小企业打通研发各环节数据壁垒和信息孤岛，从而支持中小企业更好地整合利用外部创新资源，缩短研发周期，降低研发成本和风险，提高创新成功率。同时，在研发和应用之间建立数据通路，促进创新链和产业链融合。

第二，为中小企业融入供应链提供全流程数字化服务。中小企业发展离不开与大企业之间的联系。在国家推动大企业资源开放和资源共享的基础上，中小企业有效精准地补链是增强供应链韧性的基础，也是中小企业实现融通创新的关键。但多数中小企业普遍存在的问题是缺乏良好的数字技术基础，中小企业数字化转型服务机构应为中小企业融入供应链提供全流程数字化服务，促使中小企业数字化能力和创新能力提升。

第三，为中小企业打通全流程的数据链。无论是创新链，还是供应链，都需要数据链的贯通，才能实现真正意义的数据驱动创新发展。并且第 5 章的结论表明，数据网贯通对中小企业创新能力提升具有显著的激励作用。所以在为创新链、供应链提供数字化解决方案的同时，应推动数据链与创新链、供应链的融合，从而更好地支持中小企业创新。

此外，中小企业千差万别，基础条件各不相同，转型需求也各不相同。因此，服务于中小企业数字化转型的第三方机构，应依托各自的资源优势，针对中小企业数字化转型的差异化现象，构建丰富的轻应用型数字化转型“工具箱”，适应于不同企业、不同行业和不同场景，全面提高中小企业数字化转型服务供给能力，为中小企业数字化转型提供“即插即用”的模块化解决方案，降低中小企业数字化转型“门槛”，推动其创新能力的提升和实现创新发展。

10.4 中小企业应对的策略建议

在数字经济快速发展升级的背景下，推动中小企业数字化转型既是企业实现创新发展的必然选择，也是落实国家数字经济和实体经济融合战略的客观要求。这不仅需要政府支持，也离不开第三方服务供应商的广泛参与，还需要企业自身“修炼内功”。根据前述策略框架体系，结合数字化与中小企业创新关系的理论分析和实证检验结果，从以下方面提出中小企业应对的策略建议。

10.4.1 积极化解中小企业数字化转型的资源约束

推动中小企业数字化转型是让数据在中小企业创新过程中发挥重要作用的前置条件，然而中小企业的“天生弱势”特征往往使其面临资源约束，这也是制约中小企业数字化的重要障碍。所以，中小企业需要在数字化转型过程中探索化解资源约束的路径，尤其是人才和资金的双重约束。根据前述章节的研究结论，从以下两方面提出对策建议：

第一，积极推动数字人才引进、培育与激励，以缓解中小企业数字化转型的人才约束。根据前述实证检验结果，数字人才对数据资源联网化与中小企业创新、数据应用智能化与中小企业创新之间的正相关关系有显著的强化作用，所以中小企业应加强对数字人才的重视，以缓解数字人才不足的现实困境。具体来说，一是要注重数字人才的培育，尤其是对紧缺型数字人才更应给予高度重视，为数字人才成长创造良好的发展环境和激励机制；二是加强与职业学校、高等院校、科研机构等就不同层次的数字人才培养建立合作关系，为数字化转型打好人才基础，为创新发展提供源源不断的动力；三是打破传统的人才理念，构建数字人才共享共用机制，作为数字人才引进体系的重要构成和补充，以改善中小企业难以吸引高端人才的现状，进而在短期内快速化解数字人才不足的问题。

第二，加强数据资源管理，让数据资源转化成为数据资产，缓解中小企业数字化转型的资金约束。数据资产本质上是企业拥有或控制并能为企业带来未来经济利益的数据资源，数据资源向数据资产的转化体现了从非结构化的低价值数据形态向高价值数据形态的演变，即在企业内部运营或外部协作过程中实现数据增值。由此提出以下策略：一是构建“数字化—结构化—标准化—价值化”数据转化框架，为实现从数据资源向数据资产转化提供路径依据，形成基于数据资产缓解中小企业数字化转型资金约束的理论基础；二是积极做好信用数字化转型，即构建数字信用，中小企业应通过探寻将数字化转型场景和经营数据与金融机构建立信用连接的途径，将数据转化为可量化的数字信用资产，提高信用信息透明度，降低信息不对称性，从根源上缓解数字化转型过程中的资金约束。

10.4.2　打造中小企业数据要素化的内部环境基础

根据前述对数据要素化过程的理论分析，数据是中小企业创新过程中各类活动的客观记录或真实反映，需要经过一系列的转化才能对中小企业创新活动产生影响。所以要实现数据赋能对中小企业创新产生积极的作用，需要打造数据赋能中小企业创新的基础环境，即资源数据化、数据标准化、数据联网化。为此，结合前述章节研究结论，从打造数据赋能中小企业创新的内部环境基础方面提出以下具体的对策建议：

第一，积极促进资源数据化。资源数据化使资源具有可复制性、可编辑性和可转移性等特征，可以大幅度提高资源的使用广度和深度，降低资源使用成本，有助于在中小企业内部、中小企业与中小企业之间、中小企业与用户之间实现可持续的、高效的管理和应用。基于此，中小企业在资源约束环境中，应尽可能利用资源数据化优势，实现数据驱动资源快速响应需求，从而为缓解创新过程中的资源约束提供更多的基础支撑。

第二，推动完善数据标准化。数据赋能中小企业创新的过程，实际上体现了数据化的过程，这一过程最根本的问题是数据的标准化，只有标准化数据才能更快地进入业务环节，提高资源整合配置效率。例如，用户需求能否快速被发现和应用在创新过程中，将对创新迭代速度产生直接影响。对中小企业来说，应积极打造或寻求数据采集、数据转化的应用工具，提高创新过程中的数据化水平和数据标准化程度，利用数据来优化资源配置效率，从而实现更快速的产品迭代创新和需求响应，为中小企业创新能力提升赋能。

第三，打造数据资源联网化。资源数据化、数据标准化，使得资源以标准化数据形态呈现，为资源配置效率提升创造了重要基础。在此基础上，中小企业还需要积极部署推动数据资源联网化。数据资源联网化一方面可以让各种以数据形式存在的资源更快速地转换为业务流程中的操作指令，提高研发信息传递效率，降低创新过程中的信息不对称性程度；另一方面可以提升研发环节信息传递效率，有助于快速驱动生产环节和销售环节的及时响应，从而实现基于数据链的创新链与供应链的贯通。

10.4.3 营造数据赋能中小企业创新的文化氛围

数据既是中小企业数字化转型的基础，也是数据赋能驱动中小企业创新发展的核心。对于大多数中小企业来说，在数据素养、数据应用、数据安全等方面仍然处于早期的摸索阶段，并没有从全员角度对数据的重要价值有高度统一的认知，一定程度上阻碍了数据要素价值的释放。所以要实现数据赋能对中小企业创新产生积极的作用，需培育和塑造有利于数据赋能中小企业创新的文化氛围。结合前述章节的理论分析和实证研究，从以下三个方面提出塑造数据赋能中小企业创新文化氛围的具体对策建议：

第一，积极落实全方位获取数据的制度，营造内部数据获取的环境氛围。数据赋能中小企业创新发展，第一步就是要从多个维度获取基础数据：一是来自中小企业外部的数据，包括获取上游供应商数据、获取下游企业数据、获取用户行为数据。根据第 3 章研究结论，中小企业可以通过积极引入和利用数字技术实现外部的数据获取，为创新决策提供第一手数据资料。二是来自企业内部的数据，主要是获取研发环节、生产环节、销售环节、服务环节等不同业务环节、不同业务流程方面的数据，以及各业务环节与不同场景融合生成的数据。在此基础上，中小企业应积极引导推动不同业务环节基于数据进行业务决策，充分认识到数据对实际生产经营和创新的价值，以形成良好的数据获取的环境氛围。

第二，全面推动数据共享的制度建设，充分挖掘数据资源的潜在价值。数据是新型的生产要素，要发挥数据作为生产资料的价值，其必须要在企业内外流动起来，也只有数据“活起来”，其价值才能被发现和被利用。中小企业应更开放、更包容，积极寻求融入大企业构建的生态中。一方面，中小企业在有效管理好数据安全的前提下，应积极促进数据资源的有序开放，通过参与到开放的网络生态中，形成数据网络效应，以更充分地挖掘数据资源价值；另一方面，中小企业还需要加强数据能力建设，通过网络实现数据双向流动共享的同时，如何在数据共享中实现价值是必须解决的问题，所以在共享过程中，中小企业还应积极加快数据能力建设。

第三，建立健全中小企业内部数据治理制度。中小企业内部数据治理反映了中小企业的数据管理政策、数据管理流程、数据管理实践等。对企业而言，数据治理是新产品开发、新技术引进、业务运营等的关键驱动力，对数据赋能中小企业创新发展具有至关重要的作用。因此，中小企业建立健全数据治理制度需要做好：①明确有效数据治理的标准，即要在公司战略指引下，搭建数字化运营的标准、流程、工具，为数据发挥作用提供基础支撑；②加强数据治理队伍的建设、管理，数据治理不仅需要看数据本身，更重要的是管理和使用数据主体，以确保数据治理制度能够被可持续地执行，从而为数据赋能中小企业创新发展提供稳定的制度环境；③要构建适合中小企业实际的数据治理模式，这需要充分发挥数据治理团队的作用，从而在内外部利益相关主体之间建立有效的发展模式。

附录　中小企业创新状况问卷调查

我们正在开展一项针对中小企业创新方面问题的学术研究，不存在任何有目的的商业行为。如果您是熟悉公司创新工作的高层管理人员，请帮助我们填写调查问卷，需要您花费 5~10 分钟时间完成本调查。我们承诺对信息严格保密，衷心感谢您对我们该项研究的支持!

一、公司基本信息

1. 公司注册地：________省（直辖市/自治区）________市。

2. 截止到调查年度，公司成立时间：________。

①少于 3 年；②3~5 年；③6~9 年；④10~19 年；⑤超过 20 年

3. 公司员工人数：________。

①50 人以下；②50~100 人；③100~200 人；④200 人以上

4. 公司所属行业特征：________。

①技术密集型；②劳动密集型；③资本密集型

5. 公司所处发展阶段：________。

①创立期；②成长期；③成熟期；④调整转型期；⑤其他：________

二、企业创新方面相关信息

1. 公司研发投入占销售额比重：________。

①<1%；②1%~3%；③3%~5%；④5%~10%；⑤>10%

2. 公司研发人员占全部人员比例：________。

①<5%；②6%~10%；③11%~20%；④21%~30%；⑤>30%

3. 公司新产品开发周期：________。

①<1 年；②1~2 年；③3~4 年；④5 年

4. 公司拥有专利：________。

①<1 项；②1~2 项；③3~5 项；④6~10 项；⑤>10 项

5. 公司与高校、科研院所等合作频率：________。

①非常低；②低；③较低；④一般；⑤较高；⑥高；⑦非常高

6. 关于公司与合作伙伴信息分享情况，请选择并打“√”。

	产品信息	技术信息	管理信息	市场信息	服务信息
是					
否					

7. 关于合作伙伴与公司信息分享情况，请选择并打“√”。

	产品信息	技术信息	管理信息	市场信息	服务信息
是					
否					

8. 关于公司主要创新资源的来源渠道，请选择并打“√”。

	供应商	客户	竞争对手	行业协会	众筹	众创	众包
是							
否							

9. 关于公司主要技术来源，请选择并打“√”。

	直接购买	联合开发	委托开发	自主研发	第三方开发平台
是					
否					

10. 公司创新过程中对共享平台的使用程度：________。

①非常低；②低；③较低；④一般；⑤较高；⑥高；⑦非常高

11. 公司在产能共享方面的情况是：________。

①公司参与产能共享；②公司不参与产能共享

12. 公司在设备共享方面的情况是：________。

①公司参与设备共享；②公司不参与设备共享

参考文献

[1]李扬．寻找金融助力共同富裕的合理路径[J]．中国金融，2022(2)：11-13.

[2]单标安，刘晓菊，赵润萱，等．组织能力、组织创新与数字化转型如何激发新产品开发绩效？——基于fsQCA的组态效应研究[J]．研究与发展管理，2022，34(3)：81-93.

[3]Wei R，Wang X，Chang Y. The Effects of Platform Governance Mechanisms on Customer Participation in Supplier New Product Development[J]. Journal of Business Research，2021(137)：475-487.

[4]翟丽．新产品开发的时间战略[J]．中国软科学，2001(3)：71-75.

[5]罗勇根，杨金玉，陈世强．空气污染、人力资本流动与创新活力——基于个体专利发明的经验证据[J]．中国工业经济，2019(10)：99-117.

[6]刘德胜，谢明磊，张鲁秀．关系作为中小企业创新资源的来源——客户共创的中介效应[J]．科研管理，2022，43(11)：134-142.

[7]刘德胜，李光红．共享平台能否成为中小企业创新资源的来源——基于信息技术的中介效应检验[J]．山东社会科学，2021(10)：106-115.

[8]李光红，刘德胜，张鲁秀．信息技术、资源共享与开放式创新——基于新创科技企业的调查[J]．江海学刊，2018(6)：248-253.

[9]Pellegrina L D，Frazzoni S，Rotondi Z，et al. Does ICT Adoption Improve Access to Credit for Small Enterprises [J]. Small Business Economics，2017，48(3)：657-679.

[10]张玉明，刘芃，毛静言．共享经济缘何勃发[J]．清华管理评论，

2018(3): 19-26.

[11]Senyard J, Baker T, Steffens P, et al. Bricolage as a Path to Innovativeness for Resource-Constrained New Firms [J]. Journal of Product Innovation Management, 2014, 31(2): 211-230.

[12]West J, Bogers M. Leveraging External Sources of Innovation: A Review of Research on Open Innovation [J]. Journal of Product Innovation Management, 2013, 31(4): 1-18.

[13]Rogers D. Product Information Management: Using an "Intellectual Inventory" [J]. Industrial Management & Data Systems, 1994, 94(1): 19-22.

[14]Croom S, Fawcett S E, Osterhaus P, et al. Information Sharing and Supply Chain Performance: The Role of Connectivity and Willingness [J]. Supply Chain Management, 2005, 12(5): 358-368.

[15]罗珉，李亮宇．互联网时代的商业模式创新：价值创造视角[J]. 中国工业经济，2015(1): 95-107.

[16]陈强远．多策并举、分类施策，破解中小企业数字化转型困境[N]. 光明网-理论频道，https://theory.gmw.cn/2022-07/06/content_35863496.htm，2022-07-06.

[17]何大安．互联网应用扩张与微观经济学基础[J]. 经济研究，2018(8): 177-192.

[18]张新红，于凤霞．共享经济100问[M]. 北京：中共中央党校出版社，2019.

[19]于跃．智慧政府的生成与演进逻辑[J]. 电子政务，2019(7): 93-100.

[20]Eylon D. Understanding Empowerment and Resolving its Paradox[J]. Journal of Management History, 2013, 4(1): 16-28.

[21]Honold H. A Review of the Literature on Employee Empowerment [J]. Empowerment in Organizations, 1997, 5(4): 202- 212.

[22]Kanter R M. Powerlessness Corrupts[J]. Harvard Business Review, 2010, 88(7/8): 36.

[23]Srivastava A, Bartol K M, Locke E A. Empowering Leadership in Management Teams: Effects on Knowledge Sharing, Efficacy, and Performance

[J]. Academy of Management Journal, 2006, 49(6): 1239-1251.

[24]孙新波，苏钟海，钱雨，等．数据赋能研究现状及未来展望[J]．研究与发展管理，2020，32(2)：155-166.

[25]周文辉，杨苗，王鹏程，等．赋能、价值共创与战略创业：基于韩都与芬尼的纵向案例研究[J]．管理评论，2017，29(7)：258-272.

[26]Leong C M, Pan S L, Ractham P, Kaewkitipong L. ICT-Enabled Community Empowerment in Crisis Response: Social Media in Thailand Flooding 2011[J]. Journal of the Association for Information Systems, 2015, 16(3): 174-212.

[27]Acar O A, Puntoni S. Customer Empowerment in the Digital Age[J]. Journal of Advertising Research, 2016, 56(1): 4-8.

[28]朱勤，孙元，周立勇．平台赋能、价值共创与企业绩效的关系研究[J]．科学学研究，2019，37(11)：2026-2033，2043.

[29]Fahmideh M, Beydoun G. Big Data Analytics Architecture Design: An Application in Manufacturing Systems Science Direct[J]. Computers & Industrial Engineering, 2019(128): 948-963.

[30]王永贵，汪琳琳．"数字化赋能"助力解决发展不平衡不充分问题[N]．光明日报，2021-08-17(11).

[31]Lerch C, Gotsch M. Digitalized Product-Service Systems in Manufacturing Firms: A Case Study Analysis[J]. Research Technology Management, 2015, 58(5): 45-52.

[32]Lenka S, Parida V, Wincent J. Digitalization Capabilities as Enablers of Value Co-Creation in Servitizing Firms[J]. Psychology & Marketing, 2017, 34(1): 92-100.

[33]孙新波，苏钟海．数据赋能驱动制造业企业实现敏捷制造案例研究[J]．管理科学，2018，31(5)：117-130.

[34]赵慧娟，陈洪洋，姜盼松，等．平台生态嵌入、数据赋能对中小制造企业创新柔性的影响——基于资源编排视角[J]．研究与发展管理，2022，34(5)：1-15.

[35]许宪春，张钟文，胡亚茹．数据资产统计与核算问题研究[J]．管理世界，2022，38(2)：16-30+2.

[36]徐涛，尤建新，曾彩霞，等．企业数据资产化实践探索与理论模型构建[J]．外国经济与管理，2022，44(6)：3-17.

[37]黄丽华，郭梦珂，邵志清，等．关于构建全国统一的数据资产登记体系的思考[J]．中国科学院院刊，2022，37(10)：1426-1434.

[38]Lycett M. "Datafication"：Making Sense of (Big) Data in A Complex World[J]. European Journal of Information Systems，2013，22(4)：381-386.

[39]张振刚，肖丹，许明伦．数据赋能对制造业企业绩效的影响：战略柔性的中介作用[J]．科技管理研究，2021，41(10)：126-131.

[40]周文辉，邓伟，陈凌子．基于滴滴出行的平台企业数据赋能促进价值共创过程研究[J]．管理学报，2018，15(8)：1110-1119.

[41]Aimé I，Berger-Remy F，Laporte M-E. The Brand，the Persona and the Algorithm：How Datafication is Reconfiguring Marketing Work[J]. Journal of Business Research，2022，145(1)：814-827.

[42]焦豪，杨季枫，王培暖，等．数据驱动的企业动态能力作用机制研究——基于数据全生命周期管理的数字化转型过程分析[J]．中国工业经济，2021(11)：174-192.

[43]沈费伟，诸靖文．数据赋能：数字政府治理的运作机理与创新路径[J]．政治学研究，2021(1)：104-115，158.

[44]Chen C. CiteSpace II：Detecting and Visualizing Emerging Trends and Transient Patterns in Scientific Literature[J]. Journal of the American Society for Information Science and Technology，2006，57(3)：359-377.

[45]Liu X，Song X，Zhou Y. Likelihood Ratio-type Tests in Weighted Composite Quantile Regression of Dtarch Models[J]. Science China (Mathematics)，2019，62(12)：2571-2590.

[46]Czarnitzki D，Delanote J. R&D Policies for Young SMEs：Input and Output Effects[J]. Small Business Economics，2015，45(3)：465-485.

[47]曹虹剑，张帅，欧阳峣，等．创新政策与“专精特新”中小企业创新质量[J]．中国工业经济，2022(11)：135-154.

[48]Huang Y，Chen L，Sheng Z，Wei L. FinTech Credit and Service Quality [R]. Working Paper of the University of HongKong，2018.

[49]Fuster A，Plosser M，Schnabl P，et al. The Role of Technology in Mort-

gage Lending[J]. The Review of Financial Studies，2019，32(5)：1854-1899.

[50]李春涛，闫续文，宋敏，等．金融科技与企业创新——新三板上市公司的证据[J]．中国工业经济，2020(1)：81-98.

[51]谢雪燕，朱晓阳．数字金融与中小企业技术创新——来自新三板企业的证据[J]．国际金融研究，2021(1)：87-96.

[52]张玉明，赵瑞瑞，徐凯歌．突破知识共享困境：线上社会网络对创新绩效的影响——双元学习的中介作用[J]．科学学与科学技术管理，2019，40(10)：97-112.

[53]王黎萤，吴瑛，朱子钦，等．专利合作网络影响科技型中小企业创新绩效的机理研究[J]．科研管理，2021，42(1)：57-66.

[54]Domingo M，Isidoro R，Douglas W. Individual，Organizational，and Institutional Determinants of Formal and Informal Inter-Firm Cooperation in SMEs [J]. Journal of Small Business Management，2019，57(4)：1698-1711.

[55]Mei L，Zhang T，Chen J. Exploring the Effects of Inter-Firm Linkages on SMEs' Open Innovation from An Ecosystem Perspective：An Empirical Study of Chinese Manufacturing SMEs[J]. Technological Forecasting and Social Change，2019，144(4)：118-128.

[56]李晓华．制造业数字化转型与价值创造能力提升[J]．改革，2022(11)：24-36.

[57]Cenamor J，Parida V，Wincent J. How Entrepreneurial SMEs Compete Through Digital Platforms：The Roles of Digital Platform Capability，Network Capability，and Ambidexterity[J]. Journal of Business Research，2019(100)：196-206.

[58]池毛毛，叶丁菱，王俊晶，等．我国中小制造企业如何提升新产品开发绩效——基于数字化赋能的视角[J]．南开管理评论，2020，23(3)：63-75.

[59]Li L，Su F，Zhang W，et al. Digital Transformation by SME Entrepreneurs：A Capability Perspective[J]. Information Systems Journal，2018，28(6)：1129-1157.

[60]王雪冬，聂彤杰，孟佳佳．政治关联对中小企业数字化转型的影响——政策感知能力和市场感知能力的中介作用[J]．科研管理，2022，43(1)：134-142.

[61] Ko A, Mitev A, Kovacs T, Feher P, Szabo Z. Digital Agility, Digital Competitiveness, and Innovative Performance of SMEs[J]. Journal of Competitiveness, 2022, 14(4): 78-96.

[62]张新，徐瑶玉，马良．中小企业数字化转型影响因素的组态效应研究[J]. 经济与管理评论，2022，38(1)：92-102.

[63]马鸿佳，王亚婧，苏中锋．数字化转型背景下中小制造企业如何编排资源利用数字机会？——基于资源编排理论的 fsQCA 研究[J/OL]. 南开管理评论：1-18[2022-10-09].

[64]何瑛．数字化变革推动中小企业高质量发展的理论逻辑与实践路径[J]. 求索，2023(6)：53-62.

[65] Matarazzo M, Penco L, Profumo G, et al. Digital Transformation and Customer Value Creation in Made in Italy SMEs: A Dynamic Capabilities Perspective[J]. Journal of Business Research, 2021(123): 642-656.

[66] Caputo F, Fiano F, Riso T, et al. Digital Platforms and International Performance of Italian SMEs: An Exploitation-Based Overview[J]. International Marketing Review, 2022, 39(3): 568-585.

[67]吕铁，李载驰．中小制造企业数字化转型——基于数字技术双重特征的分析[J]. 学术月刊，2022，54(10)：59-69.

[68]董志勇，李成明．“专精特新”中小企业高质量发展态势与路径选择[J]. 改革，2021(10)：1-11.

[69] Wernerfelt B. A Resource-Based View of the Firm[J]. Strategic Management Journal, 1984, 5(2): 171-180.

[70] Grant R M. The Resource-Based Theory of Competitive Advantage: Implications for Strategy Formulation [J]. California Management Review, 1991, 33(3): 114-135.

[71] Barney J. Firm Resources and Sustained Competitive Advantage[J]. Journal of Management, 1991, 17(1): 99-120.

[72] Peteraf M. The Cornerstones of Competitive Advantage: A Resource-based View [J]. Strategic Management Journal, 1993, 14(3): 179-191.

[73] Wegloop P. Linking Firm Strategy and Government Action: Towards a Resource-Based Perspective on Innovation and Technology Policy [J].

Technology in Society，1995，17(4)：413-428.

[74] Hamari J，Sjöklint M，Ukkonen A. The Sharing Economy：Why People Participate in Collaborative Consumption [J]. Journal of the Association for Information Science and Technology，2016，67(9)：2047-2059.

[75]陈冬梅，王俐珍，陈安霓．数字化与战略管理理论——回顾、挑战与展望[J]. 管理世界，2020，36(5)：20，220-236.

[76]肖静华．企业跨体系数字化转型与管理适应性变革[J]. 改革，2020(4)：37-49.

[77]Hultman J，Corvellec H，Jerneck A，et al. A Resourcification Manifesto：Understanding the Social Process of Resources Becoming Resources[J]. Research Policy，2021，50(9)：104297.

[78]张树含，李晓翔．数字化转型对企业融通创新的影响研究——基于边界视角的作用机制分析[J/OL]. 软科学：1-12[2023-02-06].

[79] Vial G. Understanding Digital Transformation：A Review and a Research Agenda[J]. The Journal of Strategic Information Systems，2019，28(2)：118-144.

[80]Li D，Liu J. Dynamic Capabilities，Environmental Dynamism，and Competitive Advantage：Evidence from China[J]. Journal of Business Research，2014，67(1)：2793-2799.

[81]Teece D J，Pisano G P，Shuen A. Dynamic Capabilities and Strategic Management[J]. Strategic Management Journal，1997，18(7)：509-533.

[82]Eisenhardt K M，Martin J A. Dynamic Capabilities：What are they? [J]. Strategic Management Journal，2000，21(10-11)：1105-1121.

[83]Helfat C E. Know-How and Asset Complementarity and Dynamic Capability Accumulation：The Case of R&D[J]. Strategic Management Journal，1997，18(5)：339-360.

[84]焦豪，杨季枫，应瑛．动态能力研究述评及开展中国情境化研究的建议[J]. 管理世界，2021，37(5)：14，22-24，191-210.

[85]Lin Y，Wu L Y. Exploring the Role of Dynamic Capabilities in Firm Performance Under the Resource-Based View Framework[J]. Journal of Business Research，2014，67(3)：407-413.

[86]Warner K, Waeger M. Building Dynamic Capabilities for Digital Transformation: An Ongoing Process of Strategic Renewal[J]. Long Range Planning, 2019, 52(3): 326-349.

[87]Rialti R, Marzi G, Ciappei C, Busso D. Big Data and Dynamic Capabilities: A Bibliometric Analysis and Systematic Literature Review[J]. Management Decision, 2019, 57(8): 2052-2068.

[88]Karimi J, Walter Z. The Role of Dynamic Capabilities in Responding to Digital Disruption: A Factor-Based Study of the Newspaper Industry[J]. Journal of Management Information Systems, 2015, 32(1): 39-81.

[89]谢康，夏正豪，肖静华．大数据成为现实生产要素的企业实现机制：产品创新视角[J]．中国工业经济，2020(5)：42-60.

[90]Chen Y, Luo H, Chen J, et al. Building Data-Driven Dynamic Capabilities to Arrest Knowledge Hiding: A Knowledge Management Perspective[J]. Journal of Business Research, 2022(139): 1138-1154.

[91]李煜华，张敬怡，褚祝杰．技术动荡情境下数字化技术赋能制造企业服务化转型绩效研究——基于资源—能力的链式中介作用[J]．科学学与科学技术管理，2022，43(11)：161-182.

[92]Sirmon D G, Hitt M A, Ireland R D, et al. Resource Orchestration to Create Competitive Advantage: Breadth, Depth, and Life Cycle Effects[J]. Journal of Management, 2011, 37(5): 1390-1412.

[93]张青，华志兵．资源编排理论及其研究进展述评[J]．经济管理，2020，42(9)：193-208.

[94]Baert C, Meuleman M, Debruyne M, et al. Portfolio Entrepreneurship and Resource Orchestration[J]. Strategic Entrepreneurship Journal, 2016, 10(4): 346-370.

[95]Li M, Jia S. Resource Orchestration for Innovation: The Dual Role of Information Technology[J]. Technology Analysis & Strategic Management, 2018, 38(10): 1136-1147.

[96]刘新梅，赵旭，张新星．企业高层长期导向对新产品创造力的影响研究——基于资源编排视角[J]．科学学与科学技术管理，2017，38(3)：44-55.

[97]杨雅程，雷家骕，陈浩，等．加工制造企业数字化转型的机理——基于资源编排视角的案例研究[J]．管理案例研究与评论，2022，15(2)：198-220.

[98]Amit R，Han X. Value Creation through Novel Resource Configurations in a Digitally Enabled World[J]. Strategic Entrepreneurship Journal，2017，11(3)：228-242.

[99]Nason R S，Wiklund J，Mckelvie A，et al. Orchestrating Boundaries：The Effect of R&D Boundary Permeability on New Venture Growth[J]. Journal of Business Venturing，2019，34(1)：63-79.

[100] Miao F，Wang G，Pornsit J. Key Supplier Involvement in IT-enabled Operations：When Does it Lead to Improved Performance? [J]. Industrial Marketing Management，2018(75)：134-145.

[101]Holmstrom J. Recombination in Digital Innovation：Challenges，Opportunities，and the Importance of a Theoretical Framework[J]. Information & Organization，2018，28(2)：107-110.

[102]Classen N，Gils A V，Bammens Y. Accessing Resources from Innovation Partners：The Search Breadth of Family SMEs [J]. Journal of Small Business Management，2012，50(2)：191-215.

[103]陈庆江，万茂丰，王彦萌．数字技术应用对企业双元创新的影响——基于组织生命周期的实证检验[J]．软科学，2021，35(11)：92-98.

[104]Marion T J，Meyer M H，Barczak G. The Influence of Digital Design and[J]. Journal of Product Innovation Management，2015，32(1)：98-110.

[105]Briel F V，Davidsson P，Recker J. Digital Technologies as External Enablers of New Venture Creation in the IT Hardware Sector[J]. Entrepreneurship Theory and Practice，2018，42(1)：47-69.

[106]Chesbrough H，Crowther A K. Beyond High Tech：Early Adopters of Open Innovation in Other Industries [J]. R&D Management，2010，36(3)：229-236.

[107]谢康，肖静华．面向国家需求的数字经济新问题、新特征与新规律[J]．改革，2022，335(1)：85-100.

[108] Wernerfelt B. The Use of Resources in Resource Acquisition [J]. Journal of Management, 2010, 37(5): 1369-1373.

[109] Nambisan S, Lyytinen K, Majchrzak A, et al. Digital Innovation Management: Reinventing Innovation Management Research in a Digital World [J]. Mis Quarterly, 2017, 41(1): 223-238.

[110] Adner R, Kapoor R. Value Creation in Innovation Ecosystems: How the Structure of Technological Interdependence Affects Firm Performance in New Technology Generations [J]. Strategic Management Journal, 2010, 31 (3): 306-333.

[111]余菲菲，王丽婷．数字技术赋能我国制造企业技术创新路径研究[J]. 科研管理，2022，43(4)：11-19.

[112] Baker T, Nelson R E. Creating Something from Nothing: Resource Construction through Entrepreneurial Bricolage [J]. Administrative Science Quarterly, 2005, 50(3): 329-366.

[113]刘洋，董久钰，魏江．数字创新管理：理论框架与未来研究[J]. 管理世界，2020，36(7)：198-217.

[114] Liu D Y, Chen S W, Chou T C. Resource Fit in Digital Transformation: Lessons Learned from the CBC Bank Global E-Banking Project [J]. Management Decision, 2011, 49(9-10): 1728-1742.

[115] Brynjolfsson E, Hitt L M. Computing Productivity: Firm-level Evidence [J]. Review of Economics and Statistics, 2003, 85(4): 793-808.

[116] Kulangara N P, Jackson S A, Prater E. Examining the Impact of Socialization and Information Sharing and the Mediating Effect of Trust on Innovation Capability [J]. International Journal of Operations & Production Management, 2016, 36(11): 1601-1624.

[117] Li D, Shen W. Can Corporate Digitalization Promote Green Innovation? The Moderating Roles of Internal Control and Institutional Ownership [J]. Sustainability, 2021, 13(24): 13983.

[118] Mubarak M F, Tiwari S, Petraite M, et al. How Industry 4.0 Technologies and Open Innovation Can Improve Green Innovation Performance? [J]. Management of Environmental Quality: An International Journal, 2021, 32

(5)：1007-1022.

[119]Eisenhardt K M，Schoonhoven C B. Resource-based View of Strategic Alliance Formation：Strategic and Social Effects in Entrepreneurial Firms[J]. Organization Science，1996，7(2)：136-150.

[120]吕斯尧，赵文红，杨特，等．新创企业资源获取如何转化为创新绩效：一个有中介的调节作用模型[J]．科学学与科学技术管理，2021，42(10)：139-158.

[121]綦良群，王曦研．先进制造企业外部资源获取、协同能力与服务创新绩效研究[J]．学习与探索，2022，327(10)：113-120.

[122]白景坤，查逸凡，梁秋燕．跨界搜寻对新创企业创新成长影响研究——资源拼凑和学习导向的视角[J]．中国软科学，2021，363(3)：166-174.

[123]周飞，钟泓琳，林一帆．外部创新知识搜寻、资源拼凑与双向开放式创新的关系[J]．科研管理，2020，41(8)：23-30.

[124]Duymedjian R，Ruling C C. Towards a Foundation of Bricolage in Organization and Management Theory[J]. Organization Studies，2010，31(2)：133-151.

[125]李琦，刘力钢，邵剑兵．数字化转型、供应链集成与企业绩效：企业家精神的调节效应[J]．经济管理，2021，43(10)：5-23.

[126]Cui T，Ye H，Teo H H，et al. Information Technology and Open Innovation：A Strategic Alignment Perspective[J]. Information & Management，2015，52(3)：348-358.

[127]张振刚，张君秋，叶宝升，等．企业数字化转型对商业模式创新的影响[J]．科技进步与对策，2022，39(11)：114-123.

[128]Dijkstra T K，Henseler J. Consistent Partial Least Squares Path Modeling[J]. MIS Quarterly，2015，39(2)：297-316.

[129]萧文龙．统计分析入门与应用——SPSS 中文版+SmartPLS3 (PLS_SEM)[Z]．碁峰资讯，2018.

[130]Aral S，Weill P. IT Assets，Organizational Capabilities，and Firm Performance：How Resource Allocations and Organizational Differences Explain Performance Variation[J]. Organization Science，2007，18(5)：763-780.

[131]Nwankpa J K, Da Tta P. Balancing Exploration and Exploitation of IT Resources: The Influence of Digital Business Intensity on Perceived Organizational Performance[J]. European Journal of Information Systems, 2017, 26(5): 469-488.

[132]王核成，王思惟，刘人怀．企业数字化成熟度模型研究[J]．管理评论，2021，33(1)：39-48.

[133]Salunke S, Weerawardena J, Mccoll-Kennedy J R. Competing Through Service Innovation: The Role of Bricolage and Entrepreneurship in Project-Oriented Firms[J]. Journal of Business Research, 2013, 66(8): 1085-1097.

[134]Zhang M, Hartley J L. Guanxi, IT Systems, and Innovation Capability: The Moderating Role of Proactiveness[J]. Journal of Business Research, 2018(90): 75-86.

[135]Acur N, Kandemir D, Boer H. Strategic Alignment and New Product Development: Drivers and Performance Effects[J]. Journal of Product Innovation Management, 2012, 29(2): 304-318.

[136]Henseler J, Ringle C M, Sarstedt M. A New Criterion for Assessing Discriminant Validity in Variance-based Structural Equation Modeling[J]. Journal of the Academy of Marketing Science, 2015, 43(1): 115-135.

[137]Podsakoff P M, MacKenzie S B, Lee J Y. Common Method Biases in Behavioral Research: A Critical Review of the Literature and Recommended Remedies[J]. Journal of Applied Psychology, 2003, 88(5): 879-903.

[138]Lindell M K, Whitney D J. Accounting for Common Method Variance in Cross-Sectional Research Designs[J]. Journal of Applied Psychology, 2001, 86(1): 114-121.

[139]Scott A J, Overton T S. Estimating Non-Response Bias in Mail Surveys[J]. Journal of Marketing Research, 1977, 14(3): 396-402.

[140]Wu L, Hitt L, Lou B. Data Analytics, Innovation, and Firm Productivity[J]. Management Science, 2020, 66(5): 2017-2039.

[141]陆岷峰．新发展格局下数据要素赋能实体经济高质量发展路径研究[J]．社会科学辑刊，2023(2)：143-151.

[142]陶长琪，丁煜．数据要素何以成为创新红利？——源于人力资

本匹配的证据[J]. 中国软科学，2022，377(5)：45-56.

[143]刘启雷，张媛，雷雨嫣，等. 数字化赋能企业创新的过程、逻辑及机制研究[J]. 科学学研究，2022，40(1)：150-159.

[144]Ghasemaghaei M，Calic G，Woodside A G. Assessing the Impact of Big Data on Firm Innovation Performance：Big Data is Not Always Better Data [J]. Journal of Business Research，2020(108)：147-162.

[145]Chen D Q，Preston D S，Swink M. How the Use of Big Data Analytics Affects Value Creation in Supply Chain Management[J]. Journal of Management Information Systems，2015，32(4)：4-39.

[146]刘德胜，陈加奎. 企业基因与创新型中小企业成长研究——基于复杂科学视角的解读[J]. 科技进步与对策，2015，32(22)：78-82.

[147]张俊瑞，危雁麟，宋晓悦. 企业数据资产的会计处理及信息列报研究[J]. 会计与经济研究，2020，34(3)：3-15.

[148]Akter S，Wamba S F，Gunasekaran A，et al. How to Improve Firm Performance Using Big Data Analytics Capability and Business Strategy Alignment? [J]. International Journal of Production Economics，2016(182)：113-131.

[149] Raguseo E. Big Data Technologies：An Empirical Investigation on Their Adoption，Benefits and Risks for Companies[J]. International Journal of Information Management，2018，38(1)：187-195.

[150]刘海兵，王莉华. 数据要素如何驱动企业创新能力提升[J]. 清华管理评论，2021，96(11)：81-85.

[151]Müller O，Fay M，Vom Brocke J. The Effect of Big Data and Analytics on Firm Performance：An Econometric Analysis Considering Industry Characteristics [J]. Journal of Management Information Systems，2018，35(2)：488-509.

[152]Xu Z，Frankwick G L，Ramirez E. Effects of Big Data Analytics and Traditional Marketing Analytics on New Product Success：A Knowledge Fusion Perspective[J]. Journal of Business Research，2016，69(5)：1562-1566.

[153]Lin C，Kunnathur A. Strategic Orientations，Developmental Culture，and Big Data Capability[J]. Journal of Business Research，2019，105(10)：49-60.

[154]Mikalef P，Boura M，Lekakos G，et al. Big Data Analytics Capabilities

and Innovation: The Mediating Role of Dynamic Capabilities and Moderating Effect of the Environment[J]. British Journal of Management, 2019, 30(2): 272-298.

[155] Vendrell-Herrero F, Bustinza O F, Parry G, et al. Servitization, Digitization and Supply Chain Interdependency[J]. Industrial Marketing Management, 2017, 60(2): 69-81.

[156] Sanders N. Pattern of Information Technology Use: The Impact on Buyer-Suppler Coordination and Performance[J]. Journal of Operations Management, 2008, 26(3): 349-367.

[157]晏梦灵，董小英，余艳. 多层次组织学习与企业研发双元能力构建——以华为 IPD 系统实施为例[J]. 研究与发展管理，2016，28(4)：72-86.

[158]肖静华，谢康，吴瑶，等. 企业与消费者协同演化动态能力构建：B2C 电商梦芭莎案例研究[J]. 管理世界，2014，251(8)：134-151，179.

[159] Limaj E, Bernroider E. The Roles of Absorptive Capacity and Cultural Balance for Exploratory and Exploitative Innovation in SMEs[J]. Journal of Business Research, 2019(94): 137-153.

[160]吕途，林欢，陈昊. 动态能力对企业新产品开发绩效的影响——双元创新的中介作用[J]. 中国科技论坛，2020，292(8)：67-75，87.

[161]谢卫红，林培望，李忠顺，等. 数字化创新：内涵特征，价值创造与展望[J]. 外国经济与管理，2020，42(9)：20-32.

[162] Andriopoulos C, Lewis M W. Exploitation-exploration Tensions and Organizational Ambidexterity: Managing Paradoxes of Innovation [J]. Organization Science, 2009, 20(4): 696-717.

[163] Im G, Rai A. IT-Enabled Coordination for Ambidextrous Interorganizational Relationships[J]. Information Systems Research, 2014, 25(1): 72-92.

[164] Taylor A B, D P MacKinnon, J Y Tein. Tests of the Three-path Mediated Effect [J]. Organizational Research Methods, 2008, 11(2): 241-269.

[165]陆亚东，孙金云. 中国企业成长战略新视角：复合基础观的概念、内涵与方法[J]. 管理世界，2013(10)：106-117，141，187-188.

[166]陈德球，孙颖，王丹．关系网络嵌入、联合创业投资与企业创新效率[J]．经济研究，2021，56(11)：67-83.

[167]Zhou H，Li R Q，Yu Y. Investigation of the Datamation of Manufacturing Industrial Chain in the Big Data Era [J]. Applied Mechanics and Materials，2014(670-671)：1629-1632.

[168]Merendino A，Dibb S，Meadows M，Quinn L，Wilson D，Simkin L，Canhoto A. Big Data，Big Decisions：The Impact of Big Data on Board Level Decision-Making[J]. Journal of Business Research，2018(93)：67-78.

[169]李海舰，李燕．企业组织形态演进研究——从工业经济时代到智能经济时代[J]．经济管理，2019，41(10)：22-36.

[170]Ferreira J J M，Fernandes C I，Ferreira F A F. To be or not to be Digital，that is the Question：Firm Innovation and Performance[J]. Journal of Business Research，2019(101)：583-590.

[171]Ardolino M，Rapaccini M，Saccani N，et al. The Role of Digital Technologies for the Service Transformation of Industrial Companies[J]. International Journal of Production Research，2018，56(6)：2116-2132.

[172]Belloc F. Corporate Governance and Innovation：A Survey [J]. Journal of Economic Surveys，2012，26(5)：835-864.

[173]Yang K P，Chou C，Chiu Y J. How Unlearning Affects Radical Innovation：The Dynamics of Social Capital and Slack Resources[J]. Technological Forecasting and Social Change，2014(87)：152-163.

[174]陈煜波，马晔风．数字人才——中国经济数字化转型的核心驱动力[J]．清华管理评论，2018(Z1)：30-40.

[175]孙耀吾，秦毓，贺石中．高技术中小企业知识搜索对创新能力的影响[J]．科学学研究，2018，36(3)：550-557，576.

[176]Bharadwaj A，El Sawy O A，Pavlou P A，et al. Digital Business Strategy：Toward a Next Generation of Insights[J]. MIS Quarterly，2013，37(2)：471-482.

[177]付剑茹，王可．企业数字化发展何以促进创新[J]．产业经济评论，2022(5)：51-69.

[178]Liu H，Chu H，Huang Q，et al. Enhancing the Flow Experience of

Consumers in China through Interpersonal Interaction in Social Commerce[J]. Computers in Human Behavior, 2016(58): 306-314.

[179]陈煜波，马晔风，黄鹤，等．全球数字人才与数字技能发展趋势[J]．清华管理评论，2022(Z2)：7-17.

[180] Anderson J C, Gerbing D W. Structural Equation Modeling in Practice[J]. Psychological Bulletin, 1988, 103(3): 411-423.

[181]王伟楠，王凯，严子淳．区域高质量发展对"专精特新"中小企业创新绩效的影响机制研究[J]．科研管理，2023，44(2)：32-44.

[182]祁怀锦，曹修琴，刘艳霞．数字经济对公司治理的影响——基于信息不对称和管理者非理性行为视角[J]．改革，2020，314(4)：50-64.

[183]吴非，胡慧芷，林慧妍，等．企业数字化转型与资本市场表现——来自股票流动性的经验证据[J]．管理世界，2021，37(7)：10，130-144.

[184]Ritter T, Pedersen C L. Digitization Capability and the Digitalization of Business Models in Business-to-business Firms: Past, Present, and Future [J]. Industrial Marketing Management, 2020, 86(4): 180-190.

[185] Legner C, Eymann T, Hess T, et al. Digitalization: Opportunity and Challenge for the Business and Information Systems Engineering Community [J]. Business & Information Systems Engineering, 2017, 59(4): 301-308.

[186]沈国兵，袁征宇．企业互联网化对中国企业创新及出口的影响[J]．经济研究，2020，55(1)：33-48.

[187]黎文靖，郑曼妮．实质性创新还是策略性创新？——宏观产业政策对微观企业创新的影响[J]．经济研究，2016，51(4)：60-73.

[188]Chang X, Fu K, Low A, Zhang. Non-Executive Employee Stock Options and Corporate Innovation[J]. Journal of Financial Economics, 2015, 115(1): 168-188.

[189]虞义华，赵奇锋，鞠晓生．发明家高管与企业创新[J]．中国工业经济，2018(3)：136-154.

[190]李雪松，党琳，赵宸宇．数字化转型、融入全球创新网络与创新绩效[J]．中国工业经济，2022，415(10)：43-61.

[191]宋德勇，朱文博，丁海．企业数字化能否促进绿色技术创新？——基于重污染行业上市公司的考察[J]．财经研究，2022，48(4)：34-48.

[192]白俊红，刘宇英．金融市场化与企业技术创新：机制与证据[J]．经济管理，2021，43(4)：39-54.

[193]李双建，李俊青，张云．社会信任、商业信用融资与企业创新[J]．南开经济研究，2020(3)：81-102.

[194]许荣，李从刚．院士(候选人)独董能促进企业创新吗——来自中国上市公司的经验证据[J]．经济理论与经济管理，2019(7)：29-48.

[195]Ghosh D, Olsen L. Environmental Uncertainty and Managers' Use of Discretionary Accruals[J]. Accounting Organizations & Society, 2009, 34(2): 188-205.

[196]谢康，吴瑶，肖静华．数据驱动的组织结构适应性创新——数字经济的创新逻辑(三)[J]．北京交通大学学报(社会科学版)，2020，19(3)：6-17.

[197]邵剑兵，王露晔．企业数字化转型能够抑制高管腐败吗？——基于中小股东参与治理视角[J]．上海财经大学学报，2023，25(2)：64-77.

[198]戚聿东，刘翠花，丁述磊．数字经济发展、就业结构优化与就业质量提升[J]．经济学动态，2020(11)：17-35.

[199]贺正楚，潘为华，潘红玉，等．制造企业数字化转型与创新效率：制造过程与商业模式的异质性分析[J]．中国软科学，2023(3)：162-177.

[200]Urbinati A, Chiaroni D, Chiesa V, et al. The Role of Digital Technologies in Open Innovation Processes: An Exploratory Multiple Case Study Analysis[J]. R&D Management, 2020, 50(1): 136-160.

[201]尚洪涛，宋岸玲．工业互联网产业政策促进了企业数字化转型吗[J]．科学学研究，2023(11)：1991-2003，2072.

[202]樊轶侠，徐昊．财政助力数字经济高质量发展：核心机理与经验启示[J]．改革，2020(8)：83-91.

[203]余长林，杨国歌，杜明月．产业政策与中国数字经济行业技术创新[J]．统计研究，2021，38(1)：51-64.

[204]钞小静，薛志欣．新型信息基础设施对中国企业升级的影响

[J]. 当代财经，2022(1)：16-28.

[205]谢小云，左玉涵，胡琼晶. 数字化时代的人力资源管理：基于人与技术交互的视角[J]. 管理世界，2021，37(1)：200-216.

[206]Wang J，Hu Y，Zhang Z. Skill-Biased Technological Change and Labor Market Polarization in China[J]. Economic Modelling，2021，100(3)：105507.

[207]叶永卫，李鑫，刘贯春. 数字化转型与企业人力资本升级[J]. 金融研究，2022(12)：74-92.

[208]孙鲲鹏，罗婷，肖星. 人才政策、研发人员招聘与企业创新[J]. 经济研究，2021，56(8)：143-159.

[209]Cai X，Lu Y，Wu M，et al. Does Environmental Regulation Drive Away Inbound Foreign Direct Investment? Evidence From a Quasi-Natural Experiment in China[J]. Journal of Development Economics，2016(123)：73-85.

[210]Lennox C，Wang Z，Wu X. Earnings Management，Audit Adjustments，and the Financing of Corporate Acquisitions：Evidence from China[J]. Journal of Accounting and Economics，2018，65(1)：21-40.

[211]Hadlock C J，Pierce J R. New Evidence on Measuring Financial Constraints：Moving Beyond the KZ Index[J]. The Review of Financial Studies，2010，23(5)：1909-1940.

[212]Czarnitzki D，Delanote J. Young Innovative Companies：The New High-Growth Firms? [J]. Industrial and Corporate Change，2013，22(5)：1315-1340.

[213]周明，吴翠青. 政府补贴对中小企业科技创新的影响[J]. 科研管理，2017，38(S1)：574-580.

[214]Guo D，Guo Y，Jiang K，et al. Government-subsidized R&D and Firm Innovation：Evidence from China[J]. Research Policy，2016，45(6)：1129-1144.

[215]宋建，包辰. 税收优惠政策能否激励中国企业创新？——基于创新链视角的探究[J]. 南京审计大学学报，2023，20(1)：60-67.

[216]毛丰付，郑好青，王海. 数字基础设施与企业技术创新——来自地方政府政策文本的新证据[J]. 浙江学刊，2022(6)：104-114.

[217]章文光，闫蓉. 基于政策文本计量的中国中小企业创新政策变迁研究[J]. 湘潭大学学报(哲学社会科学版)，2017，41(5)：19-28.

[218]赵勇，赵筱媛．基于政策文本计量的中小企业政策体系研究[J]．中国科技论坛，2016(11)：37-42.

[219]Kolbe R H，Burnett M S. Content-Analysis Research：An Examination of Applications with Directives for Improving Research Reliability and Objectivity[J]. Journal of Consumer Research，1991，18(2)：243-250.

[220]Krippendorff K. Content Analysis：An Introduction to its Methodology[M]. Thousand Oaks，CA：Sage，2004.

[221]刘涛，张夏恒．我国中小企业数字化转型现状、问题及对策[J]．贵州社会科学，2021(2)：148-155.

[222]李勇坚．中小企业数字化转型：理论逻辑、现实困境和国际经验[J]．人民论坛·学术前沿，2022(18)：37-51.

[223]宋敏，龙勇．政策工具视角下我国碳达峰碳中和政策文本分析[J]．改革，2022(6)：145-155.

[224]Schneider A，Ingram H. Social Construction of Target Populations：Implications for Politics and Policy[J]. American Political Science Review，1993，87(2)：334-347.

[225]Howlett M，Ramesh M. Studying Public Policy：Policy Cycles and Policy Subsystems[J]. American Political Science Review，1997，91(2)：455-456.

[226]徐硼，罗帆．政策工具视角下的中国科技创新政策[J]．科学学研究，2020，38(5)：826-833.

[227]吴杨．大数据政策文本与现实的偏差及完善路径研究[J]．公共管理学报，2020，17(1)：31-46，169-170.

[228]黄萃，苏竣，施丽萍，等．政策工具视角的中国风能政策文本量化研究[J]．科学学研究，2011，29(6)：876-882，889.

[229]Marsh D，Rhodes R A W. Policy Networks in British Government[M]. Oxford：Oxford University Press，1992.

[230]章昌平，钱杨杨．中国科技政策网络分析：行动者、网络结构与网络互动[J]．社会科学，2020(2)：3-17.

后　记

当前，我们已步入数据要素发展的“快车道”，数据作为新型生产要素，全方位渗入各行各业，对传统管理决策和价值创造方式产生了强烈冲击，成为微观企业赢得竞争的必然选择，也是经济高质量发展的重要驱动力。我国已在数据要素领域做出了一系列开拓性实践，带来的不仅仅是技术革命，还是范式更替，为我们生活在这个时代的每一个个体提供了许许多多难得的机会。作为一名长期致力于中小企业理论与实务研究的科研工作者，如何总结出中国数字经济发展的成功经验，如何挖掘数据要素在微观企业中的作用，并将之呈现出来，是义不容辞的责任。“讲好中国故事、传播中国声音”，更需要我们为之长期努力奋斗。

本书是国家社会科学基金项目《数据赋能对中小企业创新的影响机理及效应测度研究》（20BJY111）的重要研究成果，也是山东省青创人才引育计划“产业数字化转型与创新研究团队”全体成员在数字化领域的重要研究总结，还是我从事教育工作以来完成的第一部学术专著，对此我满怀憧憬，也不免有些许忐忑。本书由我提出创意、制定写作提纲、设计写作思路，通过与合作者李拯非及团队成员多次思维碰撞和反复讨论，确定具体章节结构，并组织团队成员展开研究工作，最终以专著的形式将团队的共同智慧呈现给读者。团队的青年教师王萧萧、葛万达、王成韦、赵志彬、韩红帅等，硕士研究生贾欣、李明珠、刘爽、齐蕾、谢艺娜、王鑫冉，南京理工大学博士生杨亚茹、山东师范大学博士生惠朋、北京工商大学博士生王伊晴、山东财经大学博士生王艺臻、东南大学博士生姚帏之等参与了本书前期资料搜集与整理工作。

特别感谢我的博士生导师张玉明教授、山东大学杨蕙馨教授、山东女子学院李光红教授，及同门的“泰山学者”青年专家张鲁秀副教授、王春燕副教授、陈舒曼博士等。由衷感谢齐鲁工业大学（山东省科学院）李晔主任、贾永飞处长、苗旺副主任等领导的鼓励与支持。写作中还参考一些专家学者的研究，在书中已标注引用，在此一并致谢！

衷心感谢中国经济出版社，尤其是张博编辑对本书出版给予的专业细致的帮助，让本书的审校出版过程无比顺利！希望本书的出版能够为推动中小企业创新发展贡献微薄力量，但由于水平所限，书中难免存在疏漏，恳请各位专家、同仁、读者批评指正！

谨以此书献给庞溥女士，感谢你一直默默无闻地辛劳付出！